エラスムスの思想世界

エラスムスの思想世界

―― 可謬性・規律・改善可能性 ――

河野雄一著

知泉書館

凡　例

デシデリウス・エラスムス（Desiderius Erasmus, c. 1466-1536）の引用に際しては、以下の略号を用いる。

1　全　集

ラテン語

LB: *Desiderii Erasmi Roterodami Opera omnia* : emendatiora et auctiora, ad optimas editiones, praecipue quas ipse Erasmus postremo curavit, summa fide exacta, doctorumque virorum notis illustrata / recognovit Joannes Clericus (Leiden, 1703-6; repr; Hildesheim, 2001-)

ASD: *Opera omnia Desiderii Erasmi Roterodami* (Amsterdam: North-Holland, 1969-)

英語

CWE: *Collected Works of Erasmus* (Toronto: University of Toronto Press, 1974-)

ドイツ語

Ausgewählte Schriften, 8 vols. (Darmstdt: Wissenschaftliche Buchgesellschaft, 1967-80)

2　小作品集

Opuscula: Erasmi opuscula: a Supplement to the Opera omnia ed. & introd. By Wallace K. Ferguson (The Hague: M. Nijhoff, 1933)

3　個別著作

Antibarbari (ASD I-1 / CWE 23, 執筆：1488 年頃 , 出版：1518 年).『反野蛮人論』

Oratio funeribus (LBVIII / CWE29,1489 年頃).『葬送演説』

Encomium medicinae: *Declamatio in laudem artis medicae* (ASD I-4 / CWE 29, 執筆：1498 年頃 , 出版：1518 年).『医術礼讃』

De contemptu mundi (ASD V-1 / CWE 66, 執筆：1503-18 年 , 出版 1521 年).『現世の蔑視』

De virtute amplectenda: *Oratio de virtute amplectenda* (LB V / CWE 29, 1499 年).『徳の追求についての弁論』

Enchiridion: *Enchiridion militis christiani* (LB V / CWE 66, 1504 年).『キリスト教戦士の手引き』（以下,『エンキリディオン』と略）

Panegyricus: *Panegyricus ad Philippum Austriae ducem* (ASD IV-1 / CWE 27, 1504 年).『オーストリア大公フィリップへの頌詞』（以下,『パネギュリクス』と略）

Tyrannicida: *Tyrannicida, declamatio Lucianicae respondens* (ASD I-1 / CWE 29, 1506 年).『暴君殺害』

Moria: *Moriae encomium* (ASD IV-3 / CWE 27, 執筆：1509 年 , 出版：1511 年).『痴愚神礼讃』

De ratione studii (ASD I-2 / CWE 23, 1511 年).『学習計画』

De Copia: *De duplici copia verborum ac rerum* (ASD I-6 / CWE 24, 1512 年).『言葉と題材の二重の豊かさについて』（以下,『コピア』と略）

[*Julius exclusus*: *Dialogus Julius exclusus e Coelis* (*Opuscula*, pp. 38-124 / CWE 27, 1513-17 年頃).『天国から締め出されたユリウス』]

Dulce bellum inexpertis (in *Adagia*, IV.i.1, ASD II-7 / CWE 35, 1515 年).『戦争は体験しない者にこそ快し』

Sileni Alcibiadis (in *Adagia*, III.iii.1, ASD II-5, pp. 159-90 / CWE 34, 1515 年)『アルキビアデスのシレノス』

Paraclesis: *Paraclesis ad lectorem pivm* (ASD V-7, 1516 年).『新約聖書の序文　敬虔なる読者への呼びかけ（パラクレーシス）』

Institutio principis christiani (ASD IV-1 / CWE 27, 1516 年).『キリスト教君主の教育』

Querela pacis (ASD IV-2 / CWE 27, 1517 年).『平和の訴え』

Colloquia (ASD I-3 / CWE 39-40, フローベン版：1518 年 , 改訂版：1519 年 , 増補版：1522 年).『対話集』

Paraphrasis in Matthaeum (LB VII / CWE 45, 1520 年).『マタイによる福音書釈義』

Apologoa de loco 'Omnes quidem': *Apologia de loco taxato in publica professione per Nicolaum Egmondanum theologum et Carmelitanum Lovanii 'Omnes quidem resurgemus'* (LB IX / CWE 73, 1522 年).『ルーヴァンの神学者でカルメル会士ニコラウス・エグモンダヌスによる公言でなされた非難についての弁明』

De libero arbitrio: *De libero arbitrio Διατριβή sive collatio* (LB IX / CWE 76, 1524 年).『自由意志についての「討論」あるいは対照』（以下,『自由意志論』と略）

Lingua (ASD IV-1A / CWE 29, 1525 年).『リングア』

Hyperaspistes (LB X / CWE 76-77, 1526-27 年).『ヒュペラスピステス』

Supputatio: *Supputatio errorum in censuris Bedae* (LB IX, 1526 年).『ノエル・ベダの誹謗書反駁』

Institutio christiani matrimonii (ASD VI / CWE 69, 1526 年).『キリスト教結婚教育』

Apologia adversus monachos: *Apologia adversus monachos quosdam Hispanos* (LB IX, 執筆：1527 年 , 出版：1528 年).『イスパニアの修道士に対する弁明』

Ciceronianus: *Dialogus Ciceronianus* (ASD I -2 / CWE 28, 1528 年).『キケロ主義者』

De pueris instituendis: *De pueris statim ac liberaliter instituendis* (ASD I-2 / CWE 26, 1529 年).『直ちに自由人らしく子供を教育することについて』（以下,『子供の教育について』と略）

De bello Turcico: *Utilissima consultatio de bello Turcis inferendo, et obiter enarratus psalmus* (ASD V-3 / CWE 64, 1530 年).『トルコ戦争についての最も有益な熟考, 同時に詩編解釈』（以下,『トルコ戦争論』と略）

Apophthegmata (LB IV / ASD IV-4 / CWE 37-38, 1531 年).『名言集』

Declarationes ad censuras Lutetiae vulgatas: *Declarationes ad censuras Lutetiae vulgatas sub nomine facultatis theologiae Parisiensis* (LB IX, 1532 年).『パリ大学神学部検閲に対する言明』

Explanatio symboli: *Explantio symboli apostolorum sive catechismus* (ASD V-I / CWE

70, 1533 年).『使徒信経講解あるいは公教要理』（以下，『使徒信経講解』と略）
De Concordia: *De sarcienda ecclesiae concordia* (ASD V-3 / CWE 65, 1533 年).『教会和合修繕論』
De praeparatione ad mortem (ASD V-1 / CWE 70, 1534 年).『死への準備について』
Ecclesiastes: *Ecclesiastes sive de ratione concionandi* (ASD V-4 / CWE 67-68, 1535 年).『エクレシアステス，あるいは説教の技術について』（以下，『エクレシアステス』と略）

4 書 簡

Allen: *Opvs Epistolarvm Des. Erasmi Roterodami*, denvo recognitvm et avctvm per P. S. Allen (New York: Oxford University Press, 1992)

5 エラスムス協会の年鑑

ERSY: *Erasmus of Rotterdam Society Yearbook*, 1981- 現，*Erasmus Studies* (Leiden / Boston: Brill)

6 エラスムスの同時代人一覧

CEBR: Bietenholz, Peter G. and Deutscher, Thomas Brian, *Contemporaries of Erasmus: A Biblical Register of the Renaissance and Reformation*, 3 vols (Toronto: University of Toronto Press, 1985-87)

　エラスムスの引用は，英訳 CWE や邦訳が存在するものは参照したが，訳語は一部変更しており，基本的にはラテン語原典 LB や ASD を底本として筆者が新たに訳し直したものである。なお，引用文における〔 〕内は筆者による補足である。
　聖書からの引用は，共同訳聖書実行委員会編『聖書』を参考にしつつ，エラスムスのラテン語原典と異なる場合には補足して訳出した。
　人名の表記や生没年に関しては基本的に，古代については松原國士『西洋古典学事典』京都大学学術出版会，2010 年，中世についてはクラウス・リーゼンフーバー『中世思想史』村井則夫訳，平凡社ライブラリー，2003 年，エラスムスの同時代については CEBR の表記に従うが，古代の人名の長音表記に関しては省略する。原音の方がふさわしい場合には一部表記を変更した。

目　次

凡　例 …………………………………………………………………… v

序　論 ………………………………………………………………… 3
 1　問題の所在 ……………………………………………………… 3
  (1)　研究の意義 ………………………………………………… 3
  (2)　構　成 ……………………………………………………… 4
 2　先行研究：古典的解釈と近年の研究動向 …………………… 6
  (1)　古典的解釈 ………………………………………………… 6
  (2)　近年の研究動向 …………………………………………… 9

第 1 章　ブルゴーニュ公国とエラスムスの君主論 ……………… 15
 1　はじめに ………………………………………………………… 15
 2　中世における「君主の鑑」論 ………………………………… 18
  (1)　「君主の鑑」論 ……………………………………………… 18
  (2)　ソールズベリーのヨハネス『ポリクラティクス』 ……… 19
  (3)　トマス・アクィナス『君主の統治について』 …………… 21
 3　15・16 世紀におけるブルゴーニュ公国とフランスの君主論 …… 23
  (1)　エラスムス著作におけるブルゴーニュ公国史 …………… 23
  (2)　シャルル突進公時代の廷臣 ……………………………… 25
  (3)　16 世紀初頭フランスの君主論 …………………………… 28
 4　エラスムスの君主論 …………………………………………… 31
  (1)　文学と統治 ………………………………………………… 33
  (2)　専制批判 …………………………………………………… 35
  (3)　君主・貴族・市民 ………………………………………… 38
 5　おわりに ………………………………………………………… 44

第2章　中世の継承者としてのエラスムス
　　　　──1520年代の論争を通して………………………47
　1　はじめに……………………………………………………47
　2　カトリック神学者との論争………………………………52
　3　ルター主義者やルターとの論争…………………………57
　4　キケロ主義者批判…………………………………………62
　5　おわりに……………………………………………………70

第3章　エラスムス『リングア』における言語と統治
　　　　──功罪と規律………………………………………73
　1　はじめに……………………………………………………73
　2　中世キケロ主義……………………………………………75
　　(1)　キケロと中世キケロ主義……………………………75
　　(2)　ソールズベリーのヨハネス『メタロギコン』……77
　3　エラスムスにおける中世キケロ主義と言語の弊害……79
　　(1)　戦争平和論における言語と理性……………………79
　　(2)　『リングア』における言語の弊害…………………81
　4　『リングア』における統治の二面性……………………84
　　(1)　統治における功罪……………………………………84
　　(2)　言語と統治における精神の規律……………………87
　5　おわりに……………………………………………………92

第4章　エラスムスにおける善悪・運命・自由意志……………95
　1　はじめに……………………………………………………95
　2　エラスムスにおける善悪と人間観………………………98
　　(1)　理性・情念・人間本性………………………………98
　　(2)　原罪論…………………………………………………104
　3　エラスムスの占星術批判と運命観………………………106
　4　エラスムスにおける恩寵と自由意志……………………112
　5　おわりに……………………………………………………118

目　次　　xi

第 5 章　エラスムスにおける「寛恕」と限界……………………………121
　1　はじめに ………………………………………………………………121
　2　エラスムス統治論における「寛恕」と刑罰………………………126
　　（1）教育と統治における「寛恕」の両義性……………………………126
　　（2）『キリスト教君主の教育』における死刑 …………………………127
　3　エラスムス戦争論における「寛恕」の展開………………………130
　　（1）1510 年代半ばの戦争平和論 ………………………………………130
　　（2）『トルコ戦争論』……………………………………………………134
　4　エラスムス神学における「寛恕」と最後の審判…………………140
　　（1）エラスムスにおける宗教的異端への寛容…………………………140
　　（2）『ヒュペラスピステス』における悔い改め ………………………143
　5　おわりに ………………………………………………………………146

第 6 章　エラスムス政治思想における「医術」………………………149
　1　はじめに ………………………………………………………………149
　2　「医術」としての統治…………………………………………………151
　　（1）古代・中世における医学的メタファー……………………………152
　　（2）『医術礼讃』…………………………………………………………154
　3　暴君放伐論と民衆の抵抗……………………………………………157
　　（1）中世における暴君放伐論……………………………………………157
　　（2）『暴君殺害』…………………………………………………………159
　　（3）エラスムスにおける民衆の抵抗と君主政…………………………163
　4　治療法としてのキリスト教の精神…………………………………166
　　（1）『リングア』におけるキリスト教社会の分裂 ……………………166
　　（2）『教会和合修繕論』における希望…………………………………170
　5　おわりに ………………………………………………………………175

結　論 ………………………………………………………………………177

あとがき ……………………………………………………………………184
参考文献 ……………………………………………………………………189
索　引 ………………………………………………………………………207

エラスムスの思想世界

――可謬性・規律・改善可能性――

序　論

―――――――

1　問題の所在

（1）研究の意義

　本書は，北方ルネサンス人文主義者として知られるデシデリウス・エラスムス（Desiderius Erasmus, c.1466-1536)[1]の思想を，言語，神学，政治を含む全体像のなかで内在的に把握しようとする試みである。エラスムスは，『痴愚神礼讃』（*Moriae encomium*, 執筆：1509年，出版：1511年）の作者，そして自由意志論争におけるマルティン・ルター（Martin Luther, 1483-1546）の論敵として有名だが，その膨大な著作を総合的に捉える研究書は多く存在するわけではない。従来，エラスムス研究の対象は文学や神学が中心で政治思想の側面が顧みられることが少なかったのみならず，政治思想史研究においてもエラスムスは注目を集めてこなかった。かような状況において彼の政治思想に焦点をあてた本書は，エラスムス自体への多角的な理解だけではなく，従来，マキアヴェッリ（Niccolo Machiavelli, 1469-1527），トマス・モア（Thomas More, 1477/78-1535），ルター，カルヴァン（Jean Calvin, 1509-64）に代表されてきたルネサンス・宗教改革期の政治思想史理解にもさらなる厚みを

―――――――

　1）　エラスムスの生年に関しては，1517年2月15日のギヨーム・ビュデ（Guillaume Budé, 1468-1540）宛の書簡（Ep. 531, Allen II, pp. 459-75 / CWE 4, pp. 223-43 や同年2月26日のウォルフガング・カピト（Wolfgang Faber Capito, c.1478-1541）宛の書簡（Ep. 541, Allen II, pp. 487-92 / CWE 4, pp. 261-68）において，エラスムス自身が51歳であると書いていることからすれば1466年になるが，1466年，1467年，1469年で説が分かれて意見の一致をみていない。

もたらすものと思われる[2]。

　本書の独自性は，エラスムスについての誤解されたまま流布してきた従来の通説的理解を覆す点にある。エラスムスの思想はその統一的解釈の困難が指摘されてきたにもかかわらず，本書では，彼の思想世界の中心には可謬性と改善可能性の双方を前提として中間の過程を重視する人間論が存在し[3]，これこそが言語論，統治論，教育論，神学的救済論を含む彼の思想全体を貫徹するものであることが示される。そのことによって，学問分野ごとに細分化された従来の研究においては理解されえなかったエラスムスの新たな像が示されることになるだろう。そしてこの中間的人間観に着目することによって，ルター自身は義人にして罪人であることを意識していたにもかかわらず，彼を善悪二元論的と批判したエラスムス固有の立ち位置が浮かび上がると思われる。なお，後代への影響は結論で若干触れるに留め，現代的意義についても時代錯誤的な解釈に陥るのを避けるために本論ではあえて言及を差し控えたい。

(2) 構　成

　本書の中心的枠組みとなるのは，人間に存する可謬性と改善可能性との緊張関係である。エラスムスにおける政治には，権力作用が必要となる時間的限界の前後で二つの態様が認められるが，両者を本格的に論じるのが第5章である。この章では，エラスムスの思想世界における教育学，政治学，神学的救済論の連続性を示しつつ，人間の改善可能性への期待を凌駕するほどの可謬性が現われた場合には，権力作用によるある種の政治的な解決――死刑，戦争，最後の審判――を彼が認めていたことを指摘する。これが限界後に現われる政治性であるとすれば，他方で彼はこうした対処を余儀なくされる限界のまえに，教導による政治性に

---

　2)　マキアヴェッリ，モア，ルターに関しては，CEBR, vol. 2, pp. 364-65, 456-59, 360-63 を参照。

　3)　この点に関して，ホフマンはエラスムスが二分的理解枠組みと三分的理解枠組みを織りなしており，これらが彼の思考様式を特徴づけるものだと捉えている（Manfred Hoffmann, *Rhetoric and Theology: The Hermeneutic of Erasmus* (Toronto: University of Toronto Press, 1994), pp. 12-3)。本書はこうしたホフマンの理解に従いつつも，とりわけ中間過程を重視する三分的理解枠組みがエラスムスにとってより中心的であったとする立場から彼の思想世界の包括的理解をめざすものである。ビュデやカピトに関しては，CEBR, vol. 1, pp. 212-17, 261-64 を参照。

力点を置き，言葉による説得を通じた「魂の向け換え」によって「悔い改め」という自己規律が最終的な破綻を予防することに期待していた。このような後者の政治性は，近代政治学において中心的に論じられてきた国家における権力作用としての政治性とは異なるものである。

　こうしたエラスムスの中心的枠組みに収斂していく各要素が，他の各章において論じられる。前半の三つの章では，おもに言葉による説得を通した教育や規律における政治性を，同時代の歴史的コンテクストのなかで描出することを試みる。第 1 章では，ブルゴーニュ公国の君主たちに捧げたエラスムスの「君主の鑑」（speculum regis / principiis）論を取り上げ，彼が言葉による説得を通して君主のみならず市民の教育をも企図していたことを示す。第 2 章では，こうした教育的・政治的実践への契機を孕む名誉ある行いへの説得こそがエラスムスの課題であり，彼が中世思想の継承者としての側面を有していたことを 1520 年代の論争を通して確認する。第 3 章では，『リングア』（*Lingua*, 1525）という著作に着目し，説得という営為が他者だけではなく自己にとっても命運を左右するものであることを明らかにする。さらにエラスムスの言語論と統治論とのあいだには，理性による情念の制御という精神的規律が重要になる点で内的連関が存在していることを論じる。

　後半の三つの章では，こうした言語による教導の政治性を踏まえ，世俗的問題のみならず神学的問題においても発動される権力作用の政治性を検討し，エラスムスの人間観を明らかにしていく。第 4 章では，善悪，運命，自由意志といった問題を通して，エラスムスが理性と情念のあいだに人間本性を位置づけていることを確認する。そして，可謬性と改善可能性のあいだで揺れる中間的存在としての人間の自己形成を重視する点において，彼がルネサンス・プラトン主義に特徴的な立場を示していることを指摘する。そのうえで，「魂の向け換え」による「悔い改め」が一者への還帰というプラトン主義的構造によって捉えられていることを提示することによって，エラスムスへのプラトン主義の影響の可能性を探る。第 5 章では，先に触れたとおり「寛恕」の限界における死刑，戦争，最後の審判といった問題を扱い，エラスムスが人間の可謬性にきわめて自覚的であったにもかかわらず，時間的猶予のなかでの人間の自己改善に期待していたことを明らかにする。最後の第 6 章では，

「寛恕論」に見られた医学的メタファーに着目し，医術と統治の関係性という視点から，人間に可謬性と改善可能性の双方を見出すエラスムスにとって，医術とは単に予防医学的なものに留まらず，人間が作り出したものは人間の手で解決しうるという作為による回復を意味していたことを指摘する。

政治思想史は，政治学，哲学，歴史学が融合した学際的な研究領域であり，哲学と歴史いずれのアプローチを取るかで重点が異なる[4]。本書では，エラスムス本人の思想世界を構成する様々な要素の内的連関の解明に務めた第3章，第4章，第5章はより哲学的アプローチに重点がおかれる。一方，同時代の歴史的コンテクストにおけるエラスムスの位置づけや，エラスムス自身の著作同士での位置づけの把握に務めた第1章，第2章，第6章はより歴史的アプローチの色彩の濃いものであるが，いずれの章においても双方のアプローチのいずれかを完全に排除するものではない。

2　先行研究：古典的解釈と近年の研究動向

(1)　古典的解釈

それでは，まず既存の研究がどのような特徴を有するか確認しておきたい。エラスムスへの関心が持続した理由には大きく分けてふたつある。ひとつは，彼が『痴愚神礼讃』の作者だったことである。しかし，彼にとって当該作品はあくまで娯楽作品として読者を楽しませるものであり，エラスムス自身はそれほど重視していたわけではなかった[5]。も

---

[4]　川出良枝・山岡龍一『西洋政治思想史――視座と論点』岩波テキストブック，2012年，2-8頁参照。

[5]　*Moria*, ASD IV-3, pp. 67-68. 邦訳，『痴愚神礼讃』沓掛良彦訳，中公文庫，2014年，14-6頁；金子晴勇『エラスムスの人間学――キリスト教人文主義の巨匠』知泉書館，2011年，110頁参照。エラスムスは，1515年5月末のマールテン・ファン・ドルプ（Maarten van Dorp, 1485-1525）宛書簡でも「『痴愚神礼讃』という小著をわたし自身は毛ほどの価値さえないと見なしています」（Ep. 337, Allen II, pp. 90-114, esp. 106 / CWE 3, 111-39, esp. 130 / CWE 71, pp. 7-30, esp. 22. 邦訳，「マルティヌス・ドルピウス宛書簡」『痴愚礼讃』大出晁訳，慶應義塾大学出版会，2004年所収，209-75頁，特に247頁）と述べている。ドルプに関しては，CEBR, vol.1, pp. 398-404を参照。

うひとつは，彼が宗教改革においてルターと袂を分かったことである。ルター派には，エラスムスが『痴愚神礼讃』でカトリックを諷刺しており，当初ルターを擁護していたにもかかわらず，『自由意志論』(*De libero arbitrio Διατριβή sive collatio*, 1524) で反ルター陣営に立場を変えたように思われた[6]。かくして「優柔不断なエラスムス」像が作り上げられ，そうした変節漢としてのイメージがプロテスタント諸国で流布し定着していく。こうした否定的評価が影響を与えてきた一因には，カトリックとプロテスタント双方から挟撃される苦境に立たされたエラスムスの立場[7]があり，このことが彼の主張の曲解，黙殺を招くことにもなった。

とはいえ，エラスムスについては 16 世紀以来の長い研究の歴史があるのも事実である[8]。そうしたなかで彼を非政治的な観想主義者とする古典的解釈の原型を提示したのが，ホイジンガの『エラスムス』である。ホイジンガによる否定的評価[9]は，ツヴァイクの伝記[10]からわが国

---

 6) ただし，ルター派のなかには，意志の自由を認めるようになったメランヒトン (Philipp Melanchthon, 1497-1560) のように，エラスムスの思想を歓迎する者もいた（金子『エラスムスの人間学』，205 頁参照）。メランヒトンに関しては，CEBR, vol. 2, pp. 424-29 を参照。

 7) これについては第 2 章『リングア』の歴史的コンテクストを参照。

 8) マンスフィールドの三冊の研究史に詳しい。すなわち，Bruce Mansfield, *Phoenix of His Age: Interpretations of Erasmus c.1550-1750* (Toronto; Buffalo: University of Toronto Press, 1979); *Interpretations of Erasmus c.1750-1920: Man on His Own* (Toronto: University of Toronto Press, 1992); *Erasmus in the Twentieth Century: Interpretations c.1920-2000* (Toronto: University of Toronto Press, 2003) である。

 9) エラスムスの政治思想に対する否定的な評価は，ホイジンガによる伝記に要約されている。すなわち，「エラスムスは生来節度を守る性質ではあったが，完全に非政治的な精神であった。彼は実際的な現実のあまりにも外に立っていて，人間の性質が矯正しうるものであることをあまりにも素朴に信じていたから，政治生活の困難も必然性も理解することができなかった。すぐれた国家行政に関する彼の観念はひどく原始的で，強い倫理的傾斜を持った学者たちによく見られるように，根本においてはひどく革命的ではあるが，実際的な推論をしようと思ったこともない。モア，ビュデ，ツァジウスのような，政治や司法にたずさわる思想家と交友関係を結んでも，彼は変わらなかった。政体，法律，権利などの問題は彼には存在しなかった。経済問題も牧歌的に簡単に考えていた」(Johan Huizinga, *Erasmus of Rotterdam*, trans. by F. Hopmann (New York: Scribner, 1924). 邦訳，『エラスムス』宮崎信彦訳，ちくま学芸文庫，2001 年，252 頁）。訳文は，宮崎訳によるものであるが，訳語の一部を変更。ツァジウス (Udalricus Zasius, 1461-1535) に関しては，CEBR, vol. 3, pp. 469-73 を参照。

 10) Stefan Zweig, *Triumph und Tragik des Erasmus von Rotterdam* (Wien: S. Fischer Verlag, 1958). 邦訳，『エラスムスの勝利と悲劇』内垣啓一ほか訳，〈ツヴァイク伝記文学コレクショ

における最近の概説書[11]に至るまで連綿と続いてきた[12]。このことは，通俗的見解のみならず16世紀ヨーロッパ政治思想史研究にも影響を与えており，エラスムスの政治思想は楽観主義者の単なる理想主義的道徳論として過小評価され，同時代人に比して軽視ないし黙殺されることも少なくない[13]。その理由は，半澤孝麿が「歴史叙述としての問題」として指摘しているように，政治思想史の文脈において，国家論の特定の主題ばかりが扱われてきたことに求められる。その結果，より広範なヨーロッパ思想史において重要とされる他のテクストや主題が軽視されることになり[14]，エラスムスもその例外ではなかった。

一方，否定的評価とは対照的に，リベラルないし啓蒙の先駆者として平和，寛容，自由な教育，民主主義と安直に結びつけられるエラスムス像も存在してきた。ホイジンガ自身もそのような潮流に加担し[15]，こうした解釈はいまなお根強く残っている[16]。たとえば，エラスムスは自由主義の淵源として捉えられることも多く[17]，『キリスト教君主の教育』（*Institutio principis christiani*, 1516）は近代初の国民教育論，『平和の訴え』（*Querela pacis*, 1517）は近代初の反戦平和論として理解されること

ン〉6，みすず書房，1998年所収，5-210頁；cf. Mansfield, *Erasmus in the Twentieth Century*, pp. 7-10.

11）沓掛良彦『エラスムス――人文主義の王者』岩波現代全書，2014年，52, 162, 168頁．

12）Mansfield, *Erasmus in the Twentieth Century*, pp. 113-15.

13）佐々木毅『近代政治思想の誕生――16世紀における「政治」』岩波新書，1981年；福田歓一『政治学史』東京大学出版会，1985年；Sheldon S. Wolin, *Politics and Vision*, expanded ed (Princeton, N.J.: Princeton University Press, 2004). 邦訳，『政治とヴィジョン』尾形典男・福田歓一ほか訳，福村出版，2007年．その他の近年の政治思想史の概説書においてもエラスムスの扱いは同時代の他の思想家と比べて非常に小さいか黙殺されたままである．

14）半澤孝麿『ヨーロッパ思想史における〈政治〉の位相』岩波書店，2003年，13頁参照．同書は例外的に比較的多くの頁数をエラスムスに割いている（同書，222-37頁）．

15）ホイジンガ，前掲訳書，315-19頁；Mansfield, *Erasmus in the Twentieth Century*, pp. 7-9, 14.

16）たとえば，沓掛，前掲書，159-73頁．

17）Isaiah Berlin, *Liberty*, ed. by Henry Hardy (Oxford: Oxford University Press, 2002). 邦訳，『自由論』小川晃一ほか訳，みすず書房，新装版，2000年，111, 313頁；金子晴勇『近代自由思想の源流――16世紀自由意志学説の研究』創文社，1987年，410頁；A. G. Dickens, *The Age of Humanism and Reformation: Europe in 14th, 15th and 16th Centuries* (Englewood cliffs, N.J.: Prentice Hall, 1972). 邦訳，『ヨーロッパ近世史――ユマニスムと宗教改革の時代』橋本八男訳，芸立出版，1979年，149頁参照．

もある[18]。ただし，自由主義，近代，国民といった概念自体には不明確さが伴い，概念成立以前の時代に牽強付会に適用すればアナクロニズムに陥る危険性があるため，こうした議論には一定の留保が必要である。

しかしながら，以上のごとく長らく影響力を保ったホイジンガによるエラスムスの通俗的イメージも，ようやく専門的な研究者によって大幅に修正を加えられつつある。マンスフィールドによれば，「浅薄な道徳家という（まだときどき聞かれる）非難から彼〔エラスムス〕を救うには〔エラスムスは〕十分に現実主義者であった」[19]。

(2) 近年の研究動向

エラスムスの従来の伝統的な研究対象は文学作品であったが，神学や言語の領域にも次第に関心が寄せられつつあり[20]，20世紀の研究では大袈裟な誇張に対して慎重な態度が要求されるようになってきた[21]。ホイジンガ，プリザーブド・スミス，ピノーのあいだには，前啓蒙主義的人物としてのエラスムスという「ある種の合意」(sort of consensus)があった[22]。しかし20世紀には二度の「エラスムス・ルネッサンス」(Erasmus Renaissance) が起き，それは双方とも神学におけるエラスムスの再発見によってもたらされた。ひとつは，ディルタイ，ヴェルンレ，トレルチ[23]などリベラルなプロテスタンティズムの動向に，もうひとつは第二バチカン公会議（1962-65）に端を発している。またそのあいだにも，ブイエ，アウエル，パドベルク[24]などによって新解釈の基盤

---

18) 二宮敬『フランス・ルネサンスの世界』筑摩書房，2000年，235-39頁。

19) Mansfield, *Erasmus in the Twentieth Century*, p. 225.

20) エラスムス生誕500周年記念の際に，エラスムスと言語についての研究の先鞭をつけたのはドレスデンとマルゴランであった (Mansfield, *Erasmus in the Twentieth Century*, p. 106)。神学については第4章と第5章，言語については第2章と第3章で後述する。

21) Mansfield, *Erasmus in the Twentieth Century*, pp. 15, 99.

22) Ibid., p. 148.

23) ディルタイ，ヴェルンレ，トレルチについては，Mansfield, *Man On His Own*, pp. 285-92; Johannnes von Walter, 'Das Ende der Erasmusrenaissance', in *Christentum und Frömmigkeit: Gesämmelte Verträge und Aufsätze*, S. 153-62 も参照。

24) Louis Bouyer, *Autour d'Érasme: Etudes sur le christianisme des humanistes cathoriques* (Paris: Édition du Cerf, 1955); Alfons Auer, *Die vollkommene Frömmigkeit des Christen: Nach dem Enchiridion militis christiani des Erasmus von Rotterdam* (Düsseldorf: Patmos, 1954); Rudolf Padberg, *Erasmus als Katechet. Der literarische Beitrag des Erasmus von Rotterdam zur*

が準備されており，最終的にはエラスムスの思想や著作の多くが神学的で敬虔であるというオマリーに代表される新たな合意形成へと至ったのである[25]。

エラスムス生誕500年記念の1960年代後半にはアムステルダム版ラテン語全集（ASD），70年代からは英訳全集（CWE），80年からはエラスムス協会の年鑑（ERSY, 現 *Erasmus Studies*）が刊行されることになり，この半世紀のあいだにかなりの研究蓄積がなされてきた。1960年代から70年代にはコールズやペインによって敬虔なカトリック神学者としての彼の像が強調され[26]，そうした解釈への反動として80年代にはエラスムスの文法や修辞学についてのショマラの研究によって古典的修辞学的伝統が強調されたものの，90年代にはホフマンやゴードンによる神学者像への再度の揺り戻しがあった[27]。マンスフィールドによれば，「宗教思想家としての彼〔エラスムス〕の名声の回復や修辞学の伝統との彼の結びつきの回復は20世紀の後半におけるエラスムス研究のふたつの偉業」であり，「敬虔なエラスムス」（pious Erasmus）としてのそのイメージは確固たるものとなった[28]。

だが，このように研究蓄積が増えたとはいえ，エラスムスへの関心は文学，神学，教育学など細分化された学問分野の枠組みに留まる傾向があり，エラスムスの政治思想への関心が高まったとは言いがたい。それどころか，先述のように，エラスムスの政治思想は依然として軽視あるいは黙殺されるのが一般的である。もっとも，ホイジンガ以来の否定的

---

katholischen Katechese des 16. Jahrhunderts. Eine untersuchung zum Geschichte der Katechese (Freiburg-im-Breisgau: Herder, 1956). マンスフィールドによれば，パドベルクは体系的神学者としてのエラスムス像をはじめて提示した（Mansfield, *Erasmus in the Twentieth Century*, p. 149)。

25) J. W. O'Malley, 'Introduction', CWE 66; cf. Mansfield, *Erasmus in the Twentieth Century*, pp. 148-50.

26) Ernst-Wilhelm Kohls, *Die Theologie des Erasmus*, 2 vols (Basel: Friedrich Reinhardt, 1966); John B. Payne, *Erasmus: His Theology of the Sacraments* (Richmond: Brachter, 1970); cf. Mansfield, *Erasmus in the Twentieth Century*, pp. xii, 100.

27) Hoffmann, *Rhetoric and Theology* は，Walter M. Gordon, *Humanist Play and Belief: The Seriocomic Art of Desiderius Erasmus* (Toronto: University of Toronto Press, 1990) とともに，ショマラによって弱められた「神学者エラスムス」（Erasmus theologian）を回復しようとするものである (Mansfield, *Erasmus in the Twentieth Century*, p. 174)。

28) Mansfield, *Erasmus in the Twentieth Century*, pp. 223-24.

解釈に対してはこれを批判して相対化し,ある程度の現実的妥当性を認めて再評価する研究がメスナール,アダムズ,ケルバー,トレイシー,マンスフィールドなどによってなされてきたのも事実である[29]。また,ゲルドナー,メスナール,ショマラによって指摘されてきたエラスムスの法概念の弱さや制度への無関心[30]に対しても,ショッテンローアーやマッコニカはこうした断定を疑問視している[31]。マンスフィールドもエラスムスは想定されていたより非制度的でも政治的現実について無知でもなかったと結論し,エラスムスの解釈や理解にとって彼の政治的著作や社会政治思想が不可欠だと捉えている[32]。こうしたエラスムス理解への必要性もさることながら,本書で明らかにされるように,エラスムスの政治思想それ自体が,以下のような重要な視点を持つものである。すなわち,ものごとを近視眼的に捉えて皮相的な道徳論を説くのではなく,無秩序を招来する危機では必要を優先する一方,ものごとの功罪の両側面を比較衡量しながら,中長期的な時間のなかで言葉による説得を通して魂を向け換える人間形成の過程で,漸進的に解決策を見出していこうとするバランス感覚を備えた視点である。

それにもかかわらず,エラスムスの政治思想を,文学論,言語論,教育論,神学論を含む彼の思想全体のなかで内在的に把握しようとする試みはいまだ不十分である。さらに,当時の宗教論争は政治的論争でもあ

---

29) Pierre Mesnard, *L'essor de la philosophie politique au XVIe siècle*, 2e edn (Paris: Vrin, 1951); Robert T. Adams, *The Better Part of Valor: More, Erasmus, Colet, and Vives, on Humanism, War, and Peace, 1496-1535* (Seattle: University of Washington Press, 1962); Eberhard von Koerber, *Die Staatstheorie des Erasmus von Rotterdam, Schriften zur Verfassungsgeschichte Bd. 4* (Berlin: Duncker & Humblot,1967); James D. Tracy, *The Politics of Erasmus: a Pacifist Intellectual and His Political Milieu* (Toronto: University of Toronto Press, 1978); Bruce Mansfield, 'The Social Realism of Erasmus: Some Puzzles and Reflections', in ERSY 14 (1994), 1-23.

30) Ferdinand Geldner, *Die Staatsauffassung und Fürstenlehre des Erasmus von Rotterdam* (Berlin: E. Ebering, 1930), S. 163; Mesnard, pp. 137-38; Jacques Chomarat, *Grammaire et rhétorique chez Érasme*, 2 vols (Paris: Belles lettres, 1981), vol. 2, p. 1150; cf. Mansfield, *Erasmus in the Twentieth Century*, pp. 35, 170.

31) Otto Schottenloher, 'lex naturae und Lex Christi bei Erasmus', in *Scrinium Erasmianum*, 2 vols, ed. by J. Coppens (Leiden: Brill, 1969), vol. 2, pp. 253-99, esp. 254, 271, 288-89; J. K. McConica 'Erasmus and the Grammar of Consent', in *Scrinium*, vol. 2, pp. 77-99, esp. ch 2; cf. Mansfield, *Erasmus in the Twentieth Century*, p. 104.

32) Ibid., pp. 15, 226.

り[33]，宗教改革期以降の人文主義の動向の解明は思想史研究史上の課題とされてきた[34]。本書においてはこうした研究動向を意識しつつ，思想史的アプローチを採用し，同時代の歴史的コンテクストを重視しながらもテクスト相互間で重複する内容からエラスムス本人の意図に着目した解釈の提示を試みる。その際，次のような解釈の相対化も目指される。すなわち，デモレン，コールズ，アルカン，ホフマンら[35]とは異なり，エラスムス思想の統一的解釈の困難を指摘するアウグスタイン，トレイシー，マンスフィールドなどの解釈である[36]。とりわけ，マンスフィールドは，エラスムスにおいては，キリスト教における愛と力，プラトン主義における理想的なものと現実的なものとの緊張ゆえに，神学，文学，政治学など各分野の統一的解釈が難しいと論じている[37]。

しかしながら，『ヒュペラスピステス』（*Hyperaspistes*, 1526-27）第一巻の末尾で述べているように，少なくともエラスムスは自分自身の一貫性を自覚していた[38]。無論，こうした彼の主張を鵜呑みにしてよいのかという疑問も予想されるが，本書は初期著作の『エンキリディオン』（*Enchiridion*, 1504）や『パネギュリクス』（*Panegyricus*, 1504）から晩年の『教会和合修繕論』（*De sarcienda ecclesiae concordia*, 1533）や『エクレシアステス』（*Ecclesiastes*, 1535）に至る著作を取り上げるなかで，エラスムス思想における一貫性の有無を検証するものである。したがって，以下の各章ではエラスムスの言説を時代的・個人的文脈のなかに

---

33) 菊池理夫『ユートピアの政治学――レトリック・トピカ・魔術』新曜社，1987年，113頁参照。

34) 塚田富治『トマス・モアの政治思想』木鐸社，1978年，272頁，脚注(1)参照。

35) Richard DeMolen, 'First Fruits: The Place of *Antibarbarorum Liber* and *De Compendium vitae*', in the Formulation of Erasmus' Philosophia Christi', in *Colloque Erasmien de Liège: Commémoration du 450e anniversaire de la mort d'Érasme*, ed. by Jean-Pierre Massaut (Paris: Belle Lettres, 1987), pp. 177-96, esp. 178; Léon-E. Halkin, *Erasmus: A Critical Biography* (Oxford, UK; Cambridge, MA: Blackwell, 1993), pp. 4, 268; cf. Mansfield, *Erasmus in the Twentieth Century*, pp. 198, 200, 205.

36) Cornelis Augustijn, *Erasmus: His Life, Works, and Influence*, trans. by J. C. Grayson (Toronto; Buffalo: University of Toronto Press, 1991), p. 15; James Tracy, 'From Humanism to the Humanities: A Critique of Grafton and Jardine', *Modern Language Quartely* 51 (1990), 122-43; cf. Mansfield, *Erasmus in the Twentieth Century*, pp. 42, 182-83, 198, 205.

37) Ibid., p. 42.

38) *Hyperaspistes*, I, LB X, 1336A / CWE 76, p. 293.

位置づけることで，前時代の言説や彼自身のテクストとの異同を示しつつ，エラスムスの政治思想のオリジナリティや変化（あるいは不変化）を探求することを試みる。本書によって，エラスムスの思想が従来なかった広がりをもって理解される一助となれば幸いである。

第1章
ブルゴーニュ公国とエラスムスの君主論

───────

1　はじめに

　本章では，おもに宗教改革以前のエラスムスの政治的著作を取り上げる。具体的には，「君主の鑑」の伝統を下敷きにして，同時代のブルゴーニュ公国やフランス・ヴァロワ朝の廷臣による君主論との比較からエラスムス政治思想を顧みる。それにより，前者がアレクサンドロス大王（Aleksandros ho Megas, 356-23 B.C.）やカエサル（Gaius Julius Caesar, 100-44 B.C.）を称揚して世俗統治原理をキリスト教から切り離そうとするのとは対照的に，エラスムスがあくまでキリスト教的敬虔が君主には必要だと考えていたことが明らかになるだろう。こうしたエラスムスの君主論は，各人の成長や没落の責任を，教育や自分自身の勤勉による規律，努力の有無に求める人間観に基づいている。この人間観こそエラスムス思想世界の中心をなしているのであり，彼は君主が取り巻きによって判断を歪められる可謬性の回避を自然や幸運に委ねるわけではない。

　エラスムスの名声は，生前からヨーロッパ全土に及んでいた。たとえば1516年からは，のちの神聖ローマ皇帝にしてスペイン王カール五世（Charles V, 1500-58, 在位スペイン王1516-56, 神聖ローマ皇帝1519-56）の名誉顧問官を務め，1535年には教皇パウルス三世（Paul III, 1468-1549, 在位1534-49）によって枢機卿位就任への打診を受けたものの結局辞退した。またこれにとどまらず，彼は晩年に至るまで各国の王侯貴族，聖職者，

人文主義者や宗教改革者と書簡を通した交流などによって一定の影響力を保ち続けた当時の最重要人物のひとりであった。

しかし，このようにエラスムスは広くヨーロッパ世界に活躍の場を広げながらも，祖国ブルゴーニュ公国との関係はけっして浅いものではなかった[1]。自身の作品をたびたびブルゴーニュ家に献呈している点からもそれは明らかである。エラスムスは，1492年には，フィリップ善良公（Philippe le Bon, 1396–1467, 在位 1419-67）の私生児ユトレヒト司教ダヴィッド・ド・ブルゴーニュ（David de Bourgogne, c.1427-96）によって司祭に叙階されている[2]。また1500年前後にはアドルフ（Adolph de Bourgogne, c.1489/90-1540）の母アンナ（Anna van Borssele, c.1471-1518）の庇護を受け，アドルフ自身にも『徳の追求についての弁論』（*Oratio de virtute amplectenda*, 1498）を，さらに後年，アドルフの息子アンリ（Henri de Bourgogne, 1519-30）には『子供の礼儀作法についての覚書』（*De civilitate morum puerilium*, 1530）を捧げている[3]。さらに，エラスムスはフィリップ端麗公（Philippe le Beau, 1478-1506, 在位 1482-1506）には頌詞『パネギュリクス』，先述のようにカール五世には『キリスト教君主の教育』を捧げてその名誉顧問官に就任しており，善良公の私生児ユトレヒト司教フィリップ・ド・ブルゴーニュ（Philippe de Bourgogne, c.1464-1524）には『平和の訴え』を捧げている[4]。

エラスムスをブルゴーニュ公国という現実の歴史状況との関わりから捉える試みとして，ジェイムズ・トレイシー『エラスムスの政治学』[5]は騎士道エートスに触れた「いままでのところ最も完璧な研究」であると高く評価されている[6]。それにもかかわらず，トレイシーの当該研究

---

1) ホイジンガは，エラスムスの伝記の冒頭において，「オランダは15世紀の中期において，もう20年にわたり，ブルゴーニュの侯爵たちがその支配下に統合することのできた地域の一部を構成していた」と述べている（ホイジンガ，前掲訳書，11頁）。

2) フィリップ善良公やダヴィッドに関しては，CEBR, vol. 1, pp. 228-29, 226-27を参照。当時，司祭への叙階は候補者300人のなかから3人ほどであった（CWE 39, p. 491, n.49）。

3) アドルフ，アンナ，アンリに関しては，CEBR, vol. 1, pp. 223-24, 173-74, 227を参照。

4) フィリップ端麗公やユトレヒト司教フィリップに関しては，CEBR, vol. 1, pp. 229-31を参照。

5) James D. Tracy, *The Politics of Erasmus: A Pacifist Intellectual and his Political Milieu* (Toronto: University of Toronto Press, 1978).

6) Mansfield, *Erasmus in the Twentieth Century*, p. 21.

書では，エラスムスの精神の働きについてはほとんど明らかにされていない[7]。また，同時代のブルゴーニュ公国やフランス・ヴァロワ朝の君主論との比較がなされているわけでもない。そこで，本章はエラスムスと縁の深いブルゴーニュ公国史に政治思想史の視座から光を当てつつ，彼の君主論を15世紀後半のブルゴーニュ公国や16世紀初頭のフランスの廷臣のそれと比較して「君主の鑑」論の系譜に位置づけることで，精神の働きを明らかにしながら彼の思想的特徴を析出することを試みる。

　エラスムス政治思想についての従来の先行研究は，一方では『キリスト教君主の教育』や『平和の訴え』の内容を表面的に瞥見するばかりで，他方ではマキアヴェッリとの類型的な二項対立に陥る傾向にあった。これに対して，研究史における本章の独自性は，取り扱う著作や比較の対象が部分的に異なり，個別の著作内容の単なる要約に留まることなく，エラスムスの思想それ自体の解明を包括的観点から試みる点にある。すなわち，従来ほとんど研究の俎上に登ることもなく邦訳さえ存在しない『徳の追求についての弁論』や『パネギュリクス』を扱うことで，エラスムス研究を幅と深みにおいて拡大しながら，同時代のブルゴーニュ公国やそれと直接の敵対関係にもあったフランスの廷臣の君主論との比較を通してエラスムスの独創性を明らかにすることにある。そのことによって，「一四七七年シャルル突進公の死から一五一五年カール五世の即位までの時期は，低地地方の歴史ではかなり無視されてきた」[8]と言われるブルゴーニュ公国史研究に寄与することになるだろう。

　議論の手順としては，第一に，「君主の鑑」論の歴史的展開について概観し，ソールズベリーのヨハネス（Johannes Saresberiensis, c.1115/20-80）とトマス・アクィナス（Thomas Aquinas, c.1225-74）によってもたらされた新たな点を確認する。第二に，こうした伝統的言説を利用した15世紀後半のブルゴーニュ公国や16世紀初頭のフランスの廷臣の君主

7）　Ross Dealy, 'The Dynamics of Erasmus' Thought on War', in ERSY 4 (1984), 53-67, esp. 61-67.

8）　マルク・ボーネ「高度に都市化された環境のなかの君主国家——南ネーデルラントのブルゴーニュ公たち」畑奈保美訳，マルク・ボーネ『中世ヨーロッパの都市と国家——ブルゴーニュ公国時代のネーデルラント』河原温編，〈山川レクチャーズ〉8，山川出版社，2016年，104-39頁，特に132頁参照。

観を見ることで，エラスムス君主論との対照を際立たせる。第三に，エラスムスによってブルゴーニュ公国の君主たちに捧げられた君主論を取りあげてその特徴を確認し，最後に「君主の鑑」論の伝統におけるエラスムスの君主論の思想史的意義とオリジナリティに触れて本章を終えたい。

2 中世における「君主の鑑」論

　本節では，エラスムスやその同時代人の君主論を検討する前提として，彼らがその文学的伝統を継承していた「君主の鑑」論について，おもに柴田平三郎の研究書『中世の春』に依拠しながら，ソールズベリーのヨハネスとトマス・アクィナスを中心に見ていくことにする[9]。

(1) 「君主の鑑」論
　「君主の鑑」論とは，君主の教育を目的として理想の君主像を描いた書物の総称である[10]。この種の書物を広義に捉えるならば，ギリシアではイソクラテス (Isokrates, 436-338 B.C.)『ニコクレスに与う』($Πρὸς$ $Νικοκλεα$)，クセノポン (Xenophon, c. 430/27-c. 352 B.C.)『キュロスの教育』($Κυρου$ $Παιδειας$)，ヨアンネス・クリュソストモス (Ioannes Chrysostomos, 340/50-407)『王の支配』($Περὶ$ $βασιλειας$) など，ローマではキケロ (Marcus Tullius Cicero, 106-43 B.C.)『国家について』(*De republica*)，『法律について』(*De legibus*)，『義務について』(*De officiis*)，セネカ (Seneca, 4 B.C. /1 A.D. -65)『寛恕について』(*De clementia*) などにその先例を見出すことができる[11]。
　しかし，「君主の鑑」論をこうした古典古代において支配者に勧告や

---

　9) 柴田自身も指摘しているように，未開拓の研究領域たる「君主の鑑」論に関する基本文献はきわめて少ない。
　10) 柴田平三郎『中世の春――ソールズベリのジョンの思想世界』慶應義塾大学出版会，2003 年，312-13 頁参照。
　11) 同書，313 頁；三上茂「カロリング時代における〈君主の鑑〉――サン＝ミイェルのスマラグドゥスとオルレアンのヨナス」上智大学中世思想研究所編『中世の社会思想』創文社，1996 年，41-64 頁所収，特に 42-43 頁参照。

訓戒を与えた書物や書簡とは区別して，狭義の中世独特のものと見なすならば，一般的にアウグスティヌス（Aurelius Augustinus, 354-430）『神の国』（*De civitate Dei*）第 5 巻第 24 章「キリスト教徒皇帝の幸福とはなにか，またどれほど真実か」の一節が嚆矢とされる[12]。というのも，中世の特殊な「君主の鑑」論の始点は，中世キリスト教世界に思想的基礎をもたらしたアウグスティヌスに求めるのが妥当だからである。彼の影響によって，9 世紀カロリング時代以降にはこうした形式の著作が陸続と生み出されることになる[13]。

このような中世的な「君主の鑑」論には，キリスト教原理に基づく教育的・政治的意図が含まれる。というのも，こうした書物は，特に旧約聖書を題材として「鑑」（speculum）に映すように理想の君主像を描くことによって現実の君主を感化することを目的として，「教養」（eruditio），「教育」（institutio），「統治」（regimen），「舵取り・指揮」（gubernatio）といった言葉をその題名に使用しているからである[14]。

「君主の鑑」論は統治者個人の人格に焦点を当てるものであり，社会的次元に議論の中心があるわけではない。ここには，よき統治は臣民にとって道徳的模範となる君主によってこそなされうるという考え方が見出される。それゆえ，「君主の鑑」論とは，理想の君主像としての高潔な人格へと君主自身に自己省察を促す書物である[15]。

(2) ソールズベリーのヨハネス『ポリクラティクス』

従来のカロリング朝における「君主の鑑」論の伝統は，ソールズベリーのヨハネス『ポリクラティクス』（*Policraticus*）においても踏襲されている。しかし『ポリクラティクス』は，従来の「君主の鑑」論に対して二つの新たな特徴を打ち出している。ひとつは，宮廷官僚層をなす支配者層への道徳的訓戒の拡大であり，もうひとつは，支配者を含む大きな政治社会の枠組みのなかで議論を展開する姿勢である。こうしたヨ

---

12) Aurelius Augustinus, *De civitate Dei*. 邦訳，『神の国（一）』服部英二郎訳，岩波文庫，1982 年，426-27 頁参照。
13) 柴田『中世の春』，313, 315 頁参照。
14) 同書，315 頁；三上，前掲論文，47 頁参照。
15) 柴田『中世の春』，315-16 頁参照。

ハネスの姿勢は、12世紀における集権的封建国家の台頭への反応を示すものであった[16]。ヘンリー二世（Henry II, 1133-89, 在位 1154-89）治世下のイングランド宮廷政治の現状を憂うヨハネスは、宮廷の愚行の核心を追従に見出し、そうした現状を矯正する統治者像の提示を目的としていた[17]。

　ヨハネスは、旧約聖書だけでなく古代ローマの歴史からの範例が、君主や宮廷官僚層などの支配者層が教訓を引き出す際に役に立つと考えていた。それゆえ、彼は統治者層が聖書や教父著作のみならず異教古典も繙くべきだと考える。異教古典に関して、ヨハネスはギリシア語を解さなかったものの、プラトン（Platon, c.429/427-c.347 B.C.）やアリストテレス（Aristoteles, 384-22 B.C.）は部分的に知っていた。一方、ヨハネスはキケロから最大の影響を受け、ウェルギリウス（Publius Vergilius Maro, 70-19 B.C.）をはじめとしたラテン語詩人も頻繁に引用しているだけではなく、特筆すべきは、スエトニウス（Gaius Suetonius Tranquillus, c.60-c.130/60）などの歴史書を統治者の模範あるいは反面教師として利用したことである[18]。ただし、ヨハネスは実際には撰文集（floriegia）を使っており、原典に直接当たって引用したわけではなかった[19]。

　ヨハネスにとって、学芸の最終目標は「学知」（scientia）の修得に留まらず、「知恵」（sapientia）から「徳」（virtus）を涵養し、「明瞭で正確な判断」（purum incorruptumque iudicium）をなしうる「人格」（persona）

---

16) 同書、312, 340 頁参照。

17) 同書、369, 371 頁参照。

18) エラスムスはスエトニウス『皇帝伝』の校訂版を 1517 年に出版している。当該校訂版の 1517 年 6 月 5 日ザクセン選帝侯フリードリヒ（Friedrich III, der Weise, 1463-1525）とその従弟ゲオルク公（Georg der Reiche, Herzog von Sachsen, 1471-1539）宛の献呈書簡（Ep. 586, Allen II, pp. 578-86 / CWE 4, pp. 373-83）は、エラスムスの政治思想を知るうえで貴重な資料である。というのも、エラスムスはローマ帝国における栄光を元老院の権威、諸法、ローマの民衆の自由の三点に見て、権力の源泉を元老院と民衆の双方に求め、神の似姿論から王政を否定しないとしながらも一人支配は現実的には厳しいことを指摘するのみならず、ローマにおける言論の自由の重要性、エラスムス自身が目の当たりにしてきた戦争の悪影響、戦争を行う君主への抵抗にも触れているからである。フリードリヒとゲオルクに関しては、CEBR, vol. 3, pp. 203-08 を参照。

19) 柴田『中世の春』、381-414 頁参照。

を陶冶することにあった[20]。ヨハネスによれば，支配者層をも含む君主の徳や人格が統治を左右する。それゆえ，「徳の涵養」や「人格の陶冶」の重要性を説く『メタロギコン』(*Metalogicon*) と政治理論書『ポリクラティクス』には同じ精神を共有する内的な連関が存在する[21]。

とりわけ重要なのは，カントーロヴィチによって注目された，ヨハネスの「王法」(lex regia) に関わる議論である[22]。ヨハネスの解釈では，「君主は法から解放されている」(Princeps legibus soltus est; Dig, I, 3, 31) というローマ法の格言は，君主の無制限の権力を認めるものではない。「公的人格」(persona publica) を担う君主は，法から解放されていると同時に法によって拘束されており，法の主人でありながらその下僕でもある。かくして，ヨハネスは 12 世紀以降に復活したローマ法の研究によって，「神の法」を「衡平」によって人間に伝える媒介者として君主を捉えることで，王権理論の表現様式を典礼から法学に作り替えた[23]。

このように，ソールズベリーのヨハネスは伝統的な「君主の鑑」論を踏襲しながらも，対象を君主個人から支配者層に拡大したのみならず，ローマ法の「レクス・レギア」の解釈によって王権を法学的に根拠づけることになった。

(3) トマス・アクィナス『君主の統治について』

トマス・アクィナス『君主の統治について』(*De regimine principum*, c.1267) も伝統的な「君主の鑑」論の体裁をとっている。しかし，ソールズベリーのヨハネスにも見られない新たな要素がトマスには見出される。それは，キリスト教ラテン中世世界へ流入したアリストテレスの影

---

20) Ioannis Saresberiensis, *Metalogicon*, ed. by J. B. Hall, Corpus Christianorum. Continuatio Mediaevalis XCVIII (Turnhout: Brepols, 1991), II.1, p. 57. 邦訳，『メタロギコン』甚野尚志・中澤務・E・ペレス訳，〈中世思想原典集成〉8，平凡社，2002 年所収，581-844 頁，特に 652-53 頁 ; 柴田『中世の春』，380 頁参照。

21) 同書，380, 387 頁参照。

22) Kantorowicz, Ernst H., *The King's Two Bodies: a Study in Mediaeval Political Theology* (Princeton: Princeton University Press, 1957), pp. 94-105. 邦訳，『王の二つの身体――中世政治神学研究（上）』小林公訳，ちくま学芸文庫，2003 年，147-60 頁参照。

23) Ioannis Saresberiensis, *Policraticus*, ed. By K.S.B. Keats-Rohan, Corpus Christianorum. Continuatio Mediaevalis CXVIII (Turnhout: Brepols, 1991), IV, 2, pp. 234-35; 柴田『中世の春』，342-48 頁参照。

響である[24]。ただし，この時代にはアリストテレスに対する三つの立場が鼎立していた。一方には，伝統的なアウグスティヌス思想を墨守してアリストテレスを敵視するフランシスコ会の立場があった。他方には，パリ大学学芸学部を拠点とし，アリストテレス哲学をアヴェロエス（Averroes; Ibn Rushd, 1126-98）の解釈にしたがって取り入れ，信仰と理性に関して「二重真理説」をとるラテン・アヴェロエス主義者の立場があった。こうした状況で，トマスの立場はドミニコ会の師アルベルトゥス・マグヌス（Albertus Magnus, 1193/1200-80）らと同様に中道（via media）をとる中間的なものであった。トマスはキリスト教以前の政治の自然性を認める異教のアリストテレス政治哲学を，伝統的教義の根幹に原罪という観念があるキリスト教のなかに取り込むことで，神学を新たに体系化しようとしたのである[25]。

トマスにとって，「罪」（peccatum）という観念の扱いが最大の課題であった。彼はムールベケのグイレルムス（Guillelmus de Moerbeka, 1215/35-c.86）によってラテン語訳されたばかりのアリストテレス『政治学』（*Politica*）と『ニコマコス倫理学』（*Ethica Nichomachea*）から，「共通善」（bonum commune）の追求を目的とする思想を継承している。トマスは，「罪に対する罰と矯正」（poena et remedium peccati）というアウグスティヌス的政治観に，アリストテレスに基づく政治的自然主義を融合させることで，従来の政治観を覆滅することなくその修正・転換を図った。これによって，罪によって汚されていない自然的な政治という観念が，従来とは決定的に異なるかたちで新たに受容されることになった[26]。

---

24) たとえば，Thomas Aquinas, *De regimine principum*, I.1.4. 邦訳，『君主の統治について──謹んでキプロス王に捧げる』柴田平三郎訳，岩波文庫，2009 年，17 頁における「自然本性上，集団のなかで生活する社会的および政治的動物（animal sociale et politicum）」という表現などにアリストテレスによる影響が顕著に見られる。訳文は，柴田訳によるものである。

25) 柴田平三郎「〈訳者解説〉トマス・アクィナスと西欧における〈君主の鑑〉の伝統」トマス・アクィナス『君主の統治について──謹んでキプロス王に捧げる』柴田平三郎訳，岩波文庫，2009 年所収，205-06, 211 頁参照。

26) 同論文，194-96, 199, 205-12, 216-17 頁；Annabel Brett, 'Scholastic Political Thought and the Modern Concept of the State', in *Rethinking the Foundation of Modern Political Thought*, ed. by Annabel Brett and James Tully (Cambridge: Cambridge University Press, 2006), pp. 130-48, esp. 132.

3 15・16世紀におけるブルゴーニュ公国と
フランスの君主論

　前節で見たように，中世には「君主の鑑」論という政治的言説が存在したが，エラスムスの時代のブルゴーニュ公国やフランス・ヴァロワ朝でもこうした作品が利用されていた。そこで，次節でエラスムス作品を検討する前段階として，本節では彼とは対照的な態度を示した同時代のブルゴーニュ公国やフランスの廷臣の君主観を検討する。

(1)　エラスムス著作におけるブルゴーニュ公国史

　エラスムスの政治的著作の多くはブルゴーニュ公国の君主に献呈されており，彼の著作からブルゴーニュ公国史の同時代的状況を概観したうえで，とりわけシャルル突進公（Charles le Téméraire, 1433-77, 在位 1467-77）時代のブルゴーニュ公国宮廷人の言説の特徴を探る[27]。

　『パネギュリクス』では，フィリップ端麗公自身の双方の家系が模倣すべき先祖として称讚される。フィリップ豪胆公（Philippe le Hardi, 1342-1404, 在位 1363-1404）は，その軍事的徳が敬虔さをはるかに凌駕し，母方の曽祖父フィリップ善良公は，父方の祖父でハプスブルク家出身の神聖ローマ皇帝フリードリヒ三世（Frederick III, 1415-93, 在位 1440-93）と並んで慎ましさと賢明さにおいて卓越している。また，祖父の「偉大な戦士」シャルル突進公は戦場での勇気ゆえに燦然と輝く称讚を得て，父マクシミリアン一世（Maximilian I, 1459-1519, 在位 1493-1519）は戦争と平和の双方において優秀さが見られる[28]。

　ブルゴーニュ公国は長らくフランス王国と敵対関係にあり[29]，1477年にシャルル突進公がナンシーの戦いで敗死したあと混乱状況にあっ

---

　27)　シャルル突進公に関しては，CEBR, vol. 3, pp. 225-26 を参照。
　28)　*Panegyricus*, ASD IV-1, p. 82 / CWE 27, pp. 63-64. フリードリヒ三世とマクシミリアンに関しては，CEBR, vol. 2, pp. 55, 410-14 を参照。
　29)　*Panegyricus*, ASD IV-1, p. 40 / CWE 27, p. 22.

た[30]。シャルルの一人娘マリ・ド・ブルゴーニュ（Marie de Bourgogne, 1457-82）はマクシミリアンと結婚したものの 1482 年には亡くなり，当該地域は 1492 年まで内戦状態に陥った[31]。父マクシミリアンがフランスと敵対関係にあったにもかかわらず，フィリップ端麗公は外交において親仏政策をとり，その主導でフランスとスペインのあいだに条約を締結させた[32]。端麗公は，フアナ（Joanna, 1479-1555）との結婚によってスペインにおいてカスティーリャとアラゴン双方の王太子に就任したが[33]，長期にわたる遠方への旅行はヘルダーラントとの戦争と同様にブルゴーニュ公国を荒廃させることになった[34]。1506 年に端麗公は急死し，6 歳のカール（のちのカール五世）が所領を継承する。同時に，祖父マクシミリアンが後見人，叔母マルグリート（Margueriete d'Autriche, 1480-1530, 執政 1507-30）が執政となり，実質的にネーデルラントの統治はマルグリートに委ねられることになった[35]。

1515 年にカールが「土着の君主」としてブルゴーニュ公に即位し，1516 年には母方の祖父アラゴン王フェルナンド二世（Fernando II, 1452/53-1516, 在位 1479-1516）が死去したため統治者としてスペインに赴くことになる[36]。エラスムス『キリスト教君主の教育』はその直前にカールに捧げられ，1517 年には『平和の訴え』が刊行された。この後もカール，フランソワ一世（François I, 1494-1547, 在位 1515-47），ヘンリー八世（Henry VIII, 1491-1547, 在位 1509-47）の三君主の覇権争いに

---

30) *Panegyricus*, ASD IV-1, p. 84 / CWE 27, p. 66; *Institutio principis christiani*, ASD IV-1, p. 192 / CWE 27, p. 262. 邦訳，『キリスト者の君主の教育』片山英男訳，〈宗教改革著作集〉2, 教文館，1989 年所収，340 頁。エラスムスは，たとえシャルル突進公に圧政の要素があったとしても，その戦死によって無秩序と貨幣価値の変動による政治的・経済的不安定がもたらされたことから，無秩序よりも圧政のほうがましだと考える (Mansfield, *Erasmus in the Twentieth Century*, pp. 35, 201)。

31) ブルゴーニュ公国における内戦については，ボーネ，前掲訳書，132-39 頁参照。

32) このことは神聖ローマ帝国のなかにあっても，ブルゴーニュ公国の独立性が高く，自治的要素が強かったことを示唆している。

33) *Panegyricus*, ASD IV-1, pp. 42-43 / CWE 27, p. 24. フアナに関しては，CEBR, vol. 2, p. 237 を参照。

34) *Institutio principis christiani*, ASD IV-1, pp. 184-85 / CWE 27, p. 256. 邦訳，332 頁。

35) マルグリートに関しては，CEBR, vol. 2, pp. 388-89 を参照。

36) フェルナンド二世に関しては，CEBR, vol. 2, pp. 20-21 を参照。

よってヨーロッパは混乱状況にあった[37]。宗教改革の進展や「トルコの脅威」はそれに拍車をかけることになったが，世俗君主はこうした混乱を利用して集権化を図っていった。後年，エラスムスは，『トルコ戦争論』(*Utilissima consultatio de bello Turcis inferendo*, 1530) において，以下のように述べている。

> 先人が我々に語るには，70年前の物事の状態が，それをもしこの時代と比較するなら，民衆の自由，都市の権威，議会の威厳，教会の階層秩序への尊敬がどれほど衰えてしまったかは信じがたいと言われるだろうということである。反対にどれほど多くが君主の力に，どれほど多くが取り立てに，要するに「君主に喜ばれるものは法である」と彼〔君主〕にあまりにも述べられることによってどれほど多くの付加が増えたのか。このことはたとえ年配者が語らなくても，それほど古くない年代記や記録から十分に明らかである[38]。

ここで述べられているのは，君主権力が増大する一方，人々の自由のみならず君主以外の諸権威が衰退していることである。こうした状況はシャルル突進公の治世以来の市民的自由の衰退である可能性が指摘されており[39]，ここで確認したブルゴーニュ公国史を踏まえて廷臣たちの君主観，権力観を見ていくことにする。

(2) シャルル突進公時代の廷臣

ここでは，おもにファンデルヤークトや河原温に依拠しながら，シャ

---

37) エラスムスはこうした状況を『対話集』で描いている。*Colloquia*, ASD I-3, p. 577 / CWE 40, p. 821. 邦訳，『対話集』「カロン」二宮敬訳，『エラスムス・トマス・モア』〈世界の名著〉17, 中央公論社，1969年所収，274頁参照。フランソワ一世やヘンリー八世に関しては，CEBR, vol. 2, pp. 50-52, 178-81 を参照。

38) Maiores narrant nobis quis rerum status fuerit ante annos septuaginta, quem si conferas cum hisce temporibus, incredibile dictu, quantum decesserit libertati populi, ciuitatum auctoritati, maiestati senatuum, ordinis ecclesiastici reuerentiae. Contra quantum accreuerit principum potentiae, quantum exactionibus, in summa quantum additum illi nimium iactato: *quod principi placuit* lex est. Haec etiam si non narrent natu grandiores, ex annalibus et actis non ita vetustis abunde liquet (*De bello Turcico*, ASD V -3, p. 78 / CWE 64, p. 261).

39) CWE 64, p. 261, n. 253 参照。

ル突進公の治世において，ギヨーム・ユゴネ（Guillaume Hugonet, c.1420-77）をはじめとした廷臣が，君主権力を増大させるように統治理念を形成したことを確認する[40]。

フィリップ善良公の宮廷の蔵書には，神学，ロマンス，歴史の他，ギリシア・ラテン古典の仏訳や，イタリア人文主義者の著作の仏訳などが存在していた。善良公と息子のシャルル突進公による世俗統治を支えるために，こうした著作の「正義」（justice）や「公共善」（le bien publique）といった観念が利用されることになった[41]。

こうした観念を強調しながら，官房長（chancelier）ギヨーム・ユゴネはシャルル突進公のもとで統治理念を形成していく。彼は，キケロ，セネカをはじめとしたラテン古典の他，バルトルス・デ・サクソフェラート（Bartolus de Saxoferrato, c.1313/14-57）やバルドゥス・デ・ウバルディス（Baldus de Ubaldis, c.1327-1400）[42]ら中世イタリア法学者の著作も所蔵していた。ユゴネは，君主政，貴族政，民主政各々の政体の有用性を認めながらも，とりわけ君主政の重要性を説き，シャルル突進公の個人的威信（magnificence）を強調することで彼の君主としての存在意義を高めた。ここで注意すべきは，ユゴネが教会や全国議会（État généraux）などの合意を権力の源泉とすることを否定し，それを突進公個人の「人間的徳」（vertu d'humanité）に求めていることである[43]。

---

40) Arjo Vanderjagt, 'The Princely Culture of the Valois Dukes of Burgundy', in *Princes and Princely Culture, 1450-1650*, ed. by Martin Gosman, Alasdair MacDonald, Arjo Vanderjagt (Leiden: Brill, 2003), pp. 51-79; 河原温「シャルル・ル・テメレールと15世紀後半ブルゴーニュ宮廷の政治文化――宮廷イデオロギーの形成をめぐって」『人文学報』第475号，2013年，1-14頁，; H. G. Koenigsberger, 'Parliaments and Estates', in *The Origins of Modern Freedom in the West*, ed. by R. W. Davis (California: Stanford University Press, 1995), pp. 135-77, esp. 174-76. 邦訳，「議会および全国身分制会議」中村博行訳，R. W. デイヴィス編『西洋における近代的自由の起源』鷲見誠一・田上雅徳監訳，慶應義塾大学出版会，2007年所収，189-245頁，特に236-39頁参照。

41) E. A. Tabri, *Political Culture in the Early Northern Renaissance: The Court of Charles the Bold, Duke of Burgundy (1467-77)* (Lewiston: E Mellen Press, 2004), p. 46; Arjo Vanderjagt, *Qui sa vertu anoblist. The Concepts of Noblesse and chose publique in Burgundian Political Thought* (Gronigen: Verdingen, 1981), pp. 45-53; 河原，前掲論文，4頁。

42) バルトルスやバルドゥスに関しては，勝田有恒・山内進編著『近世・近代ヨーロッパの法学者たち――グラーティアヌスからカール・シュミットまで』ミネルヴァ書房，2008年，27-41頁参照。

43) 河原，前掲論文，5-8頁参照。

また，ヴァスコ・ド・ルセナ（Vasco de Lucena, c.1435-1512）は，クルティウス・ルフス（Cuintus Curtius Rufus, ?-53）『アレクサンドロス大王の事績』（*Faits et gestes d'Alexandre*, 1468）[44]と，15世紀前半にブルゴーニュ宮廷で活動したポッジョ・ブラッチョリーニ（Poggio Bracciolini, 1380-1459）[45]によってラテン語訳されていたクセノポン『キュロスの教育』の仏訳（*La traitte des faiz et haultes prouesses de Cyrus*, 1470）を突進公に捧げた。『アレクサンドロスのロマン』（*Roman d'Alexandre*）という騎士道物語[46]は中世から知られてきたが，ルセナは『アレクサンドロス大王の事績』が「君主の鑑」として機能するように歴史書としての現実的ヴィジョンを提示した[47]。また，彼は『キュロスの教育』の序文で，王としての支配権が神から直接キュロスに授けられたことを述べている。ここには，15世紀の君主権の統治理念における変換，すなわち，教会を媒介としない神からの直接の権力授与が見出される[48]。

　このように，シャルル突進公時代のユゴネ，ルセナといった廷臣は，権力の源泉を教会や全国議会などの合意ではなく君主個人に求めると同時に，神から君主への支配権授与を正当化して君主権の増大に寄与した。ブルゴーニュ公国の集権化の過程では，アレクサンドロス大王やキュロスといった異教の古代君主が歴史的現実における模範として提示されたことから，従来のキリスト教原理に基づく中世の「君主の鑑」論とは質的に異なる世俗統治原理が「君主の鑑」として示されることになったのである。

　44）　エラスムスは，1517年にクルティウス・ルフスによるアレクサンドロス伝のテクストと注釈をストラスブールのマティアス・シューラー（Matthias Schürer, c.1470-1520）に送っている（Fantham, E, 'Erasmus and the Latin Classics', in CWE 29, pp. xxxiv-l, esp. xli）。シューラーに関しては，CEBR, vol. 3, p. 233を参照。

　45）　ポッジョに関しては，CEBR, vol. 1, pp. 182-83を参照。

　46）　騎士道物語に関して，エラスムスは「今日では非常に多数がアーサー王やランスロットやその種の他の伝説によって喜ぶのを我々は見るが，それは暴君的であるのみならず，本当にまったく無学で愚かしく老婆的でもある」（At hodie permultos videmus Arcturis, Lanslotis et aliis id genus fabulis delectari, non solum tyrannicis, verum etiam prorsus ineruditis stultis et anilibus …）（*Institutio principis christiani*, ASD IV-1, p. 179 / CWE 27, p. 250. 邦訳，324頁）と述べて否定的に見ている。

　47）　Tabri, pp. 66-73; 河原，前掲論文，7-8頁参照。

　48）　Vanderjagt, *Qui sa vertu anoblist*, pp. 334-35; 河原，前掲論文，8頁参照。

(3) 16世紀初頭フランスの君主論

次に，ブルゴーニュ公国と長らく敵対関係にあったヴァロワ朝フランスにおける君主論の特徴を見るために，おもに佐々木毅などに依拠しながら，16世紀初頭の廷臣クロード・ド・セセル（Claude de Seussel, c.1450-1520）とギヨーム・ビュデを取り上げる[49]。ユゴネやルセナなどブルゴーニュ公国の廷臣との大きな違いは，セセルやビュデがラテン語のみならずギリシア語に堪能だったことである。セセルは1506年にクセノポン『アナバシス』（Κύρου Ἀνάβασις）を仏訳，1514年にはトゥキュディデス（Thukydides, c.500-c.423 B.C.）の翻訳をルイ一二世（Louis XII, 1462-1515, 在位 1498-1515）に捧げている[50]。他方，ビュデもプルタルコス（Plutarkhos, c.46-c.120 以後）の小品のラテン語訳（1503），『学説彙纂 24 巻註記』（*Annotationes in XXIV libros Pandectarum*, 1508-26），『古代貨幣考』（*De Asse*, 1515），『ギリシア語註解』（*Commentari linguae graecae*, 1529）を上梓し，この最後の大著は以後のギリシア古典研究において不可欠なものとなった[51]。

エラスムス『キリスト教君主の教育』とほぼ同時期の 1515 年に，フランスではセセルが『フランス王国論』（*La Monarchie de France*, 1519）を執筆していた。当該作品の目的は，ルイ一二世の称讃を通してフランソワ一世に政治教育を施すことであった[52]。それゆえ，君主の教育を目的としているという意味では，当該著作は「君主の鑑」論に分類されうる[53]。しかし，セセルは『フランス王国論』の冒頭で，これまで統治や

---

49) 佐々木毅『主権・抵抗権・寛容――ジャン・ボダンの国家哲学』岩波書店，オンデマンド版，2014 年 ; 佐々木毅『近代政治思想の誕生――16 世紀における「政治」』岩波新書，1981 年。

50) 佐々木『主権・抵抗権・寛容』，5 頁 ; 佐々木『近代政治思想の誕生』，6 頁。

51) 佐々木『主権・抵抗権・寛容』，15 頁 ; 渡辺一夫『フランス・ルネサンスの人々』岩波文庫，1992 年，30-36 頁 ; 勝田・山内，前掲書，84 頁。

52) William Farr Church, *Constitutional Thought in Sixteenth Century France: A Study in the Evolution of Ideas* (Cambridge: Harvard University Press, 1941), p. 22; 毛織大順「セイセルの〈フランス大君主国〉について」『法政研究』第 23 巻，第 2 号，1956 年，89-102 頁，特に 90 頁 ; 佐々木『近代政治思想の誕生』，8 頁。

53) ただし，ビュデ『君主教育論』（*De l'institution du Prince*, 執筆 : c.1518-19, 出版 : 1547）がフランスの代表的「君主の鑑」論のリストに数えられているのに対し，セセル『フランス王国論』は数えられていない（柴田平三郎「君主の鑑」(1)『獨協法学』第 25 号，1987 年，25-72 頁，特に 30 頁）。

国のあり方が哲学者や神学者によって論じられてきたが，人間の善性に期待するこれらの作品は実践的なものではないという判断を下している[54]。こうしたセセルと「君主の鑑」論の関係は，マキアヴェッリとそれの関係に類似したものである。というのも，セセルとマキアヴェッリの両者は，形式上「君主の鑑」論という体裁をとりながらも，その内容において従来の「君主の鑑」論を批判して現実的に有効な政治理論を示そうとしたからである[55]。

セセルは三政体を比較し，共和政ローマ，ヴェネツィアをそれぞれ民主政と貴族政の例として取り上げるが，共和主義的自由や自治への共感はない。一方，王政は権力の集中ゆえに分裂や混乱に対して迅速な対応が可能であり，選挙に基づかない王政には持続的な安定性が存在する[56]。こうした王政は専制政治の可能性を孕むものとはいえ，セセルにとって，哲人王的存在はありえないものであった[57]。

セセルによれば，王権は宗教，正義，ポリス（慣習化した法や特権）という三つの制約に服するものであり[58]，この点で，セセルを立憲主義者と捉える見解も存在する[59]。

それにもかかわらず，王への権力集中の傾向が彼の王権制限論それ自体のなかに見出される。セセルは三つの制約に服する国制を「貴族政によって制約された王政」と捉えるが，あらゆる機関権限の源泉たる国王にとって授権の撤回は理論的にはいつでも可能であった。改革や新政策の主導権を有する国王は，「必要」を理由として法令や慣習の改廃のみ

---

54) Claude de Seyssel, *La monarchie de France et deux autres fragments politiques*, textes établis et présentés par Jacques Poujol (Paris: Librairie d'Argences, 1961), pp. 95, 129-32.

55) Machiavelli, *Il principe*. 邦訳，『君主論』佐々木毅訳，講談社学術文庫，2004 年，127-29 頁（第 15 章）；佐々木『主権・抵抗権・寛容』，10 頁；佐々木『近代政治思想の誕生』，9-10 頁；柴田，前掲論文，25-27 頁参照。

56) Seyssel, *La monarchie de France,* pp. 103-11.

57) 佐々木『主権・抵抗権・寛容』，6 頁；佐々木『近代政治思想の誕生』，11-12 頁；J. H. Hexter, *The Vision of Politics on the Eve of the Reformation: More, Machiavelli, and Seyssel* (New York: Basic Books, Inc., publishers, 1973), p. 223 参照。

58) Seyssel, *La monarchie de France,* pp. 113-15；佐々木『主権・抵抗権・寛容』，7 頁；佐々木『近代政治思想の誕生』，13 頁；Hexter, pp. 224-27 参照。

59) 毛織大順「第十六世紀の前半期におけるフランス国王の官吏の政治思想」『政治研究』第 6 号，1958 年，14-25 頁，特に 15 頁；田上雅徳『初期カルヴァンの政治思想』新教出版社，1999 年，76 頁参照。

ならず課税が可能である一方[60]，『フランス王国論』には課税に対する被治者の同意や抵抗権への言及はない[61]。このように，セセルには権力の契機を強調して王自身の絶対的優越性に向かう要素があり，彼を絶対主義思想の先駆者として捉える見解も存在する[62]。

しかし，佐々木毅によれば，セセルの立場は，権力を共同体内部での一契機と考える伝統的ヨーロッパ政治思想と矛盾するものではなく，むしろその実現を促進するものであった[63]。彼の議論はフランソワ一世，アンリ二世（Henri II, 1519-59, 在位 1547-59）のもとで，王権集中に関心を持つ立場からは斥けられたが，宗教戦争と政治的混乱のなかでフランソワ・オトマン（François Hotman, 1524-90）などによって再評価され，王権制限論の嚆矢と目されるようになった[64]。

フランソワ一世にはビュデも『君主教育論』を捧げている。当該著作は彼の死後に出版された唯一のフランス語著作で，すでに成人に達した君主に対して理想像と理想の君主となるための方法を勧告したものである[65]。ビュデは第二部において，プルタルコス『英雄伝』（*Βίοι Παράλληλοι*）の抜粋から，古典古代の指導者による現実問題への対処，とりわけアレクサンドロス大王やその父フィリッポス二世（Phillipos II, 382-36B.C.）の行動を繰り返し語る[66]。古代最強の王アレクサンドロス大王は，前節で見たように，後代の理想的君主像として考えられていたが，ビュデの著作もその例から漏れるものではない。ただし，ビュデによるアレクサンドロス大王の強調点は，領土拡大自体ではなく学芸振興

---

60) Seyssel, *La monarchie de France*, p. 119.
61) 佐々木『近代政治思想の誕生』，21 頁；毛織「セイセル」，95-96 頁参照。
62) 毛織「セイセル」，102 頁参照。
63) 佐々木『近代政治思想の誕生』，25-29 頁。
64) 佐々木『主権・抵抗権・寛容』，11 頁。ただし，こうしたセセルの議論は，先述のように体裁上は「君主の鑑」論ながら実質的には制度論であり，こうした制度論中心のものを「君主の鑑」論として扱うべきかどうかには議論の余地があるだろう。アンリ二世に関しては，CEBR, vol. 2, pp. 181-82 を参照。
65) 岩井俊一「ギヨーム・ビュデの君主の意図」『Les Lettres Françaises』第 14 号，1994 年，1-6 頁，特に 1 頁参照；佐々木『主権・抵抗権・寛容』，16 頁。
66) Guillaume Budé, *De l'institution du Prince*, in *Le Prince dans la France des XVIe et XVIIe siècles*, par Claude Bontems et al. (Paris: Presses Universitaires de France, 1965), pp. 77-139, esp. 85 (fol. 15v-16r).

による文化発展の擁護にあった[67]。

　それにもかかわらず，ビュデには王権強化への方向性が確実に存在する。彼は，国王は神によって定められると主張し[68]，「君主は法から解放されている」という法諺の解釈において，神が法への自発的服従を国王に要求するとしながらも，慎重・高貴・衡平において完全性を有する国王を拘束する規則は不要だと述べた[69]。このように，ビュデによるローマ法の法諺の利用は，王権に対する司法的制限を無効にして王権を強化するものであった[70]。

　次節では，こうした同時代の君主論を踏まえ，エラスムスの君主論を概観する。

4　エラスムスの君主論

　「君主の鑑」論とは，先に見たように，しばしば題名に「教養」(eruditio)，「教育」(institutio) といった言葉を含むことから，教育目的を有する君主教育論としての機能を果たすことが多い。しかし前節で述べたとおり，16世紀初頭にはこうした「君主の鑑」論の伝統を非現実的で役に立たないとして批判する態度がセセルやマキアヴェッリに見られるようになった。また，シャルル突進公治下のブルゴーニュ公国では「君主の鑑」として異教の古代君主が提示されたように，君主権力を拡大する傾向が強かった。

　これに対して，エラスムスは「君主の鑑」論の伝統に対して批判的な態度をとらない。『キリスト教君主の教育』という題名が表すように，彼の君主論は君主教育論としての「君主の鑑」論の系譜に位置づけられる。ボーンによれば，エラスムスの考えは倫理的な論点が中世の先行者と共通しており，古典古代から直接借用された諸点を除けば，同時代人

---

67)　岩井，前掲論文，4頁；田上，前掲書，79頁参照。
68)　David O. McNeil, *Guillaume Budé and Humanism in the Reign of Francis I* (Genève: Droz, 1975), p. 103.
69)　毛織「第十六世紀の前半期」，20-21頁；田上，前掲書，76頁参照。
70)　佐々木『主権・抵抗権・寛容』，17-18頁；Koenigsberger, p. 166. 邦訳，227頁参照。

よりは12世紀以後の著作家と密接な関連があるのは明らかである[71]。ただし，エラスムスの献呈書がブルゴーニュ公の現実政治に与えた影響について，ボーンは「カール五世の人生はエラスムスの教えのほとんどすべてのまさに正反対のものを例証するよう運命づけられていた」と述べて否定的に見ている[72]。

　君主への集権化が進む時代のなかで，エラスムスはセセルやビュデと同様にギリシア語の修得に励んだ[73]。1499年から翌年にかけてのイングランド滞在でエラスムスは現地の人文主義者たちとの交流を通してギリシア語の必要性を痛感し[74]，『格言集』（*Adagiorum collectanea*, 1500）や，トマス・モアとともに訳した『ルキアノス小品集』（*Luciani opuscura*, 1506）を上梓するほどギリシア語に堪能となった。エラスムスはイソ

---

[71]　ボーンは，ソールズベリーのヨハネスやトマス・アクィナスを除いて，その著作家の誰かとのより直接的な関係を推測することは可能とは思われないが，エラスムスはヨハネスもトマスも校訂してはいないと述べている（Lester K. Born, ed., *The Education of a Christian Prince* (New York: Columbia University Press, 1936; repr. New York: Octagon Books, 1965), pp. 127-28）。

[72]　Born, p. 22. もっとも，カール五世は生前退位をしており，ここにエラスムス『キリスト教君主の教育』の影響を見ることは不可能ではないかもしれないが，臆測の域を出るものではない。歴史学で必要とされる現実への影響についての議論に関しては，研究者自身の偏見から牽強付会に陥る危険性がある一方，影響関係の「無」に着目することでよりよい把握がなされうる可能性があることを指摘しておきたい。

[73]　ギリシア語は15世紀初頭にはヨーロッパ諸国でほとんど知られていなかったものの，バッティスタ・グァリーノ（Battista Guarino, 1434-1503）『教授と学習の順序』（*De ordine docendi et studiendi*, 1459）などの貢献によって，15世紀後半にはその知識が格段に向上していた（加藤守通「ルネサンスとヒューマニズム」今井康雄編『教育思想史』有斐閣アルマ，2009年所収，69-84頁，特に83頁参照）。グァリーノとエラスムスの関係については，第2章注68参照。

[74]　エラスムスは，渡英以前にすでにギリシア語の基礎を学んでいたが，ジョン・コレット（John Colet, 1467-1519）によるパウロ書簡講解を聞いただけではなく，ウィリアム・グローシン（William Grocyn, d.1519），ウィリアム・ラティマー（William Latimer, c.1460-1545），トマス・リナカー（Thomas Linacre, c.1460-1524），そしてトマス・モアといったギリシア語を修得した人文主義者との交流によって新たな刺激を受けた（Roland H. Bainton, *Erasmus of Christendom* (New York: Scribner, 1969), pp. 56-59. 邦訳，『エラスムス』出村彰訳，日本基督教団出版局，オンデマンド版，2006年，74-79頁参照）。当時ギリシア語を習得していなかったコレットは，1516年9月22日エラスムス宛モア書簡によれば，後年1516年頃に50歳前後でギリシア語を集中的に学習している（Ep. 468, Allen II, p. 347 / CWE 4, pp. 79-80. 邦訳，沓掛良彦・高田康也訳『エラスムス＝トマス・モア往復書簡』岩波文庫，2015年，68-70頁）。コレット，グローシン，ラティマー，リナカーに関しては，CEBR, vol. 1, pp. 324-28, vol. 2, pp. 135-36, 302-03, 331-32を参照。

クラテス『ニコクレスに与う』，プルタルコス『モラリア』（*Moralia*）所収の 5 編をラテン語に翻訳して『キリスト教君主の教育』の付録としたように[75]，ギリシア古典の知見を活かしてブルゴーニュ公カールへの「君主の鑑」論として君主教育論を執筆した[76]。以下では，ブルゴーニュ公国の君主たちに捧げられた三著作，『徳の追求についての弁論』，『パネギュリクス』，『キリスト教君主の教育』[77]からエラスムスの君主論の特徴を探りたい。そうすることによって文学と統治の関係，ブルゴーニュ公国やヴァロワ朝の廷臣との対照のみならず，彼の「君主の鑑」論が彼の思想世界の基底にある人間観，すなわち教育や各人自身の努力が結果を左右するという見方を反映していることが明らかになるであろう。

（1） 文学と統治

エラスムスは，『パネギュリクス』において，真の知恵は哲学的著作の読書よりもむしろ旅行を含めた実際の経験や記憶から得られると考え，経験知の重要性を唱えている[78]。しかし，彼はとりわけ君主の子弟への教育を中心に扱う『キリスト教君主の教育』においては，むしろ実践よりも理性（ratio）や意見（opinio）を重視する。というのも，航海に喩えられる統治において失敗は許されないからである。「実用によってではなく，理性によって分別があるように，君主の精神はすべてに先んじて原理や命題によって教育されるべきである。物事の経験を若者は拒んだが，年長者の助言が補完していた」[79]。統治者やその子弟は君主

---

75) 片山英男「『キリスト者の君主の教育』解題」『エラスムス』〈宗教改革著作集〉2，教文館，1989 年所収，462-66 頁，特に 462-63 頁。

76) ただし，エラスムスは，イソクラテスはソフィストであるのに対し，自分は神学者だとして両者の違いに自覚的であり，イソクラテスと競って『キリスト教君主の教育』を執筆したと述べている（Ep. 393, Allen II, p. 207 / CWE 3, p. 250; CWE 66, p. 317, n. 34）。

77) 当該三作品は，いずれも君主自身の省察に寄与する教育目的を有している。「頌詞」と「君主の鑑」の関係については，Tracy, *The Politics of Erasmus*, pp. 17-18 を参照。『パネギュリクス』と『キリスト教君主の教育』の両著作には明確な関連がある（Ep. 337, Allen II, p. 93 / CWE 3, pp. 114-15 / CWE 71, p. 9. 邦訳，216-17 頁）。

78) *Panegyricus*, ASD IV-1, pp. 48-49 / CWE 27, pp. 29-30.

79) Proinde principis animus ante omnia decretis ac sententiis erit instruendus, vt ratione sapiat, non vsu. Porro rerum experientiam, quam aetas negauit, seniorum consilia supplebunt (*Institutio principis christiani*, ASD IV-1, p. 149 / CWE 27, p. 218. 邦訳，281-82 頁)。

たるものにふさわしい実直で健全な意見を修得すべきであり，あらかじめ「俗悪な意見の毒に対する一種の薬」（pharmacis quibusdam aduersus vulgarium opinionum venena）を備えるようにしなければ，大衆の誤謬によって君主への忠告が虚しいものとなる。というのも，精神（animus）こそすべての生の理が生じる泉であり，これが汚染されれば回復は困難をきわめると彼は見ているからである[80]。

また，エラスムスは，書物ほど誠実かつ有益に真実を告げ，恥をかかせずに忠告を与えるものは他に無いと述べ，君主はより優れた者となることを目指して書物を繙くよう心掛けよと勧告する。「高名な人物の範例」は精神を鼓舞するのに寄与するが，その際には取捨選択をする判断力が重要である。エラスムスはプラトンと同様に弁証法がこうした判断力を損ねる危険性を示唆し[81]，弁証法修得後に読むべき書物についても助言を与える。まず，「箴言」，「集会の書」，「知恵の書」，次に「福音書」，三番目にプルタルコス『名言集』（Apophthegmata），『モラリア』，その次にセネカである。そして，アリストテレス『政治学』，キケロ『義務について』も有益だが，プラトンのほうが傾聴に値し，キケロの『法律について』はプラトンの受け売りにすぎないとする[82]。

---

80) Vehementer inflammant generosos animos exempla celebrium virorum, sed multo maxime refert, quibus opinionibus imbuantur. Ab his enim fontibus omnis vitae ratio proficiscitur. Quod si rudem puerum erimus nacti, tum enitendum erit, vt statim quam rectissimas ac saluberrimas imbibat et veluti pharmacis quibusdam aduersus vulgarium opinionum venena praemuniatur. Sin obtinget plebeiis opinionibus nonnihil infectus tum primam oportebit esse curam, vt paulatim illis liberetur; pro reuulsis salutares inserendae. ⋯ ita frustra moneas de ratione gerendi principatus, ni prius animum falsissimis quidem illis, sed tamen receptissimis opinionibus vulgi liberaris (*Institutio principis christiani*, ASD IV -1, pp. 140-1 / CWE 27, p. 210. 邦訳，270-71 頁).

81) *Institutio principis christiani*, ASD IV-1, p. 169 / CWE 27, p. 238. 邦訳，309頁。このことは，修辞学的伝統とされる人文主義者の代表者たるエラスムスが，プラトンによる哲学の側からの修辞学批判に理解を示していたことを示唆している。ただし，先に見たように，エラスムスは経験，記憶，実際の危険から得られる真の知恵に対して，哲学者の著作が眠気を誘う空疎な知恵を作り出す可能性を指摘しており，哲学に対する批判を忘れているわけではない（*Panegyricus*, ASD IV-1, pp. 48-49 / CWE 27, pp. 29-30）。

82) *Institutio principis christiani*, ASD IV-1, p. 180 / CWE 27, pp. 250-51. 邦訳，324-25頁。エラスムスは後年の『子供の教育について』において，道徳哲学の著作は幼児の理解には早すぎると考えているが，その中心的内容としてアリストテレス『ニコマコス倫理学』，キケロ『義務について』，セネカ『道徳書簡集』，プルタルコス『モラリア』といった古典のみならず，パウロ書簡というキリスト教的内容も重視していた（*De pueris instituendis*, ASD I-2, p. 46 / CWE 26, p. 318. 邦訳，『子供たちに良習と文学とを惜しみなく与えることを出生から

ただし，エラスムスは読書のメリットとデメリットを指摘し[83]，君主の模範は異教徒ではなくあくまでキリストであり，キリスト教の範囲で古典の読解はなされるべきだと考えていた[84]。彼は『徳の追求についての弁論』において文学的教育と宗教的敬虔の関連を示唆して[85]，統治に関与する君主には学識と宗教的敬虔の双方が必要だと考える。また，彼は普通の宮廷人に一般的に喜びを与えるのは深き無知と底知れぬ迷信の双方だと指摘し，君主にキリスト教は不要だと言う宮廷人を批判したが[86]，エラスムスが15世紀後半のブルゴーニュ公国における廷臣と著しい違いを見せるのはまさにこの点であった。

(2)　専制批判

　エラスムスは，アレクサンドロス大王やカエサルに対する態度において，シャルル突進公治下の廷臣やヴァロワ朝の廷臣と顕著な違いを示している。先に見たように，ブルゴーニュ公国では，ルセナがシャルル突進公への「君主の鑑」としてアレクサンドロス大王を用い，フランス・ヴァロワ朝でもビュデが文化発展の擁護者として模倣すべきことをフランソワ一世に説いている。また，多くの都市国家では君主による統一と安定を歓迎してカエサルが讃美されていた[87]。

直ちに行う，ということについての主張を主題として集約した論説』中城進訳，『エラスムス教育論』二瓶社，1994年所収，52頁)。エラスムスは，道徳の範疇には神や聖人に対する敬虔と不敬虔，祖国，両親，子供，教師その他に対する義務，徳と悪徳のすべての問題が含まれると捉えている (*Ecclesiastes*, II, ASD V-4, p. 313 / CWE 68, p. 548)。

83)　*Institutio principis christiani*, ASD IV-1, p. 180 / CWE 27, p. 251. 邦訳，325頁。

84)　*Institutio principis christiani*, ASD IV-1, p. 179 / CWE 27, p. 250. 邦訳，324頁。古典作品の選別に関しては，*Enchiridion*, LB V, 9D / CWE 66, p. 36. 邦訳，27頁，エラスムスがキリスト教と異教古典を対等ではなく目的と手段の階層関係において捉えていることに関しては，Ep. 181, Allen I, p. 406 / CWE 2, p. 88; CWE 66, p. 317, n. 36 も参照。

85)　*De virtute amplectenda*, LB V, 71D, 72D / CWE 29, pp. 12-13. こうした文学的教育と宗教的敬虔の関係について，エラスムスは後年の『キケロ主義者』(*Ciceronianus*, 1528) において，雄弁や学問の目的とは「キリストを知り，キリストの栄光を祝福すること」であり，自身の目的を「名誉ある行いへと人々を説得すること」であると考えていた (*Ciceronianus*, ASD I-2, p. 709 / CWE 28, p. 447)。これに関しては，次章で再度取り扱われる。

86)　*De virtute amplectenda*, LB V, 72D / CWE 29, p. 13.

87)　たとえば，カエサルの暗殺者ブルートゥス (Marcus Junius Brutus, 85-42 B.C.) やカッシウス (Gaius Cassius Longinus, c.90-42 B.C.) は，ダンテ (Dante Alighieri, 1265-1321)『神曲』(*La Divina Commedia*) で地獄に落とされていたが，その後の共和主義の台頭において逆に称揚されるようになる。マキアヴェッリもカエサル批判を行なっており，エラスムス

こうした古典古代におけるアレクサンドロス大王やカエサルなど異教の英雄を理想の君主像として捉え，世俗統治原理をキリスト教と切り離して考えようとする動きに対して，エラスムスは一貫して批判的である。『パネギュリクス』においては，アレクサンドロス大王，カエサルの二人はこれまで平和であった人々のうえに戦争の脅威を放ったと述べられる[88]。エラスムスは，彼らの徳の一部を認めながらも[89]，彼らが祖国にとっては有害で，他国の人々には苛酷であったと捉えている[90]。『キリスト教君主の教育』では，キリスト者にとって，アレクサンドロス大王やカエサルやクセルクセス（Xerxes, c.519-465 B.C.）を模範として選ぶことは愚かで，たやすく暴君への道を突き進むことになると述べられる[91]。

が共和主義からどの程度の影響を受けていたかは今後の研究課題となる。エラスムスは『キケロ主義者』でブルーニをはじめ多くのイタリア人文主義者に言及してラテン語文体を批評しており，少なくとも彼らの著作を読んでその内容を知っていたが，マキアヴェッリへの言及はない。エラスムスのカエサル批判には，祖国ブルゴーニュ公国の内紛との関連から，ローマに内乱をもたらしたカエサルを厳しく批判するルカヌス（Marcus Annaeus Lucanus, 39-65）『内乱』（De bello civili）による影響の可能性が考えられる。セネカの甥ルカヌスによるカエサルやアレクサンドロス批判に関しては，ルーカーヌス『内乱――パルサリア（下）』大西英文訳，岩波文庫，2012 年，第 10 章，特に 274-75 頁参照。エラスムスは『現世の蔑視』において，闘争中の派閥をスッラ（Sulla, 138-78 B.C.）の時代と結びつけており，共和政末期のローマ史との関連で祖国ブルゴーニュ公国内の派閥抗争を捉えている（De contemptu mundi, ASD V-1, p. 57 / CWE 66, p. 150）。

88) Panegyricus, ASD IV-1, pp. 72, 75 / CWE 27, pp. 52, 56.
89) Panegyricus, ASD IV-1, p. 77 / CWE 27, p. 58.
90) Panegyricus, ASD IV-1, p. 50 / CWE 27, pp. 30-31.
91) Institutio principis christiani, ASD IV-1, pp. 180-82 / CWE 27, pp. 250-52. 邦訳，324-28 頁。エラスムスは，格言「アルキビアデスのシレノス」でもカエサル，アレクサンドロス大王などを強盗として捉え，同時代の教皇ユリウス二世（Julius II, 1443-1513）やアレクサンデル六世（Alexander VI, 1430/2-1503）を示唆している（Sileni Alcibiadis, in Adagia, III.iii.1, ASD II-5, p. 182 / CWE 34, p. 276. 邦訳，金子晴勇編訳『エラスムス『格言選集』』知泉書館，2015 年，152 頁）。ユリウス二世，アレクサンデル六世に関しては，CEBR vol.2, pp.250-52, vol.1, pp.32-34 を参照。エラスムスは，ユリウス二世を風刺した『天国から締め出されたユリウス』（Julius exclusus e Coelis）の著者であることを否定し続けたが，1516 年 12 月 15 日エラスムス宛モア書簡は当該作品がエラスムスの筆になることを伝えている（Ep. 502, Allen II, pp. 418-21 / CWE 4, pp. 169-72. 邦訳，87-90 頁）。にもかかわらず，偽作の疑いを主張した研究書を取りあげていないとしてマンスフィールドの研究史を批判し，近年でも当該作品の真贋論争に拘泥する見解も存在する（根占献一「エラスムス覚え書――文献紹介と課題」『学習院女子大学紀要』第 15 号，2013 年，113-28 頁，特に 125 頁参照）。『天国から締め出されたユリウス』に関しては，Opuscula, pp. 38-124 / CWE 27, pp. 155-97. 邦訳，エラスムス『天国から締め出されたローマ法王の話』木ノ脇悦郎編訳／解説，新教出版社，2010 年を参照。

4　エラスムスの君主論

　このように，エラスムスは，君主教育における文学や歴史書の取捨選択が極めて重要であると考えてアレクサンドロス大王などを否定的に捉えている点で，ブルゴーニュ公国やフランス・ヴァロワ朝の廷臣と対照的である。法と君主の関係においても，エラスムスは彼らと違うスタンスを示す。

　今日さえ王には欠けていない，彼らの耳にかようなことをさえずる人は。「何ゆえ躊躇なさいますのか？　御身が君主であることをお忘れですか？　御身のお気に召すのが，法ではございませんか？　御身は法よりも偉大です。王は規則からではなく，心の欲望によって生きるべきです。どんな場合でも御身のものは何でも手に入れて所有し，すべては御身のものです。御身には生殺与奪の自由があります。御身に正しいのはものを加えることで，正しいのは御身が望むときに取り除くことです」[92]。

　エラスムスは，こうした廷臣の言葉を「セイレーンの致命的な歌」（Syreni exitialis cantilena）と表現しているが，とりわけ法規範に拘束されない暴君の出現を危惧していた[93]。エラスムスによる批判は，彼が自身の著作を献呈したフィリップ端麗公やカール五世といった君主も免れるものではなかったが[94]，そうした君主を養育し，彼らの精神を形成す

---

　92)　Ne hodie quidem desunt regibus, qui istiusmodi quaedam ad illorum aures occinant: Quid etiam hesitas? An te principem esse oblitus es? An non ius est, quod tibi placuit? Tu maior legibus. Regium est non ex praescripto, sed ex animi libidine viuere. Quicquid vsquam tuorum quisquam possidet, id omne tuum est. Tibi liberum donare vitam, liberum eripere. Tibi fas est addere rem, cui visum sit, fas est vbi velis adimere (*Panegyricus*, ASD IV-1, p. 63 / CWE 27, p. 43). こうした君主が法規範に拘束されないように吹き込む廷臣による阿諛追従に関しては，*Institutio principis christiani*, ASD IV-1, p. 179 / CWE 27, p. 250. 邦訳，323-24 頁も参照。

　93)　セイレーン／誘惑という隠喩はキリスト教文学における文学的常套句であり，エラスムスは『現世の蔑視』においても用いている（*De contemptu mundi*, ASD V-1, p. 42 / CWE 66, pp.137, 306, n. 15）。追従について，エラスムスは『パネギュリクス』でも頻繁に取り上げ（*Panegyricus*, ASD IV-1, pp. 60-61, 81 / CWE 27, pp. 41, 62），亡国や圧政の原因になりうるとしてその危険性を指摘している（*Institutio principis christiani*, ASD IV-1, p. 175 / CWE 27, p. 245. 邦訳，318 頁）。

　94)　*Colloquia*, ASD I-3, p. 506 / CWE 40, p. 687. 邦訳，『対話集』「魚食い」二宮敬訳，『エラスムス・トマス・モア』〈世界の名著〉17，中央公論社，1969 年所収，297-98 頁参照。エラスムスは自身の著作を献呈した当の君主をも他の著作で批判的に扱っている点で，

るのに寄与する宮廷人に対しても当然向けられていた。エラスムスは格言「アルキビアデスのシレノス」で宮廷における本末転倒なあり方を以下のように述べる。

> 裏切り者や君主の敵と呼ばれる人は，君主に法律を超えたこと，また衡平を欠いたことを許さないが，これは彼〔君主〕が君主を真に行うのを願い，他により眉をひそめるものはない野獣たる暴君の像から最大限に離れることを願う人である。反対に君主たちの相談役，友人，後援者と言われるのは，彼ら〔君主たち〕を倒錯した教育によって腐敗させ，愚かな意見で汚し，打算的な同意によって弄び，悪しき助言によって人民の憎悪へと〔君主を〕おびき寄せ，戦争や国々の狂った動乱に巻き込む。圧政の何かに近づくとき，君主の威厳は増加すると言われることがあるが，〔実のところ〕これ〔圧政〕は最も悪しき事柄の大きな部分を占めるものである[95]。

このように自身で法を体現する君主の判断を歪めてその権力強化を助長するのが追従者であった。次項では，こうした専制化への抑制についてのエラスムスの議論を見ていきたい。

(3) 君主・貴族・市民

エラスムスは私人（privatus）[96]と君主を区別する。私益のために生き

「エラスムス，ビベス，エリオットはみな，支配階級に対し徹底的に愛想の良い傾向があった」というスキナーの主張は誇張だというマンスフィールドの指摘は正鵠を射たものである（Mansfield, *Erasmus in the Twentieth Century*, p. 37; Quentin Skinner, *The Foundations of Modern Political Thought vol.1: The Renaissance* (Cambridge; New York: Cambridge University Press, 1978), p. 259. 邦訳，『近代政治思想の基礎』門間都喜男訳，春風社，2009 年，274 頁）。

95) Proditorem appellant et principis hostem, qui nihil illi supra leges ac praeter aequum licere velit, hoc est qui illum optet vere principem agere et a tyranni, qua belua non est alia tetrior, imagine quam maxime velit abesse. Ille contra consultor, amicus, fautor prinpipum dicitur, qui illos peruersa educatione corrumpat, qui stultis inficiat opinionibus, qui assentatione ludat, qui malis consiliis in odium populi pertrahat, qui bellis et insanis rerum tumltibus inuoluat. Aiunt auctam principis maiestatem, vbi tyrannidis aliquid accessit, hoc est summi mali magna portio.(*Sileni Alcibiadis,* in *Adagia*, III.iii.1, ASD II-5, p. 172 / CWE 34, p. 270. 邦訳，金子晴勇編訳『エラスムス『格言選集』』知泉書館，2015 年，140 頁）。

96) ここでの「私人」とは官職に就いていない個人を意味し，官職に就いていない貴族

ている私人には自分の人生についての自由な選択がある一方，君主は私益のためではなく公益に奉仕すべき存在である[97]。自由であるが従うのをより好む私人と違って，祖国への奉仕を求められる統治者には実践的生活と観想的生活（καὶ τὸν βίον πρακτικὸν καὶ τὸν θεωρητικὸν）の双方が必要であり，バランスのとれた穏健な精神の傾向が必要であるが，このことが意味することを以下検討しよう[98]。

エラスムスは，自然の才能や幸運よりもむしろ教育の影響力や自身の勤勉さの重要性を認識していた[99]。彼は「勤勉は天賦の才における欠乏を埋め合わせるかもしれない」[100]と述べ，「幸運」（fortuna）は我々に無関係であるというエピクテトス（Epiktetos, c.55-c.136）の格言[101]を覚えておくように忠告する。エラスムスによれば，「自然」（natura）や「幸運」の祝福による賜物が豊かであっても，濫用すれば致命的になる[102]。それゆえ，彼は精神を発展させるのは自分次第だとして天賦の才や教師の期待に応えるべく努力するように促す[103]。ここからは，各人の成長や堕落において，努力の有無による各人自身の責任を重視するエラスムスの基本的な人間観が窺える[104]。

は含まれる可能性がある。また，「私人」は個人であり，社会の総体を意味する「人民」とは異なるが，「人民」の構成要素となりうるものである（本章の脚注 116 参照）。

97) ノブレス・オブリージュを担うべき指導層の責任については，*Institutio principis christiani*, ASD IV-1, p. 199 / CWE 27, p. 269. 邦訳，348 頁を参照。

98) *De virtute amplectenda*, LB V, 69A / CWE 29, p. 7.

99) *Panegyricus*, ASD IV-1, p. 60 / CWE 27, p. 41. この点については，本書第 4 章において再述される。

100) *De virtute amplectenda*, LB V, 67A / CWE 29, p. 4.

101) Epictetus, *Enchiridion*, ch. 3. 邦訳，『要録』鹿野治助訳，『キケロ・エピクテトス・マルクス・アウレリウス』〈世界の名著〉13，中央公論社，1968 年，383-408 頁参照。

102) *De virtute amplectenda*, LB V, 72A / CWE 29, p. 12.

103) *De virtute amplectenda*, LB V, 72B / CWE 29, p. 12.

104) こうした各人の発展や堕落における自身の責任を重視する立場は，エラスムスの人間本性論や自由意志論と深い関係がある。人間の自由意志と神の恩寵に関わる救済の問題は後年のルターとの論争においてさらに詳しく展開されるが，人間の責任を強調するエラスムスにとって，救済は人間から切り離された神の恣意的な選定として捉えられているわけではない。むしろ彼は人間の意志と神の意志とのあいだに連続性を見てとっているだけではなく，人間側の道徳的あり方がその死後の救済に関する神の選定に関与するという応報的救済観を示唆しており，こうした救済観は初期著作『現世の蔑視』から見られるものである（*De contemptu mundi*, ΛSD V-1, p. 48 / CWE 66, p. 142）。このような人間の自由意志と神の恩寵の関係については，本書第 4 章・第 5 章で詳述される。

ただし,彼は各人の責任を重視しながらも,幼年期も同様に考えていたわけではない。というのも,エラスムスは幼年期の可塑性に特別の注意を払って,両親による教育者の注意深い選定や,取り巻きの責任の重要性を指摘しているからである[105]。

> というのも,通常その〔君主の〕子供は追従者の群れのあいだで教育されるからですが,彼ら〔追従者〕は徳のすべての道を知らず,その習俗や弁論は〔物質的〕成功以外何も知りませんが,彼らから大事な事柄や救済策は何も聞くこともなく,このひとりの君主を高慢や暴力へと駆り立てる以外には,まったく何も学びません[106]。

このように,エラスムスは,物質的利益にしか関心がなく徳の道を知らない追従者が君主を高慢や暴力へと駆り立てることを批判する。というのも,追従は君主権力の増大をもたらし,君主個人の私益の追求を唆しては,直接関係のない民衆や国全体の利益を損なうからである。

エラスムスは,宮廷の主な二つの疫病として讒告と追従をあげているが,追従は君主自身の精神に魔法をかけるものである[107]。それゆえ,彼はこうした甘言を弄してキリストの教えは不要であるとする廷臣の言葉を「致命的な魔法」(exitialis incantatio) と表現する[108]。エラスムスはこうした追従に対して,たとえ君主が法によって拘束されるのを否定する

---

[105] 教育者の選定については,『キリスト教君主の教育』の付録であるイソクラテス『ニコクレスに与う』や,プルタルコス『モラリア』においても追従者と友人の区別が重視されていた。これに加えて,エラスムスは乳母,従僕,教師役,役人の選定も重要だとして,知性と徳性を備えた者が助言者となるよう厳しく選り分ける必要があることを指摘する (*Institutio principis christiani*, ASD IV-1, pp. 139-40, 176, 204 / CWE 27, pp. 208-09, 247, 274. 邦訳, 267-69, 318, 320, 355 頁)。乳母が幼児の精神や性格を損なう可能性から,エラスムスは(偽)プルタルコスやクインティリアヌス (Marcus Fabius Quintilianus, c. 35-100) など古代の著作家に従って母乳育児の実践を提唱した (*Ecclesiastes*, II, ASD V-4, pp. 308-09 / CWE 68, pp. 541-43)。

[106] Nam fere isti delicatius educantur idque inter greges adulatorum, qui totam virtutis viam ignorent, quorumque mores et oratio nihil nisi fortunam sapiat, a quibus nihil audiant serium ac salutare neque quicquam omnino discant, nisi vnum hoc fastu violentiaque principem agere. (*Panegyricus*, ASD IV-1, p. 81 / CWE 27, p. 62).

[107] *Panegyricus*, ASD IV-1, p. 60 / CWE 27, p. 41.

[108] *De virtute amplectenda*, LB V, 72C / CWE 29, p. 13.

としても，君主自身の抑制が必要だと考える[109]。「君主自身は法に従って，他方で法は衡平と誠実の原型に応じて他の場所というよりもむしろよりよい進行における共同体のことへ向かう。よき知恵と腐敗なき君主はある種の生きている法にほかならない」[110]。ただし，エラスムスは，君主自身の判断に瑕疵がある場合には，君主の側近の理性的判断による忠告や諫言が修正手段となりうると考えていたのみならず[111]，君主に改善可能性がない場合には市民や議会の同意によって抑制させなければならないと考えていた[112]。

このように君主への権力集中の弊害を懸念するエラスムスは，権力の源泉についても君主権の増大に寄与したブルゴーニュ公国やヴァロワ朝の廷臣と立場を異にしている。16世紀のネーデルラントでは，最高権力の絶対性を否認する伝統的権力観が通念となり，君主は法によって拘束される一方，法を運用する裁判官となった[113]。しかし，前世紀のシャルル突進公時代の廷臣は，教会や全国議会などの合意を権力の源泉とすることを否定し，支配権が神から直接君主に授与されたものだとしていた。他方，フランスのセセルやビュデも，フランス王が神によって直接裁可されたとしており，とりわけセセルは共和主義的自由や自治への憧憬とは無縁であった[114]。

これに対して，国王は神意ではなく人民の同意によって授権されたと主張したアンドレーア・アルチャート（Andrea Alciato, 1492-1550）[115]

---

109) *Institutio principis christiani*, ASD IV-1, p. 179 / CWE 27, pp. 249-50. 邦訳，323-24頁。

110) *Institutio principis christiani*, ASD IV-1, p. 194 / CWE 27, p. 264. 邦訳，342頁。

111) *Institutio principis christiani*, ASD IV-1, p. 176 / CWE 27, p. 247. 邦訳，320頁。

112) *Lingua*, ASD IV-1A, p.102 / CWE 29, p. 335. エラスムスは，『平和の訴え』における市民の同意のみならず『リングア』では議会の同意を加えている。本書第6章参照。

113) 川口博『身分制国家とネーデルラントの反乱』彩流社，1995年，164, 171頁参照。

114) ただし，クリネンによれば，すでにカペー朝からフランス王は立法権を無制限に行使しており，13世紀には「立法絶対主義」が確立していた（J. Krynen, *L'Empire du roi. Idées et croyances politiques en France, XIIIe-XVe siècle* (Paris: Gallimard, 1993), pp. 341-455; 藪本将典「〈改革王令〉に見るフランス・ルネサンス期の立法者像」『法學政治學論究』第68号，2006年，97-129頁，特に100頁）。

115) 毛織「第十六世紀の前半期」，17頁。アルチャートに関しては，CEBR, vol. 1, pp. 23-26; 勝田・山内，前掲書，81-98頁参照。アルチャートは，ビュデから法学研究におけるライバルと見なされていた（McNeil, p. 74）。

と同様に,エラスムスも人民の同意による信託に君主の権利の源泉を見出した[116]。また,彼はローマ共和政やアテナイ民主政という歴史上の実例から君主をかならずしも必要なものだとは考えず[117],悪しき君主の野望を抑えるために抵抗や王権の停止も示唆している[118]。このような場合に市民の側にも理性が必要であり,そうした理性的判断を涵養するために教育が必要だと彼は考えていた。

> 舵取りへと向けられるべき君主が第一に思い出すべきであるのは国の主な希望が少年の正しい教育にかかっているということであり,そのことをクセノポンは『キュロスの教育』において思慮深く言った。というのも,未熟な若者はどれだけでも学問についていくからである。それゆえしっかりと最高の堕落していない教師のもとで同時にキリストと国にとって健全な立派な学問を吸い込むように,公的な学校や私的な学校,女子教育について配慮が第一に持たれるべ

---

116) *Institutio principis christiani*, ASD IV-1, p. 136 / CWE 27, p. 206. 邦訳, 265-66 頁;*Querela pacis*, ASD IV-2, p. 88 / CWE 27, p. 313. 邦訳,『平和の訴え』箕輪三郎訳, 岩波文庫, 1961 年, 72 頁;*Colloquia*, ASD I-3, p. 519 / CWE 40, p. 701. 邦訳, 318 頁。こうした立場には,トマス,ビトリア(Francisco de Vitoria, 1483/93-1546),アルトゥジウス(Johannes Althusius, 1557-1638),グロティウス(Hugo Grotius,1583-1645)が見出される(松森奈津子『野蛮から秩序へ——インディアス問題とサラマンカ学派』名古屋大学出版会, 2009 年, 197-201 頁)。ここでいう「人民」とは,さまざまな職能的・地域的法団体によって構成された社会の総体を意味し,個人をギルド,都市,州などの法団体に編成してその中に個人を埋没させる身分制社会に適合的な概念であった(川口,前掲書, 181 頁; William J. Bouwsma, 'Liberty in the Renaissance and Reformation', in *The Origins of Modern Freedom in the West*, ed. by R. W. Davis (California: Stanford University Press, 1995), pp. 203-34, esp. 208. 邦訳,「ルネサンスと宗教改革における自由」田上雅徳訳, R. W. デイヴィス編『西洋における近代的自由の起源』鷲見誠一・田上雅徳監訳, 慶應義塾大学出版会, 2007 年所収, 289-334 頁, 特に 295 頁)。

117) *Institutio principis christiani*, ASD IV-1, p. 203 / CWE 27, p. 272. 邦訳, 353 頁。菊池理夫は,エラスムスが「ギリシア・ローマの古典研究から共和政体の可能性も示唆している」と指摘している(菊池,前掲書, 62 頁)。

118) *Querela pacis*, ASD IV-2, p. 87 / CWE 27, p. 312. 邦訳, 70 頁;*Dulce bellum inexpertis*, in *Adagia*, IV.i.1, ASD II-7, p. 36 / CWE 35, p. 428. 邦訳,「戦争は体験しない者にこそ快し」月村辰雄訳, 二宮敬『エラスムス』〈人類の知的遺産〉23, 講談社, 1984 年所収, 333 頁。この点に関しては本書第 6 章参照。当該箇所に関して,エラスムスは格言「アルキビアデスのシレノス」で「人民の同意がそのように [君主に] 与えた権力そのものを,それにもかかわらずこのように奪い去ることができる」(*Sileni Alcibiadisi*, in *Adagia*, III.iii.1, ASD II-5, p. 172 / CWE 34, p. 270. 邦訳, 140-41 頁)と簡潔に表現している。

きである。こうした方法で多くの法や罰が不要になるだろう。たしかに市民たちによって正しいものは自発的に従われる。正しく教育された人間はいくらか神的な動物に上昇し，対して誤って教育された人間は最も獰猛な獣に堕落するとプラトンが書いたように[119]，かくも多くの力を教育は持っている。そのうえ自分の市民ができるだけ最善のものを持つことよりも君主にとって重要なことはない[120]。

ここでは，教育が国の死命を左右しうるものであるという認識が示され[121]，教育によって市民が教化されれば法は不要になるという，人間の善性を信頼した見解が述べられている[122]。エラスムスにおいては，先に見たように，君主自身，その側近，そして市民の三者による理性的判断が期待されている。彼は『痴愚神礼讃』で指摘したように，聖俗両界に腐敗・堕落がはびこる同時代において人間の可謬性を看破していたが，そうであればこそ君主や貴族を含む支配層のみならず市民道徳の維持改善をも企図していた。というのも，エラスムスは，プラトンの哲人王思想と人間の改善可能性に基づいて，キリストを模範とする君主の

---

119) 『法律』766A. 邦訳，『法律（上）』森進一・池田美恵・加来彰俊訳，岩波文庫，1993 年，355 頁参照。

120) Illud in primis admonendus est princeps gubernaculis admouendus praecipuam reipublicae spem sitam esse in recta educatione puerorum, id quod prudenter docuit Xenophon in Institutione Cyri. Nam rudis aetas ad quamuis disciplinam sequax est. Proinde cum primis habenda cura de ludis publicis ac priuatis, de virginum institutione, vt statim sub optimis et incorruptissimis praeceptoribus simul et Christum imbibant et honestas literas reique publicae salutares. Hac ratione fiet, vt non sit opus multis legibus aut suppliciis, nimirum ciuibus suapte sponte quod rectum est sequentibus. Tantam vim habet educatio, vt Plato scripserit hominem recte institutum in diuinum quoddam animal educare; contra perperam educatum in immanissimam quandam degenerare beluam. Nihil autem magis refert principis, quam vt ciues suos habeat quam optimos（*Institutio principis christiani*, ASD IV-1, p. 188 / CWE 27, p. 259. 邦訳，336 頁）。当該引用の末尾における人間が教育によって神的にも獣にもなりうるという教育観が，プラトン主義的な中間的存在としての人間観と深い関連がある。この点に関しては，本書第 4 章参照。

121) エラスムスは『反野蛮人論』において，国の病気や安全がかかっているものとして君主の教育，説教師，教師の三つをあげている（*Antibarbari*, ASD I-1, p. 53 / CWE 23, p. 30）。

122) エラスムスは人間の善性を信頼する単純なオプティミストとしての側面が強調される傾向にあるが，こうした見方は一面的である。というのも，彼は人間一般の腐敗・堕落しやすい傾向を指摘しており（*De contemptu mundi*, ASD V-1, p. 58 / CWE 66, p. 151; *Institutio principis christiani*, ASD IV-1, pp. 151, 219 / CWE 27, pp. 220, 287. 邦訳，284, 376 頁），理想論を説く側面と同時に現実を鋭く見つめる眼差しが存在するからである。

出現によって市民道徳をも向け換えることができると考えているからである[123]。この意味で，エラスムスは，君主のみならず広く宮廷人のあり方を問題にしたソールズベリーのヨハネス『ポリクラティクス』以来の「君主の鑑」論の中世的伝統を継承しながらも[124]，さらに市民教育の問題にまで拡大した点でこうした伝統に新たな側面をもたらしたのである[125]。

5 おわりに

　エラスムスはブルゴーニュ公国の君主たちに『徳の追求についての弁論』，『パネギュリクス』，『キリスト教君主の教育』といった君主教育論を捧げたが，これらは君主に道徳を説く「君主の鑑」論という中世の伝統に属するものであった。この伝統において，プラトンやアリストテレ

---

　　123)　磯部隆「近代政治思想史の形成と宗教意識（二）——神義論と「自由意志」論争をめぐって」『名古屋大學法政論集』第 108 号，1986 年所収，89-150 頁，特に 126-28 頁参照。

　　124)　エラスムスは『痴愚神礼讃』における人生を芝居に喩える「世界劇場」（theatrum mundi）の着想をソールズベリーのヨハネス『ポリクラティクス』から得ている可能性が指摘されている（『痴愚神礼讃』，前掲訳書，258 頁，注 296）。ただし，クルツィウスによれば，当該隠喩は，その起源がプラトン『法律』や『ピレボス』に遡り，異教の古代世界と同様にアウグスティヌス『詩編釈義』などキリスト教の著作と相俟って中世に流入したものである（E. R. Curtius, *Europäische Literatur und lateinisches Mittelalter* (Bern: A. Francke, 1954), S. 148-49. 邦訳，『ヨーロッパ文学とラテン中世』南大路振一・岸本通夫・中村善也訳，みすず書房，1971 年，200-01 頁参照）。

　　125)　エラスムスは，後年の『子供の教育について』において以下のように述べる。「市民の子供たちは王の子供たちよりも劣った人間でしょうか？　たとえ王から生まれた子供が貴重でも市民の子供各々も等しく貴重でなければならないのではないでしょうか？　もし境遇がより低いなら，むしろこれには教育や学芸の援助が必要ですが，それによって自分を地面から引き上げるのです。しかしもし豊かなら，適切に管理することに対して必要なのは哲学です。少なからぬ人々が低い地位から首位へ，ときには教皇位の最高頂へと招かれます。万人がここまで登るわけではありませんが，しかしながら万人がここまで教育されるべきです」（*De pueris instituendis*, ASD I-2, p. 64 / CWE 26, p. 334. 邦訳，86 頁）。このようにエラスムスは，地位に捉われずに人間という普遍的観点から子供を捉え，低い地位から帝位や教皇位にさえ登極する前例から，各人が統治者に相応しい教育を享受すべきだと考える。彼は市民が身分制議会によって君主の統治を制限する主体としてのみならず，市民自身が高位に登って統治する主体としての潜在的可能性を有していることを認識しており，市民教育が重要だと考えていた。

スのみならずイソクラテス，クセノポン，プルタルコスを含むギリシア古典への，翻訳に依らない原典への直接の参照が可能になったという思想史的意義ではセセルやビュデと共通していた。

　しかし，ローマ共和政やアテナイ民主政の実例から君主政を自明視せず君主権力を抑制しようとする方向性こそ，君主権力の増大を図るセセルやビュデやシャルル突進公治世下のブルゴーニュ公国の廷臣とエラスムスが決定的に異なる点であった。こうした方向性は，アレクサンドロス大王批判や君主と法の関係の議論に顕著に見出され，君主権力の源泉においてもエラスムスは立場を異にしている。古典古代の歴史上の実例から君主政を自明視せず，市民教育の必要性に言及することによって「君主の鑑」論を支配者層に留まらない社会的次元にまで拡大した点に，エラスムスの政治思想史上のオリジナリティが認められるのである。

　本章では，エラスムスの君主論を，中世以来の「君主の鑑」論の伝統や，同時代の15世紀後半から16世紀初頭のブルゴーニュ公国やフランス・ヴァロワ朝を含む歴史的コンテクストに位置づけ，それらの廷臣の主張とは対照的なエラスムス政治思想に光を当てることを試みてきた。次章では，宗教改革期開始以降の1520年代の論争過程に着目することで，エラスムスの一貫した態度から彼の教育的・政治的課題をみていきたい。

第 2 章

中世の継承者としてのエラスムス
―― 1520 年代の論争を通して ――

1　はじめに

　前章では，エラスムスが宗教改革期以前に著した「君主の鑑」論のうちに共存する伝統的側面と革新的要素を扱った。君主には取り巻きの「致命的な魔法」，すなわち追従によって尊大と暴力に駆り立てられる危険がある。エラスムスは，この可謬性を回避するためには自己抑制や教育を通じてブルゴーニュ公国の君主自身，ひいては廷臣や市民たちもが改善可能性を発揮して努力すべきであると説いた。本章では，こうした名誉ある行いへの説得がエラスムスの課題であったことを 1520 年代の論争過程から明らかにするとともに，彼が中世思想の継承者としての側面を有していたことも確認する。

　ラテン中世とエラスムスの関係は彼の神学や言語観を軸として近年大幅に研究が刷新されている。かつてエラスムスはスコラ哲学批判者[1]，

---

　1)　エラスムスは，スコラ哲学批判をした人文主義者の代表として取り上げられる傾向がある（Étienne Gilson, *L'esprit de la philosophie medieval* (Paris: J. Vrin, 1944). 邦訳，『中世哲学の精神（下）』服部英次郎訳，筑摩書房，1975 年，276-78 頁）。クリスチャン・ドルフェンはそうした通俗的見解に固執し，アルバート・ハイマも「エラスムスはスコラ主義に一度も関心を持たなかった」とまで述べている（Christian Dolfen, *Die Stellung des Erasmus von Rotterdam zur scholastischen Methode* (Osnabrück, Druck von Meinders & Elstermann, 1936); Albert Hyma, *Renaissance to Reformation* (Grand Rapids: Eerdmans, 1951), p. 212; Mansfield, *Erasmus in the Twentieth Century*, p. 12）。スコラ哲学とは，一般的に，12 世紀末から 13 世紀初頭に大学を中心に成立した哲学とされるが，論理学の精密化や対立見解を対置させる議論の方法に着目すればそれ以前の時代にも見出しうる（川添信介「スコラ哲学とアリスト

宗教改革期に保守化した人文主義者[2]，あるいは近代思想の先駆者として見られることが多かった[3]。実際，マンスフィールドが繰り返し述べるように，エラスムスには，中世の「書簡術」（ars dictaminis）[4]，弁証法や教条主義，罪の意識などにおいて中世文化との断絶が認められる[5]。しかし，エラスムスは「新しき敬虔」（*Devotio moderna*）など後期中

テレス」，〈哲学の歴史〉3，中央公論新社，2008年所収，405-27頁，特に406頁参照）。ただし，エラスムス自身はスコラ哲学の起源をアウグスティヌスに見出しており，それをユピテルからのミネルウァの誕生に喩えている。「彼〔ルター〕はスコラ神学を嫌うが，それはちょうどミネルウァがユピテルから誕生したようにアウグスティヌスによって生まれた」（*Hyperaspistes*, II, LB X, 1495D / CWE 77, p. 663; Bejczy, *Erasmus and the Middle Ages*, p. 31）。ここでの人文主義（humanism）という用語は，19世紀初頭に教育問題に関する論争においてニートハンマーによって使われていたが，現在使われている意味ではゲオルグ・フォイクト『古典古代の再生，またはユマニスムの最初の世紀』（1859）に始まる（Sem Dresden, *L'Humanisme et la Renaissance* (Paris: Hachette, 1967), p. 71. 邦訳，『ルネサンス精神史』高田勇訳，平凡社，1970年，228-33頁）。人文主義とは，スコラ学とその方法論と対決して雄弁を推進しようとした学芸運動であり，人文主義者とは，文法・修辞学・歴史学・詩学・道徳哲学などの人文学（studia humanitatis）を教示する人々を指し，15世紀後半には「フマニスタ」（humanista）と表現されるようになった（伊藤博明『ルネサンスの神秘思想』講談社学術文庫，2012年，27-28頁 ; cf. Mansfield, *Erasmus in the Twentieth Century*, p. 71. 加藤「ルネサンスとヒューマニズム」，69頁 ; 菊池，前掲書，39-40, 51-52頁）。

2) エラスムスは，宗教改革の進展に従って楽観主義者から悲観主義者になって保守化したと言われてきた（ホイジンガ，前掲訳書，265-78, 284頁 ; 金子『エラスムスの人間学』，158-59頁）。

3) エラスムスの修辞学は，近世の社交術や礼儀作法との関連において市民に開かれた性格をもっていた点において，修辞学の伝統における独創性を示していると言われる（Norbert Elias, *Über den prozess der Zibilisation* (Bern: Francke, 1969), S. 89. 邦訳，『文明化の過程（上）』赤井慧爾・中村元保・吉田正勝訳，法政大学出版局，改装版，2010年，171頁 ; Peter Burke, *The Renaissance*, (Basiugstoke, Hampshire: Macmillan Education, 1987), p. 61. 邦訳，『ルネサンス』亀長洋子訳，岩波書店，2005年，97頁）。また，教育それ自体における生徒・教師関係の変化にエラスムスの独自性を見る見解がある（Mansfield, *Erasmus in the Twentieth Century*, p. 202）。ただし，一般的にエラスムスは『子供の教育について』などで体罰（plaga）を否定したと考えられているが（*De pueris instituendis*, ASD I-2, pp. 54-57 / CWE 26, pp. 325-28. 邦訳，68-73頁），最晩年の『エクレシアステス』第4巻では，深刻な義務懈怠者に対する愛の叱責や折檻さえもが肯定されている（*Ecclesiastes*, IV, ASD V-5, p. 342 / CWE 68, p. 1052）。

4) 書簡は，会話，弁論，説教と並ぶ修辞学の一ジャンルであり，そこで示される多様性と柔軟性はエラスムスの思想的特徴を示している。彼は定型的な中世の書簡術から自分自身を区別し，「キケロ的律法主義」（Ciceronian legalism）に抵抗しており，個人的で会話的なその自己表現には，中世的規範からの重要な文化的変遷がある（Mansfield, *Erasmus in the Twentieth Century*, p. 165）。エラスムスには，『書簡の作成について』（*De conscribendis epistolis*）という著作が存在する（ASD I-2 / CWE 25）。

5) Mansfield, *Erasmus in the Twentieth Century*, pp. 165, 167, 172, 183.

1 はじめに

世文化の影響を受け[6]，前章で見た「君主の鑑」論の形式面のみならず，中世政治理論の継承という側面も注目される[7]。また，近年のベイツィの研究は，過去の時代に対するエラスムスの態度やその歴史意識を包括的に概観し，彼にとって中世の価値が古来の宗教的真理の保存にあったということを示している[8]。

ここでいう中世とは，近世人が前時代との断絶の意識から自分たちの時代と古代に挟まれた中間の時代を見出したものであり[9]，ローマ帝国衰退による古代の終焉から宗教改革に至る5世紀頃から1500年前後の西欧キリスト教社会として捉えられるのが慣例である[10]。しかし，思想の継続性から当該時代区分が思想史において適切ではないとする見解[11]や中世末期とルネサンスの連続性を強調する見解も存在する[12]。「中世哲学」を教父哲学[13]からスコラ哲学までの「キリスト教哲学」という概念によって捉えるジルソンに従えば，ローマ衰退に古代の終焉を見る時代区分からは古代に属する2世紀の教父の時代にまで中世の起源を遡る

---

6) Richard Schoeck, *Erasmus of Europe: The Prince of Humanist* (Edinburgh: Edinburgh University Press, 1993), vol. 2, p. 218; cf. Mansfield, *Erasmus in the Twentieth Century*, pp. 11, 15, 220; 木ノ脇悦郎『エラスムス研究——新約聖書パラフレーズの形成と展開』日本基督教団出版局，1992年，46-67頁．

7) 菊池，前掲書，64頁．本書前章参照．

8) István Bejczy, *Erasmus and the Middle Ages: The Historical Consciousness of a Christian Humanist* (Leiden: Brill, 2001).

9) 菊池，前掲書，39-40, 51-52頁；cf. Charles B. Schmitt & Brian P. Copenhaver, *Renaissance Philosophy* (Oxford: Oxford University Press, 1992), pp. 331-32. 邦訳，『ルネサンス哲学』榎本武文訳，平凡社，2003年，342-43頁；Skinner, p. 17.

10) 高柳俊一編『中世の説教』教文館，2012年，14-15頁参照．歴史学ではオスマン・トルコによるビザンツ帝国の滅亡にその終期が求められる場合もある（佐藤彰一『中世世界とは何か』岩波書店，〈ヨーロッパの中世〉1，2008年，20, 270-71頁）．

11) 中川純男「総論——信仰と知の調和」，〈哲学の歴史〉3，中央公論新社，2008年，19-33頁，特に24-33頁．

12) 石坂尚武『ルネサンス・ヒューマニズムの研究——「市民的人文主義」の歴史理論への疑問と考察』晃洋書房，1994年，18頁；Schmitt & Copenhaver, p. 3 邦訳2-3頁；Jacques Verger, *Les gens de savoir en Europe à la fin du moyen âge*, 2e edn (Paris: Presses Universitaires de France, 1998), pp. 233-34. 邦訳，『ヨーロッパ中世末期の学識者』野口洋二訳，創文社，2004年，266頁．

13) ここでの教父とは，2世紀から8世紀のキリスト教会において，論争や護教によって教会と神学の発展に寄与した人々で，教会の家長的立場にあった司教をいう（藤本温・松根伸治「用語集」中川純男・加藤雅人編『中世哲学を学ぶ人のために』世界思想社，2005年，xxii頁；小高毅『古代教会の説教』教文館，2012年，12頁参照）．

ことが可能である[14]。

　エラスムス自身は「中世」という用語を用いているわけではなく，その記述から「中世」という観念を抽出するのは困難である。しかし，彼は「古代」(vetustior, antiquus) に対して中世の期間に言及するために「より最近」(recentior) という用語を用いており，中世が終わったとは考えていなかった[15]。エラスムスは『自由意志論』においてカトリックの1300年にわたる歴史を強調する一方[16]，宗教とよき学芸の双方が古典作者や教父の時代のあとに衰退してしまったと確信していた[17]。それゆえ，彼の中世に対する批判は，12世紀末以降に展開されるスコラ哲学への個別的批判に留まるものではない。というのも，エラスムスは雄弁が病んでいる状況をすでにベーダ (Beda Venerabilis, 673/74-735)，レミギウス (Remigius 841-c.908)，トリノのクラウディウス (Claudius, d. c.827)，ヘシュキウス (Hesychius, 5c.)，カンタベリーのアンセルムス (Anselmus Cantuariensis, 1033/34-1109)，イシドールス (Isidorus, c.560-633) に見出しているからである[18]。

　そこで，本章は，マンスフィールドによる20世紀の研究史を踏まえて，基本的にベイツィの主張に沿いながらも，エラスムスにとって中世の価値は消極的なものでしかなかったとするベイツィの見解や，エラスムスにおける矛盾をそのままにしておいたほうがよいとするマンスフィールドに対して，新たな解釈を試みるものである。すなわち，宗教

　14）ジルソン，前掲訳書（上），40頁；中川，前掲論文，33頁；クラウス・リーゼンフーバー『中世思想史』村井則夫訳，平凡社ライブラリー，2003年，17頁；山内志朗『普遍論争——近代の源流としての』平凡社ライブラリー，2008年，6, 269頁参照。ただし，ジルソンはエラスムスに対してスコラ哲学批判者としての一面的理解しか示しておらず，その継承者としての側面を見落としている。

　15）Bejczy, *Erasmus and the Middle Ages*, pp. xv-xvi.

　16）*De libero arbitrio*, LB IX, 1220B, 1248D / CWE 76, pp. 19, 88. 邦訳，『評論「自由意志」』山内宣訳，聖文舎，1977年，17-18, 93頁。

　17）Wallace K. Ferguson, *The Renaissance in Historical Thought: Five Centuries of Interpretation* (Toronto: University of Toronto Press, 2006; repr. Boston: Houghton Mifflin Company, 1948), p. 41. ここでファーガソンは，エラスムスによる中世の教育体系に対する非難を取り上げて，その敵はスコラ哲学であったと指摘しているが，教父時代末期からスコラ哲学成立までには無視しえないタイムラグが存在する。ただし，エラスムス自身はアウグスティヌスにスコラ哲学の起源を見出していた（本章脚注1参照）。

　18）*Ciceronianus*, ASD I-2, p. 660 / CWE 28, p. 414.

1 はじめに

改革期以降の 1520 年代における論争過程から，中世思想史や教父のキリスト教的雄弁の継承者としてのエラスムスの側面を明らかにし，彼における中世の価値の積極的意味を見出すことを目指す[19]。その結果，エラスムス自身のなかに，中世に対する否定的態度と，「新しき敬虔」など直近の後期中世の影響や教父以来の思想的伝統や修辞学に見られる中世の連続性に対する肯定的態度のアンビヴァレンスが見出されることになるだろう[20]。そしてまた，宗教改革期以降の人文主義者たちの多様なあり方が示されることで，中世とルネサンスの断絶と継承という問題の一側面が明らかになると思われる。

本章の流れは，以下の通りである。第一に，宗教改革期以前の初期作品『反野蛮人論』(*Antibarbari*, 執筆：1494 年，出版：1520 年) や『痴愚神礼讃』において，後期中世に特徴的な神学者に対するエラスムスの批判を確認したうえで，保守的カトリック神学者とエラスムスの論争を検討する。第二に，『自由意志論』や『ヒュペラスピステス』におけるルター主義者やルターとの論争，第三に，『キケロ主義者』におけるキケロ主義者との論争において，エラスムスが中世を過去のものとして無視する両者を批判していたことを確認する。最後に，こうした様々な論敵との論争過程において，エラスムスには中世に対する肯定と否定の双方の態度が見出されたにもかかわらず，彼が一貫して保持していた立場を指摘してむすびとしたい[21]。

---

19) エラスムスを古典的雄弁の提唱者としてとらえる見解については，Schmitt & Copenhaver, p. 228. 邦訳，231 頁を参照。

20) Mansfield, *Erasmus in the Twentieth Century*, p. 229. エラスムスを中世の批判者として捉える場合と，継承者として捉える場合とでは中世の期間，とりわけその始期に関してタイムラグが発生する。ただし，エラスムスの批判と継承の対象が違って，彼がスコラ哲学を批判する一方で教父を継承したという単純な話ではない。というのも，エラスムスはその形式主義や文体を批判していたにもかかわらず，スコラ哲学の思想内容は評価してこれを継承しようとしており，教父以来スコラ哲学にも継承された思想的伝統の歴史性に着目しているからである。

21) こうした一貫性への着目は，エラスムスの生涯を通しての思想的変化や発展を見る見解を否定するものではない (Mansfield, *Erasmus in the Twentieth Century*, p. 199)。

2　カトリック神学者との論争

　宗教改革期以降，とりわけ 1520 年代にエラスムスは保守的なカトリック神学者をはじめとした様々な相手との論争に巻き込まれるようになった[22]。こうした神学者に対するエラスムスの批判は，宗教改革期以降に始まったものではない。というのも，宗教改革期以前にすでに『反野蛮人論』，『痴愚神礼讃』において，エラスムスはアルベルトゥス派，トマス派，スコトゥス派，オッカム派などのスコラ神学者を批判していたからである[23]。

　エラスムスは『反野蛮人論』において，学問研究[24]を役に立たないばかりか危険とさえみなすスコラ神学者の姿勢に反対し，「よき学芸」

---

　[22]　Richard H. Graham, 'Erasmus and Stunica: A Chapter in the History of New Testament Scholarship', ERSY 10 (1990) , 9. ここでの「保守的神学者」(conservative theologians) とは，「聖書本文の浄化が試みられると聖書に対する信仰が破滅する」と思い，「新しい学問的な神学に対して敵意」を抱く人々である（ホイジンガ，前掲訳書，224-25 頁）。

　[23]　*Antibarbari*, ASD I-1, p. 81 / CWE 23, p. 58; *Moria*, ASD IV-3, pp. 148-50 / CWE 27, p. 127. 邦訳，145 頁。ただし，エラスムスが批判していたのはトマスやスコトゥスの亜流であり，スコトゥスに対しては明確に「スコラ哲学者」(scholasticus) という用語を使っているものの，トマスを「最も高貴な書き手」(scriptor nobilissimus) と述べているように (*Antibarbari*, ASD I-1, p. 129 / CWE 23, p. 112)，トマスやスコトゥス自身には一定の敬意を抱いていた (CWE 23, p. 67n)。それにもかかわらず，『現世の蔑視』では，トマスやアルベルトゥスの著作を読む場合は，協力者ではなくあくまで競争相手として読むようエラスムスは促している (*De contemptu mundi*, ASD V-1, p. 80 / CWE 66, p. 171)。また，エラスムスはトマスがギリシア語を知らない点では批判していた (Jacques Chomarat, ASD V-4, p. 307, n. 409)。

　[24]　エラスムスは「自由学科」(liberalis disciplina) として，論理学 (logica)，修辞学 (rhetorica)，自然学 (physica)，算術 (arithmetica)，幾何学 (geometria)，音楽 (musica)，歴史 (historia)，古代の認識 (antiquitatis cognitio) を挙げている (*Antibarbari*, ASD I-1, p. 115 / CWE 23, p. 95)。通常，「自由学芸」(artes liberales) は文法，論理学，修辞学の「三学」(trivium) と，算術，幾何学，天文学，音楽の「四科」(quadrivium) からなる。エラスムスは，『反野蛮人論』において，文法，天文学の代わりに自然学，歴史，古代の認識を加える一方，『エクレシアステス』第 2 巻では文法がラテン語，ギリシア語，ヘブライ語の三言語の知識と同様に，歴史と詩と古代の認識を包含すると捉えている (*Ecclesiastes*, II, ASD V-4, pp. 256-58 / CWE 68, pp. 480)。神学はジャン・ジェルソン (Jean Gerson, 1363-1429) によって学問分野の頂点に位置づけられていたが，エラスムス自身も「神学的学問のみをわたしは学問とよぶ習慣があるほど，神学を評価している」と述べている (Ep. 337, Allen II, p. 100 / CWE 3, p. 123 / CWE 71, p. 13. 邦訳，233 頁）。

（bonae litterae）と呼ばれる人文学の正当性の擁護をめざした[25]。なぜエラスムスはスコラ神学者を批判して人文学の必要性を訴えたのか。それは，スコラ神学者が尊大にもスコラ的手法以外には何も認めず，変化への抵抗，異教の汚染についての恐れ，洗練された言葉の拒否から人文学に反対し，その結果，神学においてよき学芸が無視され，文化が衰退し自分自身の時代に底辺に達したとエラスムスが感じていたからにほかならない[26]。

それゆえ，彼はラテン語能力向上のために異教の古典文化を採り入れることが望ましいと考えた[27]。ただし，前章で確認したように，エラスムスは古典文化を全面的に採用すべきだと考えていたわけではない。むしろ，彼はそれがキリスト教にとって有益かつ必要であるという基準にしたがって採用されるべきだと考えていた。エラスムスによれば，こうした区別をなしえたのがキリスト教教父である[28]。教父の著作は，人文主義者とスコラ神学者の双方によって自分たちの各々の立場を擁護するために利用された。結局，エラスムスは，人間一般に通用する客観的学問や経験的真実を古典文化から直接採り入れた。したがって，エラスムスは，古典文化とキリスト教を革新的に統合したわけではなく，教父を継承してキリスト教のために諸学芸を活用して結び付けたのである[29]。この点で，彼はその最初期の段階からキリスト教教父の継承者としての

25）『反野蛮人論』において，エラスムスの見解では，各々の学問分野，修辞学，詩学，哲学は，反キリスト教的ではなく，妥当な自立性を持っていた（Walter Rüegg, *Cicero und der Humanismus: Formale Untersuchungen über Petrarca und Erasmus* (Zürich: Rheinverlag, 1946), S. 67-70; cf. Mansfield, *Erasmus in the Twentieth Century*, p. 155)。

26）Bejczy, *Erasmus and the Middle Ages*, pp. 65, 72; 金子『エラスムスの人間学』，69 頁；Schmitt & Copenhaver, p. 334. 345-46 頁参照。

27）この点に関して，エラスムスは以下のように述べている。「我々には学問研究者の著者も許されないのだろうか……ラテン語で書くということ，とにかくラテン語で話すということを異教徒から我々は受け取った」（ASD I-1, p. 80 / CWE 23, p. 57; 金子『エラスムスの人間学』，59 頁)。

28）アンリ・ド・リュバックによれば，教父とエラスムスの関係の見落としによって，ソルボンヌの検閲者から 20 世紀の批評家に至るまで悪しき誤解を生みだし，エラスムスが危険な異端として受け取られることになった（Henri de Lubac, *Exégèse médiéval. Les quatre sens de L'Ecriture IV.2* (Paris: Aubier, 1964), pp. 465-66; cf. Mansfield, *Erasmus in the Twentieth Century*, p. 142)。

29）畑宏枝「エラスムスにおける『反野蛮人論』とヒューマニズム」『基督教学研究』17, 1997 年，53-76 頁，特に 69-70 頁参照。

側面を有していた。

　このように教父を媒介としながら，神学以外の学問分野も重視していたエラスムスは，『痴愚神礼讃』において「よりよき学芸」（litterae meliores）を学んだ神学者と対比して，スコラ神学者批判をより鋭いかたちで提示している。

> 神学者たち自身のうちでもよりよい学問によって教化され，彼らが浅薄と見なしている神学的屁理屈に吐き気を催している人がいるのも，別段驚くべきことではありません。また説明よりも秘密の崇敬を要求する事柄について汚らわしい口をきいたり，異教徒の世俗的な屁理屈で議論したり，あつかましく定義したり，さらに，神聖な神学の権威を冷たく，たしかに卑しい言葉と命題で唾棄することを，まるで瀆聖の類いのように呪って，最高の不敬と見なしているような人もいます。それでも，そのあいだ，彼らは自分がこの上なく幸福と思い，そのあげく，真実，自分に喝采をおくり，これらのたいへん心地よい歌で日夜忙しく，福音書やパウロの書簡を一回繙くのを許すほどわずかな暇さえ残っていません。そのうえ，彼らは学舎でかような駄弁を弄するあいだ，ちょうど詩人の作品でアトラスが天界を肩で支えているのと違わず，さもなければ崩壊してしまう普遍教会を三段論法の柱で支えていると判断しています[30]。

　このように，『痴愚神礼讃』は神学者への痛烈な批判を含んでいたため，エラスムスと同様に人文学の素養を持っていた他の神学者からも批判を招くことになった。これに対して，エラスムスはマールテン・ファ

---

30) Nec mirum sane, cum sint et inter ipsos theologos melioribus instituti literis, qui ad has friuolas, vt putant, Theologorum argutias nauseent. Sunt qui velut sacrilegii genus execrentur summamque ducant impietatem de rebus tam arcanis et adorandis magis quam explicandis tam illoto ore loqui, tam prophanis Ethnicorum argutiis disputare, tam arroganter definire ac diuinae Theologiae maiestatem tam frigidis, imo sordidis verbis simul et sententiis conspurcare. At interim ipsi felicissime sibi placent, imo plaudunt, adeo vt his suauissimis naeniis nocte dieque occupatis ne tantulum quidem ocii supersit, vt euangelium aut Paulinas epistolas vel semel liceat euoluere. Atque interim dum haec nugantur in scholis, existimant sese vniuersam ecclesiam, alioqui ruituram, non aliter syllogismorum fulcire tibicinibus quam Atlas coelum humeris sustinet apud Poetas (*Moria*, ASD IV-3, p. 154 / CWE 27, p. 129. 邦訳，151-52 頁）．

ン・ドルプ宛書簡において，『痴愚神礼讃』の執筆意図を明らかにして，同時代のキリスト教における本末転倒な状況への理解を求めた[31]。そのうえで，彼は既存のスコラ学の体系に依拠せずに，聖書原典研究に基づいた新しい神学を樹立すべきだとして[32]，そうした新しい神学を生活の実践において示すことが重要だと考えていた。それゆえ，エラスムスは，「彼ら使徒や教父は，生まれつき大変頑迷な異教徒の哲学者たちやユダヤ人たちを拒んだが，しかし，それは三段論法によるよりも彼らの生き方や奇跡によるもの（vita magis ac miraculis quam syllogismis）」[33]であったとして，論理よりも生き方によって異教を斥けた使徒や教父を対置することで，過度の思弁に陥ったスコラ神学者の姿を浮かび上がらせる[34]。

このように，エラスムスは保守的神学者に対して最初期から批判的であったものの，宗教改革期以降，古代学芸の復興を敵視し，エラスムスを異端呼ばわりする神学者の頑迷さを嘆くようになる[35]。1520年代以

---

31) Ep. 337, Allen II, p. 93 / CWE 3, p. 115 / CWE 71, p. 9. 邦訳，217頁。『痴愚神礼讃』と『エンキリディオン』の執筆意図が異なるものではないことに関しては，本書第6章参照。

32) エラスムスとともに1506年にルキアノス（Lucianos, c. 120-80）の諷刺対話を翻訳出版していたトマス・モアも，ドルプ宛書簡でこうしたエラスムスの立場を擁護していた（植村雅彦『テューダー・ヒューマニズム研究序説』創文社，1967年，64, 80頁；cf. Charles Fantazzi, 'Vives and the Pseudodialecticans', in Erika Rummel, *Biblical Humanism and Scholasticism in the Age of Erasmus* (Leiden: Brill, 2008), pp. 93-114, esp. 96; 金子『エラスムスの人間学』，122頁）。ルキアノスの作品を基にしたエラスムス『暴君殺害』については本書第6章参照。なお，エラスムスとモアは，1520年前後にエラスムスはエドワード・リー（Edward Lee, c.1482-1544）と，モアはジェルマン・ド・ブリー（Germain de Brie, c.1490-1538）と論争を行うが，リーはモアの，ブリーはエラスムスの友人でもあったため，エラスムスとモアは相互の論敵を擁護する立場を見せることもあった。この際の複雑な状況は両者の往復書簡に詳しい（沓掛・高田訳，前掲訳書，167-248頁参照）。リーとブリーに関しては，CEBR, vol. 2, pp. 311-14, vol. 1, pp. 200-02を参照。

33) *Moria*, ASD IV-3, p. 154 / CWE 27, pp. 128-29. 邦訳，135頁。

34) エラスムス，モア，ルフェーブル・デタープル（Jacques Lefèvre d'Etaples, c. 1460-1536）は，教父の言葉や敬虔を選好していたが，キリストの人性理解においてスコラ神学者に従っていた（James D. Tracy, 'Humanist Among the Scholastics: Erasmus, More, and Lefèvre d'Étaples on the Humanity of Christ', ERSY 5 (1985), 30-51, esp. 51)。エラスムスは，人間性を纏ったキリストは「すべての恩寵の源泉」（fons omnis gratiae）ではないと考えている（*Ecclesiastes*, II, ASD V-4, p. 304 / CWE 68, p. 537）。

35) 1519年8月13日レオ十世（Leo X, 1475-1521, 在位1513-21）宛書簡（Ep. 1007, Allen IV, pp. 52-54 / CWE 7, pp. 54-59）。レオ十世に関しては，CEBR, vol. 2, pp. 319-22を参照。

降には，ルーヴァン，パリ，スペインでは，ルター，エラスムス，ルフェーブル・デタープル，ロイヒリン（Johann Reuchilin, 1454/5-1522）の著作に対する検閲や禁書処分が行われるようになり[36]，エラスムスへの検閲はパリ大学神学部のノエル・ベダ（Noël Béda, c.1470-1537）によって主導された[37]。

これに対して，エラスムスは，聖書の破壊ではなく回復を追求しているとして，キリスト教の教えを導く手助けとして異教著作の知識を活用する人文主義の方法論を擁護した[38]。逆に，彼は聖書をアリストテレス，アヴェロエス，スコトゥス（Johannes Duns Scotus, 1265/66-1308）に替えてきたスコラ神学者こそが実際の変革者であったと非難している[39]。

---

36) エラスムスとルーヴァンの神学者との関係，ニコラウス・エグモンダヌス（Nicolaas Baechem of Egmond, d.1526）との論争については，Marcel Gielis, 'Leuven Theologians as Opponents of Erasmus and of Humanistic Theology', trans. Paul Arblaster, in *Biblical Humanism and Scholasticism in the Age of Erasmus*, ed. by Erika Rummel (Leiden: Brill, 2008), pp. 197-223; *Apologoa de loco 'Omnes quidem'*, LB IX, 443-442 / CWE 73, pp. 41-62，スペインにおけるスニガ（Diego López Zúñiga, d.1531）やセプルベダ（Juan Ginés de Sepúlveda, 1490-1573）を中心とした反エラスムス主義については，ASD IX-2, pp. 59-267, Alejandro Coroleu, 'Anti Erasmianism in Spain', in *Biblical Humanism and Scholasticism in the Age of Erasmus*, ed. by Erika Rummel (Leiden: Brill, 2008), pp. 73-92 を参照。また，エラスムスとルフェーブル・デタープルのあいだにも論争があった。ASD IX-3, pp. 80-194 / CWE 83, pp. 1-107; Guy Bedouelle, 'Attacks on the Biblical Humanism of Jacques Lefèvre d' Étaples', trans. by Anna Machado-Matheson, in *Biblical Humanism*, pp. 126-28; 渡辺一夫『フランス・ユマニスムの成立』岩波全書セレクション，2005 年，48-104 頁を参照。エラスムスは，聖書校訂におけるヴァッラ（Lorenzo Valla, 1407-57）やルフェーブル・デタープルとの違いをドルプ宛書簡で説明している（Ep. 337, Allen II, pp. 112-3 / CWE 3, pp. 137-38 / CWE 71, pp. 28-29. 邦訳，263 頁）。ルフェーブル・デタープル，ロイヒリン，エグモンダヌス，スニガ，セプルベダ，ヴァッラに関しては，CEBR, vol. 2, pp. 315-18, vol. 3, pp. 145-50, vol. 1, pp. 81-83, vol. 2, pp. 348-49, vol. 3, pp. 240-42, pp. 371-75 を参照。

37) 1525 年 6 月 15 日，ベダからの書簡（Ep. 1579, Allen VI, pp. 81-86 / CWE 11, pp. 117-28）; James K. Farge, 'Noël Béda and the Defence of the Tradition', in *Biblical Humanism and Scholasticism in the Age of Erasmus*, ed. by Erika Rummel (Leiden: Brill, 2008), p. 155. エラスムスとベダの論争については，Edwin Rabbie, 'The Polemic between Erasmus and Béda', in ERSY 30 (2010), 7-21; Mark Crane, 'Competing Visions of Christian Reform: Noël Béda and Erasmus', in ERSY 25 (2005), 39-57; Charles G. Nauert, '"A Remarkably Supercilious and Touchy Lot": Erasmus on the Scholastic Theologians', in ERSY 22 (2002), 37-56 に詳しい。ベダに関しては，CEBR, vol. 1, pp. 116-18 を参照。

38) 月村辰雄「エラスムス」，〈哲学の歴史〉4，中央公論新社，2007 年所収，309-37 頁，特に 324 頁参照。

39) 1526 年 3 月 13 日ベダ宛書簡（Ep. 1679, Allen VI, pp. 285-88 / CWE 12, pp. 84-92）; Farge, p. 157.

エラスムスによるスコラ神学者批判の核心部分は，彼らが弁証法や学問的討論によって党派的分裂を惹起したのみならず[40]，ルターとの闘いにはほとんど参加せずに自分だけを集中攻撃したことにあった[41]。さらに，重要なことは，エラスムスがベダのような保守的神学者を，学問の進展を阻害するものとして捉えていたことである[42]。エラスムスが保守的神学者から擁護しようとしたのは，聖書を中心とした信仰と，古典文芸の復興に伴うギリシア語やラテン語による学問の進歩であった[43]。

3　ルター主義者やルターとの論争

しかし，エラスムスの敵対者はスコラ神学者を中心とした保守的カトリックに留まらなかった。第二の，そして最大の敵はルターをはじめとした宗教改革者であった。エラスムスは当初，ルターの主張や行動に比較的好意的であり，ルター批判者の狂態を批判すると同時に，ルターに対しても控えめな行動をとる方が望ましいと述べている[44]。1519年のルター宛書簡では，エラスムス自身が中立的な立場をとる目的は「古代学芸とその復興にいっそう役立つ」からだとしている[45]。宗教改革期に

---

40)　James McConica, *Erasmus* (Oxford: Oxford University Press, 1991), p. 75. 邦訳，『エラスムス』高柳俊一・河口英治訳，教文館，1994年，175頁参照。

41)　Nauert, p. 55.

42)　1526年7月16日フランソワ一世宛書簡（Ep. 1722, Allen VI, pp. 360-63 / CWE 12, pp. 243-47）; Farge, p. 158.

43)　エラスムス自身はラテン語著作しか残さなかったが，俗語を軽視していたわけではない。というのも，彼は異教徒に対してさえ聖書が各国語に翻訳されることを望んでおり（*Paraclesis*, ASD V-7, pp. 279-98, esp. 290. 邦訳，『新約聖書序文　敬虔なる読者への呼びかけ（パラクレーシス）』，『エラスムス神学著作集』金子晴勇訳，教文館，2016年所収，227-63頁，特に231頁参照），説教における俗語の重要性や，ダンテやペトラルカ（Francesco Petrarca, 1304-74）のように俗語がラテン語にはない優雅さを含むことを指摘して俗語を擁護しているからである（*Ecclesiastes*, II, ASD V-4, pp. 262-64 / CWE 68, pp. 486-88）。

44)　1518年10月17日ヨハン・ランク（Johann Lang, c. 1486-1548）宛書簡（Ep. 872, Allen III, pp. 408-10 / CWE 6, pp. 134-39）; 1519年4月22日メランヒトン宛書簡（Ep. 947, Allen III, pp. 539-40 / CWE 6, pp. 308-10）参照。ランクに関しては，CEBR, vol. 2, pp. 287-89 を参照。

45)　1519年5月30日ルター宛書簡（Ep. 980, Allen III, pp. 605-07; CWE 6, pp. 356-62）。しかし，その期待も虚しく，エラスムスは1520年のメランヒトン宛書簡において「ルターが自制すべきという忠告は遅きに失し「事態は反乱に転化」したと思われる」と述べている

おいて，エラスムスが危惧していたのは，自身の人文学的古典研究とルターの急進的運動が混同されることによって，前者に対して悪影響が及ぶことであった[46]。

こうしたエラスムスの態度に対して，人文主義者サークル内部から批判が現われる。すなわち，ルター派の人文主義者フッテン（Ulrich von Hutten, 1488-1523）はエラスムスを弱腰と見て[47]，『エラスムス問責』（*Expostulatio cum Erasmo Roterodamo*, 1523）を出し，ルター問題に関するエラスムスとの態度の違いを論じている[48]。エラスムスは反論として『フッテンの泥水を払う海綿』（*Spongia adversus aspergines Hutteni*, 1523）を書き上げて[49]，宗教改革側に与する意志のないことを明らかにした。

フッテンに対する反論は，ルターとの論争の前哨戦であった。ルーヴァンではすでに，1520年にエラスムスがルター非難の著書の公表を拒否するかぎり，当局は彼をルター派と見なすと公式に宣言していた。エラスムスの友人ロチェスター司教ジョン・フィッシャー（John Fisher, 1469-1535）やトマス・モアは，彼に先駆けてすでに反ルターの立場を

(1520年6月21日，メランヒトン宛書簡 Ep. 1113, Allen IV, pp. 286-88 / CWE 7, pp. 312-15)。

46) 1520年7月6日シュパラティン（Georgius Spalatinus, 1484-1545）宛書簡（Ep. 1119, Allen IV, pp. 297-98 / CWE 7, pp. 323-24）。シュパラティンに関しては，CEBR, vol. 1, pp. 266-68 を参照。

47) 1520年8月15日フッテンからの書簡（Ep. 1135, Allen IV, pp. 328-29 / CWE 8, pp. 32-34）。当時のドイツにおけるエラスムスに対する宗教改革への期待は，ルター誘拐事件直後の画家アルブレヒト・デューラー（Albrecht Dürer, 1471-1528）の1521年5月17日の日記にも垣間見られる。「おお，ロッテルダムのエラスムスよ，貴方は何処に留まろうとして御在（おい）でですか？　御覧なさい，世俗の権力と闇黒の暴虐は何をなすことができるでしょうか！聴き給え，キリストの騎士よ，馬を駆って乗り出でて主キリストと並び，真理を護り，殉教者の冠に手を差し伸べてください！……おお，エラスムスよ，ダヴィデに関し，[聖書に]記されているごとく，神が貴方を誇りにされるよう，ここで心を決めてください。何故なら貴方にはそれができ，実際またゴリアテを仆すことも可能なのですから」（デューラー『ネーデルラント旅日記』前川誠郎訳，岩波文庫，2007年，158-59頁）。訳文は，前川訳によるものであるが，訳語の一部を変更。フッテンやデューラーに関しては，CEBR, vol. 2, pp. 216-20, vol. 1, pp. 413-15 を参照。

48) エラスムスは当該著作に対して，1523年7月19日ピルクハイマー（Willibald Pirckheimer, 1470-1530）宛書簡で「ドイツのどこを見渡しても，この書ほど人間性の欠如や虚栄心や悪意ある発言にあふれたものは見られないと思われる」と述べている（Ep. 1376, Allen V, p. 308 / CWE 10, p. 52）。ピルクハイマーに関しては，CEBR, vol. 2, pp. 90-94 を参照。

49) ASD IX-1, pp. 91-210; Bainton, p. 177. 邦訳，216頁；ホイジンガ，前掲書，262頁。

鮮明にしていた[50]。また，エラスムスはヘンリー八世[51]，ザクセン公ゲオルク，教皇ハドリアヌス六世（Pope Adrian VI, 1454-1523, 在位 1522-3）など聖俗の貴顕からルターへの反論を促されていた[52]。その結果，その帰趨が宗教改革において重要な政治的意味を帯びることになったエラスムスは，結局，『自由意志論』や『ヒュペラスピステス』においてルターへの論駁を試みることになる。

　エラスムスの宗教思想は，信仰義認や宗教的実践への集中など教会の問題に関して多くの点でルターの支持する教義と重なり，同様の危惧を

　　50）　フィッシャーは，1521年にルター反駁の説教を聖ポール教会で行い，モアはウィリアム・ロスという名前で『ルターへの応答』（Responsio ad Rutherum, 1524）を書き，宗教改革から社会秩序崩壊の危機を見出して既存のカトリック体制を擁護しているが（塚田，前掲書，275頁；菊池，前掲書，112頁），二人はのちにヘンリー八世の離婚や国教会分離問題の際に処刑されることになる。ギリシア・ラテン教父の宗教的伝統を黙殺するルターを非難するフィッシャーの態度を，ルターとの論争においてエラスムスもモアも同様に採用することになる（Hyperaspistes, II, LB X, 1395A / CWE 77, p. 454）。モアは『ルターへの応答』において「この高徳の司教〔フィッシャー〕は，福音書により，また「使徒行伝」により，『旧約聖書』の全体により，そしてラテン系の聖なる教父たちだけではなく，ルターがその反対を誇張したがるギリシアの聖なる教父たちのすべての同意により，最後に，アルメニア人とギリシア人が非常に執拗な抵抗ののちに一般公会議の決定で敗北し，またこの敗北をみずから認めたという事実によって，この問題〔教皇の首位権〕を非常に明確にしました」（トマス・モア『反ルター論』門間都喜男訳，日本トマス・モア協会編『ユートピアと権力と死――トマス・モア没後四五〇年記念』荒竹出版，1987年所収，189-229頁，特に191頁）と述べている。また，教父の伝統のみならずスコラ主義的教義においても，フィッシャーは，エラスムスが「それ〔自由選択〕にスコラ主義者はより多くを帰すが，彼らの意見を他の人以上に十分に，もし私が間違っていなければ，ロチェスターの司教は擁護した。彼は自由選択が純然たる自然の力によってあることをなしうることを示した」（Hyperaspistes, II, LB X, 1479E / CWE 77, p. 627）と述べているように，「できるかぎりのことをなす」（quod in se est）人を斥けないという考えを強調した。ただし，準備的恩寵の前の「適宜的功績」（meritum de congruo）に関して，フィッシャーはのちにそれがさらなる恩寵を導くと考えるようになるが，当初はそれを受け入れていなかったという点で，エラスムスとは微妙な立場の差異がある（CWE 77, p. 627, n. 1223; Edward Surtz, The Works and Days of John Fisher (Cambridge MA: Harvard University Press, 1967), pp. 206, 217, 220, 234 参照）。フィッシャーに関しては，CEBR, vol. 2, pp. 36-39を参照。

　　51）　ヘンリー八世は，ルターの『教会のバビロン捕囚』（De captivitate Babylonica ecclesiae praeludium, 1520）に対する反駁書『七秘蹟弁護論』（Assertio septem sacramentorum）によって「信仰の擁護者」（Fidei Defensor）の称号を得ていた（塚田，前掲書，276-89頁）。

　　52）　エラスムスは，ルーヴァン大学でのハドリアヌス六世の神学講義に出席して彼の高潔さを尊敬していた。ハドリアヌス六世に関しては，CEBR, vol. 1, pp. 5-9を参照。

共通して抱いていた[53]。それと同時に,両者は古典研究のみならず[54],救済に関わる自由意志と恩寵の問題や原罪の解釈で立場を異にしてもいた[55]。ルターは原罪を強調するアウグスティヌスにしたがって,人間は恩寵なくして神の前では悪しかなしえないとする。エラスムスが反駁を試みた当該論点こそ,アウグスティヌスとペラギウス(Pelagius, 354-420/440)の論争以来,中世思想史における最大の主題であった[56]。

その中世神学に関して,エラスムスは,1520年代の論争の時代において並行的に教父研究を進めてその著作を編集・校訂していたが[57],彼にとって教父時代はかならずしも理想の歴史時代というわけではなかった[58]。それにもかかわらず,エラスムスがルターの主張に異議を唱えた主要因を「広範な合意」から逸脱したからとマッコニカが見ているように[59],中世の教父以来の思想的伝統を軽視していることこそがルターに対する批判の眼目であった。というのも,エラスムス自身は,自由意志を巡る中世の伝統的解釈を無視するルターの教義は独善的で,ルター

---

53) Mansfield, *Erasmus in the Twentieth Century*, p. 66.
54) McConica, p. 66. 邦訳,153頁;Rummel, *The Humanist-Scholastic Debate*, p. 128.
55) 月村,前掲論文,311, 316頁。救済や原罪については,本書第4章,第5章参照。
56) 金子『近代自由思想の源流』,327頁参照。わが国でエラスムスが半ペラギウス主義者として捉えられているように(金子『近代自由思想の源流』,393-403頁;月村,前掲論文,335頁),アウグスタインは彼を半ペラギウス主義としたが,ゲリッシュ,ボイル,シャントレーヌからの挑戦を受け,ホフマンもエラスムスがペラギウス主義や半ペラギウス主義であることを否定した(Manfred Hoffmann, 'Erasmus on Free Will: An Issue Revisited', in ERSY 10 (1990), 101-21, esp. 120-21; cf. Mansfield, *Erasmus in the Twentieth Century*, pp. 117, 128)。エラスムスは,『自由意志論』や『ヒュペラスピステス』においてペラギウスを部分的に評価しながらも明確に否定している。
57) 月村,前掲論文,317頁参照。すなわち,1520年代にキュプリアヌス(Cyprianus, 200/10-58),アルノビウス(Arnobius of Sica, c.348-420),ヒラリウス(Hilarius, c.315-67),ヒエロニュムス(Hieronymus, 347-419/420)の新版,エイレナエオス(Irenaeus, c.130-202),アンブロシウス(Ambrosius, 339-97),アウグスティヌスを校訂し,1530年にはクリュソストモスのラテン語訳を出した(ホイジンガ,前掲訳書,254頁)。エラスムスは文体からキュプリアヌス作品の真贋を見抜いている(CWE 39, p. 438, n. 57)。
58) Bejczy, *Erasmus and the Middle Ages*, p. 29.
59) 「エラスムスがルターの主張に異議を唱えることとなった大きな要因は,ルターが「広範な合意」から逸脱していったという点であった。『自由意志論』におけるエラスムスの議論の核心には,福音の教えのまさに本質に触れるとルター自身によって言われる問題について「聖霊」(Holy Spirit)は1300年ものあいだその教会において過ちを見過ごさないだろうという宣言がある」(McConica, p. 76. 邦訳,176頁)。訳文の一部を変更。

主義者たちの歴史理解は不十分だと批判しているからである[60]。エラスムスは，ルターの『奴隷意志論』（*De servo arbitrio*, 1525）への反駁を試みる『ヒュペラスピステス』第2巻において，「自由選択」（liberum arbitrium）という語句自体や自由意志についての考えのみならず，文彩も初期教父たちから損なわれずに自分は継承していると述べている[61]。それゆえ，エラスムスは，ルターの自分に対する侮辱は自分自身のみならず教父や教会博士たちをも嘲ることになると指摘し，中世を通じて連綿と継承されたカトリックの伝統的権威に訴える[62]。そして，エラスムスは，ルターが教父やスコラ哲学者を恣意的に引用し，先人の意見を自分にとって都合の良いように利用していると批判する[63]。

こうした聖書に対する古人の解釈を安易に捨てて，自身の解釈を押し付けることでキリスト教世界に混乱をもたらしている人々に対して，エラスムスは教父および中世のスコラ神学者に注目するように注意を促す[64]。そして，とりわけ重要なことは，ヒエロニュムスやアウグスティ

---

[60] Bejczy, *Erasmus and the Middle Ages*, p. 170; Bainton, p. 191. 邦訳，235頁; McConica, p. 78. 邦訳，182頁参照。

[61] *Hyperaspistes*, II, LB X, 1337D-1338A, 1356D, 1374E, 1391A-E / CWE 77, pp. 338-39, 375, 412-13, 448-49. ルターによるエラスムス批判は，多くのプロテスタントが受け入れなかったように，プロテスタント・カトリック双方に多様な見解が存在して両陣営とも一枚岩ではなかった（Mansfield, *Erasmus in the Twentieth Century*, p. 110）。

[62] *Hyperaspistes II*, LB X, 1340B, 1360F-1361C, 1370C, 1388C-1389B, 1395D-1396B / CWE 77, p. 344, pp. 384-85, 403, 441-42, 455.

[63] *Hyperaspistes*, II, LB X, 1361C / CWE 77, p. 385. エラスムスはスコラ哲学者の自由意志論への共感を示し，自分もスコラ哲学者を受け入れていいと述べている（*Hyperaspistes*, II, LB X, 1344B, 1363A, 1369E / CWE 77, pp. 352, 388, 402）。また，『エクレシアステス』第4巻では，聖書の基礎に基づいたスコラ的論争は説教の訓練として有益だとしている（*Ecclesiastes*, IV, ASD V-5, p. 384 / CWE 68, p. 1097）。この点で，エラスムスはスコラ哲学さえ完全に斥けたわけではなかった（Mansfield, *Erasmus in the Twentieth Century*, pp. 111, 143）。とりわけ，エラスムスはスコトゥス主義の功績概念を擁護も論駁もしないとしながらそれへの共感を示している点で，それを完全に否定するルターとのあいだに，両者による中世思想史における連続と断絶の一側面が見られる。

[64] *De libero arbitrio*, LB IX, 1218E; CWE 76, p. 15. 邦訳，13-14頁。ここでエラスムスが列挙しているのは，オリゲネス（Origenes, c.185-253/254），バシレイオス（Basileios, c.330-79），クリュソストモス，キュリロス（Kyrillos, c.380-444），ダマスコスのヨアンネス（Ioannes; Johannes Damascenus, c.650-c.750），テオフィラクトス（Theophyract of Ochrida, fl. 1075），テルトゥリアヌス（Tertullianus, c.160-c.220），キュプリアヌス，アルノビウス，ヒラリウス，ヒエロニュムス，アウグスティヌス，トマス・アクィナス，スコトゥス，ドゥランドゥス（Durand de Saint Pourçain, c.1275-1334），カプレオルス（Johnnes Capreolus, 1380-

ヌスをはじめとした中世の正統の神学者たちが，異教古典に学んでいたという事実である。というのも，アウグスタイン（Cornelis Augustijn）によれば，エラスムスはその生涯において教父学研究に多くの時間を費やし，教父のもとで神学と古典文化との結合を再発見していたからである[65]。

このように，エラスムスが教父著作の編集・校訂による研究成果を踏まえて，ルターの独善的な態度に対処しようとしたのは，宗教改革運動の高揚に伴って危殆に瀕した古典研究を中心とした人文学や，1300年の長きにわたってキリスト教共同体において保持されてきたキリスト教の本質を守るためであった。それゆえ，教父のみならずスコラ哲学者に至るカトリックの思想的伝統そのものやその文彩を継承しようとした態度にこそ，西洋中世思想や修辞学の継承者としてのエラスムスの重要性が存するのである。

4 キケロ主義者批判

エラスムスにとっての論敵は新旧両教の神学者だけではなかった。第三の敵ともいうべき存在がキケロ主義者であった[66]。エラスムスは，自分のラテン語が「野蛮」であるという個人攻撃をローマの人文主義者によってなされるようになった[67]。この背景にはルターとの類似性からエラスムスを宗教改革の原因や伝統的秩序に対する破壊分子と見るアルベ

1444)，ガブリエル・ビール（Gabriel Biel, c.1410-95），エギディウス（Aegidius Romanus, 1243/47-1316 or Egidio da Viterbo, 1469-1532），グレゴリウス（Gregorius de Rimini, c.1305-58），ヘールズのアレクサンデル（Alexander Halensis, c.1185-1245）である。

65) Cornelis Augustijn, *Erasmus von Rotterdam*, in *Die Reformationszeit I*, ed. by Martin Greschat (Stuttgart: W. Kohlhammer, 1981), S. 53-75.「ロッテルダムのエラスムス」金子晴勇訳，日本ルター学会編訳『宗教改革者の群像』知泉書館，2011年所収，76頁参照。

66) エラスムスとキケロ主義者については，Chris L. Heesakkers, 'Erasmian Reaction to Italian Humanism,' in ERSY 23 (2003), 58-66 に詳しい。

67) John Monfasani, 'Erasmian, the Roman Academy, and Ciceronianism: Battista Casali's Invective', in ERSY 17 (1997), 19-54, esp. 27-30; 榎本武文「ルネサンスにおけるキケロ主義論争」『一橋大学研究年報　人文科学研究』第36号，1999年，269-333頁，特に302-03頁参照。

ルト・ピオ（Alberto Pio, c.1475-1531）らの批判があった[68]。そこで，エラスムスは『キケロ主義者』（*Dialogus Ciceronianus*, 1528）で自己弁護を兼ねて，キケロの言語表現だけに依拠して固執するクリストフ・ド・ロングイユ（Christoph de Longueil, 1488-1522）[69]に代表されるキケロ主義者たちの態度に対して批判を加えた。当該著作におけるエラスムスの意図とは，ラテン語表現は古典作家の折衷的模倣から採るべきであるという問題提起であった[70]。というのも，彼の見解ではキリスト教徒の文体とは古典的なものでもスコラ哲学的なものでもなく，両者の中間的なものであったからである[71]。

---

68) ジョヴァンニ・ピーコ・デッラ・ミランドラ（Giovanni Pico della Mirandola, 1463-94）の甥でカルピの君主アルベルト・ピオとエラスムスの論争については，LB IX, 1095B-1196D / CWE 84; Nelson H. Minnich, 'Some Underlying Factors in the Erasmus-Pio Debate', in ERSY 13 (1993), 1-43. ただし，ピオの主な関心は教会の伝統的教義であって，言語学的問題についてはそれほど気に掛けていなかった（Heesakkers, p. 62）。イタリア・ルネサンス人文主義に関して，エラスムスはバッティスタ・グァリーノ，ルドルフ・アグリコラ（Rodolphus Agricola, 1444-85），アレクサンデル・ヘギウス（Alexander Hegius, c.1433-98）という知的系譜を継承したことを強調している（Schmitt & Copenhaver, p. 228. 邦訳，230-31 頁参照）。また，ジョヴァンニ・ピーコと交流があったロベール・ガガン（Robertus Gaguinus, 1433-1501）とジョン・コレットの両者は，エラスムスのパリ大学時代（1495-1499）や第一回イギリス滞在時に親交があった。コレットはマルシリオ・フィチーノ（Marsilio Ficino, 1433-99）からフィレンツェの新プラトン主義の影響を受けていた。ただし，コレット自身がイタリア旅行からもたらした知的関心の範囲は限られていた。彼は異教古典への共感をほとんど持っておらず，その新プラトン主義は人間から離れて神の全能へと傾いており（Mansfield, *Erasmus in the Twentieth Century*, pp. 64, 93），コレットとエラスムスにはゲッセマネでのキリストの苦悩をめぐって争いがあった（CWE 39, p. 437, n. 51）。さらに，エラスムスは，ロレンツォ・ヴァッラの『新約聖書校合』（*Collatio Novi Testamenti*, 1442-43）を 1504 年に発見し，翌年『注釈』（*Annotationes*）として公刊している（ホイジンガ，前掲訳書，100-01 頁；木ノ脇悦郎「人文学者たちの聖書解釈──エラスムスの校訂版新約聖書を中心に」宮谷宣史・出村彰編『聖書解釈の歴史──新約聖書から宗教改革まで』日本キリスト教団出版局，2005 年所収，279-310 頁，特に 281-82 頁参照）。ヴァッラとエラスムスは，特定の時と場所にいる人々に呼びかける文法と修辞学を土台にした神学によって，聖書作品において知的・文化的変革を達成したと見る見解も存在する（Mansfield, *Erasmus in the Twentieth Century*, p. 147）。ピオ，アグリコラ，ヘギウス，ガガンに関しては，CEBR, vol. 3, pp. 86-88, vol. 1, pp. 15-17, vol. 2, pp. 173, 69-70 を参照。

69) ネーデルラント出身の人文主義者ロングイユはパリ大学に学び，ルイ一二世のイタリア遠征やフィリップ端麗公のイングランドやスペインへの旅に随行し，アンボワーズではフランソワ一世の教師であった（CEBR, vol. 2, pp. 342-45）。

70) Peter Burke, *Languages and Communities in Early Modern Europe* (Cambridge: Cambridge University Press, 2004), p. 154. 邦訳，『近世ヨーロッパの言語と社会』原聖訳，岩波書店，2009 年，221 頁参照。

71) Rummel, *The Humanist-Scholastic Debate*, p. 123.

ラテン語表現の問題については，その背後に人文主義者の言語に対する態度の違いがあった[72]。一方では，コルテージ（Paolo Cortesi, c.1465/71-1510），ベンボ（Pietro Bembo, 1470-1547），ロングイユのように，ラテン語には完璧で変わらぬ基準があるとする立場があった[73]。他方では，ポリツィアーノ（Angelo Poliziano, 1454-94），ジャンフランチェスコ・ピーコ（Gianfrancesco Pico della Mirandola, 1469-1533）[74]，エラスムスのように，ラテン語の意味は歴史的コンテクストの産物であるとする立場があった。エラスムスには，ヴァッラやポリツィアーノと同様に，クインティリアヌスへの傾倒，文献学における革新などが見られる。したがって，各人自身の文体を発現すべきという主張はかならずしも独創的なものではない。エラスムスのオリジナリティは，むしろ古代と近時との根底的差異を意識した歴史的議論の導入にあったが[75]，それにもかかわらず，当該部分の重要性は当時の読者にとって十分に認識されなかった[76]。出版直後にはヨーロッパ中から様々な反応が現われ，真のキケロ主義者検討のリストとの関連で，初版でビベス（Juan Luis Vives, 1492-1540）が看過されているとの指摘があった[77]。また，ド

---

72) Ann Moss, 'Literary Imitation in the Sixteen Century: Writers and Readers, Latin and French', in *The Cambridge History of Literary Criticism*, ed. by H. B. Nisbet, Claude Rawson (Cambridge; New York, 1989-), p. 108.

73) コルテージ，ベンボに関しては，CEBR, vol. 1, pp. 345-46, 120-23 を参照。

74) ジャンフランチェスコ・ピーコとベンボの論争については，佐藤三夫『イタリア・ルネサンスにおける人間の尊厳』有信堂高文社，1981 年，267-305 頁を参照。ポリツィアーノやジャンフランチェスコ・ピーコに関しては，CEBR, vol. 3, pp. 106-08, 81 を参照。

75) こうした歴史意識は，第 1 章のブルゴーニュ公国との関連ですでに触れたものである。本書第 1 章 44 頁参照。ただし，歴史的距離の感覚はすでに 14 世紀の終わりに見出されるという見解も存在する（Skinner, p. 86. 邦訳，101 頁）。

76) 榎本，同論文，310 頁参照。

77) Mansfield, *Erasmus in the Twentieth Century*, p. 194; Bainton, pp. 208-09. 邦訳，256 頁。ビベスとエラスムスの思想的影響関係に関しては，Valerio Del Nero, 'A Philosophical Treatise on the Soul: *De anima et vita* in the Context of Vives's OPUS', in *A Companion to Juan Luis Vives*, ed. by Charles Fantazzi (Leiden: Brill, 2008), p. 293 などを参照。ただし，ビベスがその『学問論』において，エラスムスは原文の敷衍において優れ，逐語訳でも優美さを失わないと述べる一方（Vives, Juan Luis, *De tradendis disciplinis*. 邦訳，ヴィーヴェス『ルネッサンスの教育論』小林博英訳，〈世界教育学選集〉31，明治図書出版，1964 年，180-81 頁），エラスムスは『キケロ主義者』でビベスの能力，学識，記憶力を評価しながらも，その教育論の文体は卑俗だとしている（同書，279 頁脚注 (4)）。ビベスはメアリー一世（Mary I, 1516-58）の教育係であり，トマス・モア『ユートピア』(*Utopia*, 1516) の影響で『貧民救済について』(*De subventione pauperum*, 1526) を刊行している。ビベスに関しては，CEBR, vol. 3, pp.

4 キケロ主義者批判

レ（Etienne Dolet, 1509-46）やスカリゲル（Julius Caesar Scaliger, 1484-1558）からの非難などフランスとイタリアからは敵対的反応がもたらされ[78]，ビュデとは不和に至った[79]。

エラスムスは『キケロ主義者』において，単に言葉や表現のうえで表面的にキケロの模倣をしているにすぎないキケロ主義者を戯画化して批判する。そこで彼は，「キケロの繊細さ，発想という豊かで幸福な賜物，配列における技術，命題の展開，議論における判断，感情を駆り立てる効果，聴衆を捉える魅力，素早く効率的な記憶，多くの素材の把握」など「キケロの精神」（Ciceronis mens）が必要だとしている[80]。そして，主題（res），弁論家と聞き手（dicens, audiens），場所と時代（locus, tempus）に対する適合性という弁論の一般原則を提示する[81]。次に，エラスムスはキリスト教徒の立場の主張として，弁論は当代の事物や人間に適合していなければならず，キケロの語彙を見付けることができないときには，キリスト教の表現を使わなければならないとしている[82]。そのうえで，真のキケロ主義とは何かが問われる。エラスムスによれば，雄弁の糧として多様な知識を獲得し，自分の思考活動によって，自分の最も深い精神的な過程へと組み込むことが重要である。文章とはそれを

409-13 を参照。

78) ドレに関しては，CEBR, vol. 1, pp. 394-96; 渡辺一夫『フランス・ルネサンスの人々』岩波文庫，1992 年，144-48 頁；二宮敬『フランス・ルネサンスの世界』筑摩書房，2000 年，377-80 頁；Lucien Febvre, *Le problème de l'incroyance au XVIe siècle: la religion de Rablais* (Paris: Albin Michel, 1942). 邦訳，『ラブレーの宗教——16 世紀における不信仰の問題』高橋薫訳，法政大学出版局，2003 年，164-65 頁を参照。スカリゲルに関しては，CEBR, vol. 1, pp. 212-14; Laurel Carrington, 'Impiety Compounded: Scaliger's Double-Edged Critique of Erasmus', in ERSY 22 (2002), 57-67; Mansfield, *Erasmus in the Twentieth Century*, p. 195; ホイジンガ，前掲訳書，284 頁；Schmitt & Copenhaver, p. 206. 邦訳，208 頁参照。

79) Laurel Carrington, 'The Writer and His Style: Erasmus' Clash with Guillaume Budé', in ERSY 10 (1990), 61-84; cf. Mansfield, *Erasmus in the Twentieth Century*, p. 194. エラスムスとビュデとの関係，『キケロ主義者』に対する各人の反応については，McNeil, pp. 61-76, esp. pp. 72-76 参照。

80) *Ciceronianus*, ASD I-2, p. 631 / CWE 28, p. 376.

81) *Ciceronianus*, ASD I-2, p. 634 / CWE 28, p. 380. マンスフィールドによれば，エラスムスのキケロ的人文主義とは，ペトラルカやヴァッラと同様に，キケロ自身やクインティリアヌスによって勧められたような自由な種類の模倣であった。それは会話的性格，時，場所，状況における変化，とりわけ人間の多様性への反応に一致していた（Mansfield, *Erasmus in the Twentieth Century*, p. 155）。

82) *Ciceronianus*, ASD I-2, pp. 636-40 / CWE 28, pp. 383-88.

書く人間の精神をそのまま映す鏡のようなものだからである。エラスムスは，各人の内在的な個性の違いに着目して，キケロの言語形式を表面的に使用するのは猿真似に過ぎないと批判し，言語活動において各人が自分自身の精神を発現させることが読者に歓迎されると考える[83]。それゆえ，言葉や表現の外層ではなく，キケロが提供する主題（res）や感想（sententia），知力（ingenium）や判断（consilium）を模倣しなければならない[84]。というのも，エラスムスは，宗教，帝国，官職，国，法，習俗，研究，人間の外見などにおいて，同時代がキケロの時代とは宗教的，政治的，社会的にまったく異なると認識していたからである[85]。

一方，エラスムスは『キケロ主義者』においても，その最初期の作品『反野蛮人論』や『痴愚神礼讃』で明らかにされていた反スコラ的立場を示唆している。彼は古代ローマから同時代に至るまでのラテン語作家を列挙してキケロ的かどうか吟味する際に[86]，スコラ哲学の言語表現を「野蛮」（barbaria）だとみている[87]。そして重要なのは，誰一人としてキケロ主義者と呼べる著述家がいないとしながらも，エラスムスが雄弁の再生をペトラルカに見ていることである[88]。だが彼はペトラルカ以降に再生した雄弁を，中世と切り離して捉えていたわけではない。その証拠に，エラスムスは『キケロ主義者』において，「神秘的な事柄を扱う教会指導者によって使われた言葉」（vocabulis, quibus ecclesiae lumina res

---

83) *Ciceronianus*, ASD I-2, pp. 647-51, 703-04 / CWE 28, pp. 396-402, 440-41.

84) *Ciceronianus*, ASD I-2, p. 709 / CWE 28, pp. 447-48.

85) Quid? Videtur praesens seculi status, cum eorum temporum ratione congruere, quibus vixit ac dixit Cicero, quum sint in diuersum mutata religio, imperium, magistratus, respublica, leges, mores, studia, ipsa hominum facies, quid non? … Quocunque me verto, video mutata omnia, in alio sto proscenio, aliud conspicio theatrum, imo mundum alium (*Ciceronianus*, ASD I-2, pp. 636-37 / CWE 28, p. 383). エラスムスは『エクレシアステス』第2巻で，事物それ自体だけではなくそれを指示する言葉も人間の実践や時や慣習によって変わりうることを示唆している（*Ecclesiastes*, II, ASD V-4, p. 254 / CWE 68, p. 476）。

86) エラスムスは，誰一人「キケロ主義者」と呼べる著述家がいないことを検証するために，古代から同時代に至るラテン語著作家を列挙している（*Ciceronianus*, ASD I-2, pp. 653-92 / CWE 28, pp. 404-29）。世俗や教会の著作家に対する批評は，『エクレシアステス』第2巻でも展開される（*Ecclesiastes*, II, ASD V-4, pp. 264-68 / CWE 68, pp. 489-96）。

87) *Ciceronianus*, ASD I-2, p. 640 / CWE 28, p. 387.

88) *Ciceronianus*, ASD I-2, p. 661 / CWE 28, p. 414.

arcanas tractarunt)[89] を使用すべきことを説いている[90]。

　こうしたエラスムスにおける中世的伝統を継承しようとする態度は，先に見たような時代ごとの独自性や歴史意識を重視する彼の立場と矛盾しないのか。この点に関して，ショマラは，各人が自分自身の自然の才能や，そうした自然や歴史を越える固有性を有していると考えていた点において，エラスムスの歴史意識においては歴史的なものと超歴史的なものが混在しているとしている[91]。また，ベイツィによれば，エラスムスにおける歴史肯定の見解（pro-historical views）と歴史否定の見解（anti-historical views）の共存は，真理が一方では現在の実践の変化を認め，他方では長きにわたる伝統を要求するものであることから，そうした真理と人間性との生きた関係から説明される[92]。ただし，ビーテンホルツは，道徳的完全性や市民道徳の範例[93]の修辞学的効用は，歴史的懐疑主義を妨げることはなく，エラスムスは歴史的発展や進歩に関する真の観念を持っていなかったと指摘している[94]。

　では，エラスムスがキケロ主義者たちから守ろうとしたものは何だったのか。『キケロ主義者』においてエラスムスは，キケロ主義者たちの「適切さ」（decorum）における失敗と，「敬虔」（pietas）における失敗のあいだに明らかな関連を見出している[95]。彼がキケロ主義者を斥けた

---

89)　*Ciceronianus*, ASD I-2, p. 709 / CWE 28, p. 447.

90)　Bejczy, *Erasmus and the Middle Ages*, p. 169.

91)　Chomarat, pp. 828, 832-33, 841-43; Mansfield, *Erasmus in the Twentieth Century*, p. 162.

92)　Bejczy, *Erasmus and the Middle Ages*, p. 191.

93)　エラスムスにとって，こうした道徳的範例は，歴史的コンテクストの感覚やアナクロニズムの愚かしさの認識とともに，賢く用いられるべきであった（Mansfield, *Erasmus in the Twentieth Century*, p. 160）。

94)　Peter Bietenholz, *History and Biography in the Work of Erasmus of Rotterdam* (Genève: Droz, 1966), pp. 17, 19, 35, 38; cf. Mansfield, *Erasmus in the Twentieth Century*, pp. 159-60.

95)　Laurel Carrington, 'Impiety Compounded', p. 62. プファイファーによれば，エラスムスにとって，言語の劣化と道徳的頽廃のあいだに密接な繋がりがあり，精神的・道徳的再生が始まらなければならないのは言語からであった（Rudolf Pfeiffer, *History of Classical Scholarship from 1300 to 1850* (Oxford: Clarendon Press, 1976), pp. 71-81, esp. 74; cf. Mansfield, *Erasmus in the Twentieth Century*, p. 154）。エラスムスは対話「裕福な乞食」（πτωχοπλούσιοι）で服の decorum について語っているが（ASD I-3, p. 396 / CWE 39, p. 477），decorum は道徳と同様に服，マナー，話を統御する（CWE 39, p. 492, n. 56）。トマス・モアの『ユートピア』（*Utopia*）は，スキナーによって「人文主義者による人文主義批判」として捉えられてきたが（Skinner, pp. 244-62. 邦訳，259-77頁），『ユートピア』第1章

のは，彼らが古代のモデルに固執してすべての新しさを斥けたからである[96]。エラスムスが，キケロ主義者たちによる雄弁の追求の代償として，「神への信心深さ」や「自由教育の本質的な学問分野」の無視などを指摘していることからすれば[97]，キリスト教の本質たる敬虔と自由教育の本質的な学問分野たる人文学こそが重視されるべきものであった。

　エラスムスは，雄弁や学問の目的とは「キリストを知り，キリストの栄光を祝福すること」であり，自身の目的をそうした「名誉ある行いへと人々を説得すること」だと考えていたのである[98]。エラスムスはこうした目的のために修辞学の伝統に訴えた。この伝統自体は，中世をこえてイソクラテス，アリストテレス，キケロ，クインティリアヌスなどギリシア・ラテンの古典古代に遡るものである[99]。しかしながら重要な点は，エラスムスがたんに中世においても途絶えることなく教育，自由学芸のなかに位置を占めたこの伝統に訴えたということではない。むしろ，『キリスト教の教え』（*De doctrina christiana*）第4巻でキリスト教布教という目的に修辞学の利用を勧めるアウグスティヌスのように，エラスムスが修辞学の伝統において，真の雄弁は叡智と信仰に基づくものであるとする教父の立場に立ったことである[100]。

末尾近くの「もっと社会の現実に合った哲学」（philosophia ciuilior）（*Utopia*, in *The Complete Works of St. Thomas More*, 15 vols, vol. 4, ed. by Edward Surtz and J. H. Hexter (New Haven: Yale University Press, 1963-86), pp. 98-99. 邦訳，『ユートピア』澤田昭夫訳，中公文庫，改版，1993年，106頁）が『痴愚神礼讃』における舞台の比喩で説かれた習慣重視の主張とほぼ同内容であり（*Moria* ASD IV-3, pp. 104-06 / CWE 27, p. 103. 邦訳，72-74頁），モアによる批判は人文主義それ自体に対するものではなく，むしろ思弁的哲学に対するものであったと考えられる。

96)　Bejczy, *Erasmus and the Middle Ages*, p. 168.
97)　*Ciceronianus*, ASD I-2, p. 702 / CWE 28, p. 439.
98)　*Ciceronianus*, ASD I-2, p. 709 / CWE 28, p. 447. こうした雄弁の目的を説得に見て，文芸の自己目的化に対する否定的な態度は，ペトラルカにおいても見出される（Petrarca, *De sui ipusius et multorum ignorantia*. 邦訳，『無知について』近藤恒一訳，岩波文庫，2010年，38-44頁；菊池，前掲書，49頁参照）。
99)　高田康成『キケロ――ヨーロッパの知的伝統』岩波新書，1999年，166頁；廣川洋一『イソクラテスの修辞学校』講談社学術文庫，2005年，249頁参照。ここで廣川は，ルネサンス・人文主義は，イソクラテスに始まる人間教育における弁論・修辞学的伝統の新局面をなすものであり，当該伝統はイタリア・ルネサンスにおいて急に再生したわけではなく，スコラ学の思弁論理への対抗手段として中世においても存続していたことを指摘している。
100)　菊池，前掲書，47頁参照。こうした修辞学を中心とした人文学とキリスト教的敬虔の関係について，エラスムスは，人文学は敬虔に必要なものだけを追求しなければならな

ここで，古代修辞学と中世修辞学の違いとは，世俗的伝統と，その対象，目的がともに超自然的なものである宗教的伝統の違いである。すなわち，古代修辞学は具体的・社会的認識論を有する総合的技芸（ars）として存在し[101]，800年にわたる伝統として当時の教養の核心となっていた[102]。これに対し，アウグスティヌスに代表される中世の雄弁術とは，パウロに始まり，キュプリアヌス，アンブロシウスへと繋がるキリスト教的伝統に位置づけられるものである。それは，知恵と雄弁，すなわち，救いの真理という内容と，魅力的で優美な形式とを結合させようとするものである[103]。

　また，こうした立場は，アウグスティヌスのみならずヒエロニュムスにも見出されるものであり，聖書に焦点を当て，宗教と文化のあいだの結合を肯定する点においてエラスムスとヒエロニュムスは一致している[104]。それゆえ，エラスムスは，教父の二重の意味，すなわち，文法的・歴史的なものと精神的なものをより好んで，古典的‐修辞学的遺産と教父の遺産のあいだの本質的な調和を見出す[105]。かくして，修辞学はエラスムスによって再び哲学的叡智を回復することになったのであ

いとするアウグスティヌスの思想を評価して自分自身のものとしていた（Mansfield, *Erasmus in the Twentieth Century*, p. 87）。オマリーは，「聖なる修辞学」（Sacred Rhetoric）の歴史においてエラスムスを捉えており，『エクレシアステス』に匹敵するものは，アウグスティヌス『キリスト教の教え』しかないと指摘している（John W. O'Malley, 'Erasmus and the History of Sacred Rhetoric: The *Ecclesiastes* of 1535', in ERSY 5 (1985), p. 29）。しかし，『エクレシアステス』はその記念碑的位置づけにも関わらず，古典的なものとキリスト教的なもの，修辞学的なものと神学的なものを，エラスムスがどのように一貫させているかという問題が残されている（Mansfield, *Erasmus in the Twentieth Century*, p. 201）。『エクレシアステス』と『キリスト教の教え』の関係については，Charlrs Béné, *Érasme et Saint Augustin ou influence de Saint Augustin sur l'humanisme d'Érasme* (Genève: Droz, 1969), pp. 372-425 に詳しい。

　101）　菊池，前掲書，41頁参照。
　102）　Hennri Irènèe Marrou, *Saint Augstin et la fin de la culture antique*, 2e edn (Paris: E. de Broccard, 1938, p. 516). 邦訳，『アウグスティヌスと古代教養の終焉』岩村清太訳，知泉書館，2008年，408頁。
　103）　Ibid, pp. 508-19. 邦訳，401-19頁。
　104）　John C. Olin, 'Erasmus and Saint Jerome: The Close Bond and its Significance', in ERSY 7 (1987), 44, 50; Mansfield, *Erasmus in the Twentieth Century*, p. 142.
　105）　Ibid., p. 90. ただし，『校訂版新約聖書』（*Novum Instrumen-tum,* 1516）において教父の解釈学的誤りの多くを修正しているように，エラスムスは教父も可謬的な人間であったことを明らかにしている（Bejczy, *Erasmus and the Middle Ages*, p. 29）。

る[106]。

5 おわりに

　従来，エラスムスはスコラ哲学批判の中心人物，中世の否定者として一般的に捉えられることが多かった。たしかに，こうした見方は宗教改革期以前のエラスムスにはあてはまるものもあるが，宗教改革期以降にはかならずしも妥当するわけではない。クリステラーやマクグラスによれば，ルネサンスの人文主義者たちによってひとつの立場が共有されていたと見るには困難が伴うとされている[107]。そのひとつの理由として，本章で見てきたように，宗教改革期以降の人文主義者の多様な立場があったことが挙げられる。また，エラスムスという同じ一人の人文主義者においても，中世に対する両義的な態度，すなわち，中世的伝統を否定して断絶を作ろうとするモーメントと，それを肯定して連続させようとするモーメントの双方が存在しており，こうした困難を助長していると考えられる。

　エラスムスは，1520年代に多くの論争に巻き込まれるようになり，様々な対応を迫られた。それにもかかわらず，宗教改革期以降，とりわけルター主義者，キケロ主義者との論争におけるエラスムスの立場とは，スコラ神学者に対する否定的態度はなお残存するものの[108]，ルターとの論争においてときにスコラ神学者を利用することさえあったように，中世を過去のものとして否定するものではなかった。

---

　106) 高田，前掲書，80頁参照。修辞学的雄弁と哲学的叡智の結合についての中世における展開については，中世キケロ主義として次章で詳述される。
　107) Paul Oskar Kristeller, *Eight Philosophers of Italian Renaissance* (Stanford, CA: Stanford University Press, 1964), p. 4. 邦訳，『イタリア・ルネサンスの哲学者』佐藤三夫監訳，みすず書房，2006年，新装版，6-7頁；Alister E. McGrath, *Reformation Thought: an Introduction*, 3rd edn (Oxford, UK; Malden, MS: Blackwell Publishers, 1999), pp. 41-42. 邦訳，『宗教改革の思想』高柳俊一訳，教文館，2000年，66-67頁；山岡龍一「政治とレトリック」川出・山岡『西洋政治思想史』，133-49頁，特に146-49頁参照。
　108) リュバックによれば，エラスムスはスコラ学を完全に斥けたわけではなく，彼の批判は聖書や教父を不明瞭なものにする神学についてであった（Lubac, pp. 430-32; Mansfield, *Erasmus in the Twentieth Century*, p. 143）。

5　おわりに

　むしろ、エラスムスはそうした論争において、中世思想の継承者としての側面や、教父によって媒介された修辞学の伝統におけるキリスト教的雄弁の継承者としての側面を示していた。というのも、エラスムスは、自由意志を巡る中世の伝統的解釈を無視するルター主義者を批判する一方、中世のキリスト教的語彙を無視するキケロ主義者も批判していたからである。中世を過去のものと見なす両者の反歴史的態度は、エラスムスにとって受け入れがたいものであった[109]。それゆえ、彼は中世の経験を破壊するような変革も単純な古典回帰もけっして支持しなかった[110]。ベイツィが彼の歴史思想の一貫性を見出しているように[111]、宗教改革はエラスムスを保守主義者にしたわけではなく、最初期の『反野蛮人論』における反歴史的態度への批判を活性化したにすぎない。

　ベイツィは、エラスムスにとって中世の価値は古来の宗教的真理の保存にあると述べているが[112]、それだけに留まらなかった。というのも、キリスト教の本質のみならず、1520年代の論争を通して様々な論敵に対するエラスムスに見られる一貫した態度として、人文学の擁護があったからである。キリスト教的敬虔を目的として、教父を媒介として中世において受け継がれてきた修辞学を中心とした学問を修得したうえで、名誉ある行いへと人々を説得すること、これこそがエラスムスの課題であり、教育的・政治的実践への契機を孕むものであった。

---

109) Bejczy, *Erasmus and the Middle Ages*, pp. 187-88.
110) Cf. Bejczy, *Erasmus and the Middle Ages*, Introduction, p. xvii.
111) Bejczy, *Erasmus and the Middle Ages*, p. 184.
112) Bejczy, *Erasmus and the Middle Ages*, p. 187.

第 3 章

エラスムス『リングア』における言語と統治
―― 功罪と規律 ――

―――――――――

1 はじめに

　前章では，1520年代の論争を通して，エラスムスが中世思想の継承者としての側面を有していたことのみならず，彼の一貫した態度として人文学の擁護があったことが明らかになった。その際に，彼は名誉ある行いへの説得を課題としていた。

　本章の目的は，論争過程のさなかに書かれた『リングア』という著作を取り上げることで，説得という営為と深く関わる言語のもたらす功罪の双方に着目したエラスムスの言語論の思想史的意義と，彼の思想世界における言語論と統治論の位置づけを明らかにすることである。エラスムスの言語論については，序論でも触れたように，1960年代から70年代にコールズやペインによって神学者としての側面[1]が強調されたことへの反動として，修辞学者としての側面を強調する80年代のショマラの浩瀚な二巻本が画期となって研究が進んだ[2]。前者による神学者エラスムスという解釈は敬虔なカトリックというイメージを強化，後者による古典的修辞学的伝統の強調は対話的なエラスムス像をもたらした[3]。

---

1) Kohls, *Die Theologie des Erasmus*; Payne, *Erasmus*; Mansfield, *Erasmus in the Twentieth Century*, pp. xii, 100.
2) Chomarat, *Grammaire et rhétorique chez Érasme*.『リングア』については，とりわけ vol. 2, pp. 1118-55 参照。
3) Mansfield, *Erasmus in the Twentieth Century*, p. 208.

そして，両者を統合する研究も現われる一方[4]，本章で中心的に扱われる『リングア』自体に力点をおく研究もなされるようになった[5]。

しかし，これらの研究は80年代以降にネーダーマンによってその研究が進展した「中世キケロ主義」(the doctrine of the medieval Ciceronians)[6]との関連で論じられているわけではなく，中世政治思想史の研究成果に基づく知見はエラスムス研究において看過されてきた。一方，ネーダーマンや将基面の関心も12世紀から14世紀のソールズベリーのヨハネス，マルシリウス・パドヴァ (Marsilius de Padua, 1275-1342/43)，ニコラウス・クザーヌス (Nicolaus Cusanus, 1401-64) などが中心であり[7]，北方ルネサンス人文主義者における「中世キケロ主義」の実態が明らかにされているわけではない[8]。そこで本章は，1510年代半ばの戦争平和論における言語論と，とりわけ1525年の『リングア』を中心に取り上げることによって，ネーダーマンによる「中世キケロ主義」という理論的枠組みでは捉えきれないエラスムスの言語論の思想史的意義を析出すると同時に，彼の思想世界における言語論と統治論との内的連関を明らかにするよう試みる。それによって，精神の規律により重点を置くエラスムスの思想的特徴が浮かび上がることになると思われる。

議論の手順としては，第一に，ネーダーマンや将基面の研究に主とし

---

4) Hoffmann, *Rhetoric and Theology*, pp. 62-63; cf. Mansfield, *Erasmus in the Twentieth Century*, pp. 226-27.

5) Margaret Mann Phillips, 'Erasmus on the Tongue', in ERSY 1 (1981), 113-25; Laurel Carrington, 'ERASMUS' LINGUA: The Double-Edged Tongue', in ERSY 9 (1989), 106-18; F. Schalk, ASD IV-1, pp. 223-30.

6) Cary Nederman, 'Nature, Sin and the Origins of Society: the Ciceronian Tradition in Medieval Political Thought', in *Journal of the History of Ideas*, Vol. 49, No. 1 (1988), 3-26. 柴田平三郎はネーダーマンの the doctrine of the medieval Ciceronians を「中世キケロ主義」という一種の政治的自然主義として概念化しており（柴田平三郎『中世の春』，201-14頁），本書はこれに依拠している。

7) 将基面貴巳『ヨーロッパ政治思想の誕生』名古屋大学出版会，2013年，91頁。ニコラウス・クザーヌスに関しては，CEBR, vol. 1, pp. 372-73を参照。

8) ただし，中世キケロ主義として捉えられているわけではないものの，北方人文主義者の「雄弁」(Eloquence) が説得的な力を有する修辞学に知的活力を持つ哲学を結びつけるものであったことはブラッドショーによって指摘されている (Brendan Bradshaw, 'Transalpaine Humanism', in J. H. Burns (ed.), *Cambridge History of Political Thought 1450-1700*, pp. 95-131, esp. 97)。

て依拠しつつ「中世キケロ主義」を概観し，またその文脈におけるソールズベリーのヨハネス『メタロギコン』（Metalogicon）の位置づけを明らかにする。第二に，1510年代半ばの戦争平和論においてエラスムスがそうした「中世キケロ主義」と親和性を持つ議論を展開していたことを指摘し，『リングア』における言語の功罪を扱いつつ，エラスムスが「中世キケロ主義」という理論的枠組みには収まりきらない側面を有していることを明らかにする。第三に，『リングア』における統治の二面性を取り上げ，精神の規律が言語と統治の双方を左右することを指摘し，彼の言語論と統治論には内的連関があることを根拠づける。そして，エラスムスの思想世界の底流に彼自身の実存的問題関心が存在していたことに触れてむすびとしたい。

2　中世キケロ主義

本節では，キケロにおける言語と理性および中世キケロ主義について概観し，その具体例の展開をソールズベリーのヨハネス『メタロギコン』に見ていく。

(1)　キケロと中世キケロ主義

キケロ『発想論』（De inventione）によれば，人間に内在する理性と一対の言語こそが社会形成を可能にした[9]。キケロは『義務について』においても，人間の社会的結合性を保証するのは理性と言語だとして，社会形成の原理を自然的なものに見出す[10]。そして，キケロは共同社会の形成において，思弁（cogitatio）に対して語ること（eloquentia）を強調し，同時に合意が不十分な場合に，非強制的な説得という手段を強調した[11]。こうした言葉と理性の双方が社会形成の動力となるというキケ

---

9)　Cicero, *De inventione*. 邦訳，『発想論』片山英男訳，〈キケロー選集〉6，岩波書店，2000年所収，1-151頁，特に3-6頁。

10)　Cicero, *De officiis*. 邦訳，『義務について』高橋宏幸訳，〈キケロー選集〉9，岩波書店，1999年所収，125-352頁，特に158頁。

11)　柴田『中世の春』，211-14頁。

ロの観念[12]は，ギリシアのイソクラテスやポセイドニオス（Poseidonius, c.135-51 B.C.）にまで遡る教説であるが[13]，12世紀から14世紀に広く普及して「中世キケロ主義」という思想的伝統を作り上げることになった[14]。

では，「中世キケロ主義」とは如何なるものなのか。

> 中世キケロ主義者の教説（the doctrine of the medieval Ciceronians）はアウグスティヌス的見地とアリストテレス的見地という両極のあいだの一種の中道（via media）を表している。それ〔中世キケロ主義者の教説〕は，人々が反社会的に振る舞うのは彼らが共通の本性の帰結を認識しないからだ，と主張することによって罪に中心的な場所を与える。それにもかかわらず，それ[中世キケロ主義者の教説]はまた，結合しようとする自然な人間の傾向は堕罪後の不正状態においてさえ有効であり続けることを認める[15]。

こうした中世キケロ主義者の理論は，人間の政治共同体を自然発生的なものとするアリストテレスとは異なって人為の産物とする一方，人間の反社会的な性格を想定するアウグスティヌスとも違い，人間の共同生活への自然的衝動を認めるものである。こうした衝動は理性と言葉による説得を通じてはじめて覚醒することから，共同生活開始の際に言語の役割を重視したのがキケロであった[16]。ネーダーマンは，知恵と雄弁の結合に弁論の理想像を見出すキケロ思想の中世における理論的枠組みを「中世キケロ主義」として捉えたが，そこでの言語の位置づけは理性と一体のものとして肯定的に捉えられるものであった[17]。

---

12) 将基面『ヨーロッパ政治思想の誕生』，91頁参照。
13) 柴田『中世の春』，32頁; Curtius, S. 87. 邦訳，106頁参照。
14) Nederman, 'Nature, Sin and the Origins of Society', p. 6.
15) Nederman, 'Nature, Sin and the Origins of Society', p. 6; 柴田『中世の春』，206頁。柴田訳を参照したが，訳文の一部を変更。
16) 将基面『ヨーロッパ政治思想の誕生』，88-92頁参照。
17) Cary Nederman, 'The Union of Wisdom and Eloquence before Renaissance: The Ciceronian Orator in Medieval Thought', in The Journal of Medieval History 18 (1992), 75-95, esp. 95.

(2)　ソールズベリーのヨハネス『メタロギコン』

　ネーダーマンによって定式化されたこうした理論的枠組みは，ソールズベリーのヨハネスの思想において一層顕著に表れることになる。友情論，道徳論，暴君論，懐疑主義の思想など多くの点でキケロの影響が見られるヨハネスは，しばしば「12世紀のキケロ主義者」と称せられ，「中世キケロ主義」の代表者のひとりと見なされている[18]。ヨハネスはキケロに倣って理性と言語が人間の共同社会の形成に果たす決定的な役割を強調する[19]。

　それにもかかわらず，ヨハネスは知恵と雄弁の結合というキケロの理想から乖離した状況を同時代に見出し，自由学芸擁護の書として『メタロギコン』を書いた。というのも，彼の論敵の「コルニフィキウス」（Cornificius）が，饒舌で無意味な言葉を弄び，他人の意見を攻撃して論破する一方，知恵の獲得に役立たない雄弁術は哲学から排除すべきだと主張していたからである[20]。

　それでは，ソールズベリーのヨハネスは理性と雄弁の各々をどのように定義しているのか。ギリシア語で「ロゴス」（logos）は，「言葉」と「理性」の両方を意味する[21]。ヨハネスは，理性とは感覚や知性で感じた

---

　18)　柴田『中世の春』，188頁。「ラテン世界は，キケロ以上の者を持たなかった」という『エンテティクス』（*Entheticus*）での讃辞は，ヨハネスによるキケロへの傾倒をよく表している（甚野尚志・中澤務・E・ペレス「ソールズベリのヨハネス『メタロギコン』解説」，〈中世思想原典集成〉8，平凡社，2002年所収，581-97頁，特に593頁；柴田『中世の春』，200頁参照）。

　19)　Ioannis Saresberiensis, *Metalogicon*, I.1, pp. 12-13. 邦訳，602-04頁。

　20)　*Metalogicon*, I.3, p. 15. 邦訳，606頁；I.6, p. 23. 邦訳，615頁；甚野尚志『十二世紀ルネサンスの精神──ソールズベリのジョンの思想構造』知泉書館，2009年，49頁；柴田『中世の春』，195頁参照。コルニフィキウスとは，諸説あって誰を指すのか現在でも不確かなままであるが，中世に流布していたドナトゥス（Aelius Donatus, c. 4c）『ウェルギリウス伝』（*Vita Vergiliana*）でウェルギリウスを誹謗中傷する者の名から採られたと考えられる（柴田『中世の春』，23頁）。ただし，ヨハネスは教師，同僚，聖職者，修道士などの追随者の一群を「コルニフィキウスの徒」と呼んでおり，この人物の詮索は意味がないと柴田は捉えている。こうした「コルニフィキウス」の徒の誤りに反対する学問の真の愛好者としてヨハネスが挙げているのは，シャルトルのティエリ（Thierry de Chartres, c.1110-55/56），アベラルドゥス（Petrus Abaelardus, 1079-1142），ギヨーム・ド・コンシュ（Guillaume de Conches, c.1090-c.1154）の三名である（大谷啓治「コンシュのギヨームにおける学問の用語」上智大学中世思想研究所編『中世の学問観』創文社，1995年所収，95-111頁，特に103-04頁）。

　21)　*Metalogicon*, I.10, p. 28. 邦訳，621頁。

事物を精査し探求する魂の力[22]，雄弁とは適切で効果的な言葉の表現能力[23]と定義する。理性を用いた活動の媒体となるのが言語であり，人間を動物以上のものに高めるのは理性と言語である[24]。「知恵のない雄弁は無益である」[25]と捉えるヨハネスにとって，「言葉」と「理性」は相互一体であり，言葉を媒介にして理性は徳と知識という豊穣な果実を生み出す[26]。

ヨハネスは，徳を喪失させる三つの事柄として，「真理に対する無知，人を欺すか恥知らずな虚偽の陳述，思い上がった真実の告白」(ignorantia ueri, fallax aut proterua assertio falsi, et tumida professio ueritatis)[27]を挙げているが，虚偽は「空虚で誤った幻想」からもたらされるものである。では，こうした「空虚で誤った幻想」はなぜ生じるのか。その原因は理性の不完全性に求められる。神的理性や天使の理性と比較して，人間理性を不完全で実体をもたないと捉えるヨハネスは，不可謬の神的理性と可謬的な人間理性を区別する[28]。

ソールズベリーのヨハネスの立場それ自体は新しいものではなく，その背景には「12世紀ルネサンス」という古典復興運動が存在していたが，キケロに基づいて修辞学的雄弁と哲学的叡智を分ちがたく結びつけ

---

22) *Metalogicon*, I.11, p. 30. 邦訳，623頁。ヨハネスは理性のさまざまな意味をより詳細に説明している。「魂は，そのような努力によって，より明確に考察し，確実に理解し，正確に判断するようになる。この明敏な力が「理性」と呼ばれるが，それは物質的なものと非物質的なものとを区別し，事物を確実な判断で検討する精神の力である。こうした理性の判断力もまた「理性」と呼ばれる。さらに，理性のみが把握でき，その本質が感覚的な事物とは異なる事物もまた「理性」と呼ばれる。教父アウグスティヌスなど多くの者は，この最後の「理性」が永続的なものだと主張した」。このように述べて，ヨハネスはさらにカッシオドルス『魂について』における「人間の魂の優れた活動」という定義や，プラトン『ポリテイア』（国家）における「魂の熟慮する活動」という主張を紹介する（*Metalogicon*, IV.15-6, pp. 152-53. 邦訳，776-77頁）。訳文は，甚野・中澤・ペレス訳によるものであるが，訳語の一部を変更。

23) *Metalogicon*, I.17, p. 24. 邦訳，616頁。

24) 甚野『十二世紀ルネサンスの精神』，56頁。

25) *Metalogicon*, II.9, p. 69. 邦訳，669頁。

26) *Metalogicon*, I.1, pp. 12-3. 邦訳，602-04頁；柴田『中世の春』，32頁。

27) *Metalogicon*, prologus, p. 11. 邦訳，601頁。

28) *Metalogicon*, IV.32-33, pp. 169-70. 邦訳，795-96頁。こうしたヨハネスの立場は，人間の不完全性を論じるペトラルカ『無知について』や，人間の知の限界を認識するキリスト教の伝統から，理性に全幅の信頼を与えるわけではないエラスムスなどの人文主義者にも同様に見いだすことが可能である（菊池，前掲書，58頁参照）。

ている点で，ヨハネスはネーダーマンによる「中世キケロ主義」という理論的枠組みの代表例として捉えることが可能である。

3　エラスムスにおける中世キケロ主義と言語の弊害

　本節では，前節で見てきた人間における言語と理性を重視する「中世キケロ主義」の考え方が，エラスムス戦争平和論においても反映されていることを確認したうえで，『リングア』における言葉の二面性，とりわけ同時代の状況において言語の弊害を強調するエラスムス言語論の特徴を浮かび上がらせる。

(1)　戦争平和論における言語と理性

　ソールズベリーのヨハネスにも見られた「中世キケロ主義」の理論的枠組みは，1510年代半ばの『戦争は体験しない者にこそ快し』（*Dulce bellum inexpertis*, 1515）や『平和の訴え』といったエラスムスの作品に見出すことができる。彼は諸著作において言語と理性の各々の重要性に言及し，これらを一組のものとして人間の固有性を説いているのが他ならぬ戦争平和論である。

　エラスムス政治論については，話し言葉のような文体，引用文，批判精神，自由への愛を秘めた人間精神などの点で，ヨハネスの『ポリクラティクス』との類似性がすでにホイジンガによって指摘されている[29]。また解明しえない物事を「判断留保」するアカデメイア派懐疑主義的態度[30]は，キケロやヨハネスだけではなくエラスムスにおいても見られるものであった[31]。のみならず，エラスムスは『平和の訴え』において動

---

29)　ただし，ホイジンガはソールズベリーのヨハネスがエラスムスよりも「現実的」だとしてエラスムス政治思想を過小評価している（J. Huizinga, 'Een praegothieke geest: Johannes van Salisbury', in *De taak der cultuurgeschiedenis*, 1929. 邦訳，「前ゴシック精神の人，ソールズベリのジョン」，ホイジンガ『文化史の課題』里見元一郎訳，東海大学出版会，1965年所収，117-49頁，特に134-35頁；柴田『中世の春』，94-95頁）。

30)　ヨハネスは『メタロギコン』において，摂理や自由意志の問題において自身がアカデメイア派の立場であることを示唆している（*Metalogicon*, IV.31, p. 168. 邦訳，794-95頁）。柴田『中世の春』，198, 199, 201, 227頁参照。

31)　*De libero arbitrio*, LB IX, 1215D / CWE 76, p. 7. 邦訳，6頁。しかし，ルター『奴

物と人間を隔てるメルクマールを言語と理性に見出す。彼は言語を「友情の特別な仲立人」としてそこに友愛の契機を見ているが[32]、トレイシーはエラスムスが当該箇所をキケロから借用したと論じている[33]。『戦争は体験しない者にこそ快し』において同様の内容が少し詳しく説明される。

> 自然は人間に言語と理性の使用を授けたが、これは何よりも善意を準備し養育することを可能とし、人々のあいだに、何事もけっして力によって行われないようにするためである。自然は孤独への嫌悪と、仲間との交際への愛を植え付けた。そして奥深く善意の種を据え付けた。……自然は、自由学芸への熱意と知ることへの情熱を以上のことに加えた。これらは、何にもましてすべての野蛮から人間の性向を遠ざけ、同様に人々と親しい関係を取り結ぶことに対して特別な力を有する[34]。

ここでは言葉と理性が自然的なものであり、暴力と対比される人間固

隷意志論』で一部曲解されて批判されたことから、エラスムスは『ヒュペラスピステス』において、「教会の決定に従って懐疑主義であるのをやめる」(*Hyperaspistes*, I, LB X, 1258E / CWE 76, p. 119) と述べている。

32) *Querela pacis*, ASD IV-2, p. 63 / CWE 27, p. 295. 邦訳、20-21 頁。友愛に関しては、*Moria*, ASD IV-3, pp. 92-94 / CWE 27, pp. 96-98. 邦訳、52-55 頁も参照。

33) James D. Tracy, *Erasmus of the Low Countries* (Berkeley: University of California Press, 1996), p. 111. ただし、エラスムスはこうした見解を述べる際に直接キケロに言及しているわけではない。しかし、キケロ『義務について』校訂版 (1501) といった仕事に代表されるように、彼はキケロ著作の内容について熟知していた。エラスムスは、当該校訂版への序文において、読書の目的は規則や事実を学ぶことではなく、著者を知るようになること、著者との対話に入って自分自身の主観性において著者によって影響されることであると論じていた (Rüegg, p. 76; Ep. 152, Allen I, pp. 355-57 / CWE 2, pp. 29-32; cf. Mansfield, *Erasmus in the Twentieth Century*, p. 155)。また、彼は『平和の訴え』においても、「干戈を交えるところ、法は沈黙する」(*silent leges inter arma*) という言葉をキケロから直接引用している (*Querela pacis*, ASD IV-2, p. 93 / CWE 27, p. 316. 邦訳、83 頁。*De legibus*, 3.39; *Pro T. Annio Milone*, 10; *Academica*, 1.2 参照)。

34) … natura, sermonis et rationis vsum uni tribuit, quae quidem res ad parandam et alendam beneuolentiam in primis valet, ne quid omnino per vim inter homines gereretur. Inseuit odium solitudinis, amorem sodalitatis; Indidit penitus beneuolentiae semina. … Addidit insuper liberalium disciplinarum studium et cognitionis ardorem, quae res, vt potissimum abducit hominis ingenium ab omni feritate, ita ad conciliandas necessitudines praecipuam vim habet (*Dulce bellum inexpertis*, in *Adagia*, IV.i.1, ASD II-7, p. 14 / CWE 35, p. 402. 邦訳、295 頁).

有の手段として把握されている。また，自由諸学芸や知識への情熱が，野蛮から人間の性向を遠ざけるのみならず，人間関係の進展に寄与すると捉えられている。

それでは，エラスムスは政治共同体の起源をどのように考えていたのか。彼は人間の不平等の是正と安全保障の必要性から，盟約と親密な関係に基づいて都市や，連合体である社会が造られたとしながらも[35]，孤独を嫌い仲間を好むという自然的性向だけではなく，暴力と対比される言葉と理性という人間固有の手段にも共同体の起源を見出す。こうしたエラスムスの立場は，言語を理性と一体のものとして肯定的に捉える「中世キケロ主義」の一端をたしかに示すものである。それにもかかわらず，彼はネーダーマンによる理論的枠組みでは捉えきれない側面，すなわち言語の否定的側面を詳述している点で特徴的であり，エラスムスにおける言語の位置づけは肯定的・否定的両側面において捉えられるものである。

(2) 『リングア』における言語の弊害

言語の弊害を説くエラスムスの言語論を扱う前に，『リングア』出版時の同時代的状況と彼の執筆意図を簡単に確認しておきたい。『リングア』は，エラスムスが『自由意志論』(1524年9月)によって反ルターの旗幟を鮮明にし，ルターが『奴隷意志論』(1525年12月)によって反駁を試みる論争過程の1525年8月に出版された[36]。新旧両派の神学者から挟撃されていたエラスムスは同時代の論争状況を重く見て[37]，精神の病やそこから派生する破滅を軽減させようという意図から弁舌 (lingua) の治療を試みたのである[38]。

---

35) *Querela pacis*, ASD IV-2, p. 64 / CWE 27, p. 295. 邦訳，22頁。なお，エラスムスは『痴愚神礼讃』では，政治社会のある種の虚構性を見抜く鋭い洞察を示している (*Moria*, ASD IV-3, p. 102 / CWE 27, p. 102. 邦訳，69頁)。

36) Phillips, p. 114.『リングア』は，『痴愚神礼讃』，『対話集』，『キリスト教結婚教育』，(*Institutio christiani matrimonii*, 1526),『マタイによる福音書釈義』のイタリア語訳とともに，トレント公会議の禁書目録 (Council Index, 1564) において全面禁止となった (Mansfield, *Phoenix of His Age*, p. 27)。

37) *Lingua*, ASD IV-1A, p. 175 / CWE 29, p. 406.

38) Ep. 1593, Allen VI, pp. 134-39 / CWE 11, pp. 214-22; Phillips, pp. 114-15 参照。カリントンは，エラスムスが「言語」と「舌」という二重の意味で遊んでいることを指摘してい

エラスムスは，修辞学を「学芸の最も高貴なもの」[39]とさえ見なしているが，修辞学は馬鹿げた言葉遣いとの結びつきによって悪しき評判を獲得するものであった。アテナイには修辞学を教えた詭弁家に対する大いなる嫌悪があり，ローマでもキケロが完璧な弁論家として提示してきた模範に対してさえブルートゥスなど同時代人の多くが不満であった[40]。

エラスムスは，エウポリス（Eupolis, 446/445-c.411B.C.）[41]やサッルスティウス（Gaius Sallustius Crispus, 86-35 B.C.）にならって雄弁から多弁を区別し，「雄弁が知恵からけっして離れないように，多弁の欠点はいつも痴愚と結びついている」[42]と述べる。ここでは雄弁と多弁，知恵と痴愚がそれぞれ対比され，知恵を伴わない雄弁が単なるおしゃべりに陥る愚かさが指摘され，専門的技巧に走れば狡猾さに近くなるとエラスムスは考える[43]。修辞学的雄弁が多弁に堕する一方，哲学的叡智もその知恵の評判を失ったと捉える彼によれば，道徳における理想と実践において，ギリシア哲学者とパリサイ派は弁舌のうえでは徳を唱えながらも実際には虚栄を追求する奴隷であった。そして，両者のような自己追求の偽善者がキリスト教徒のあいだにも多く見られる[44]。このように，エラスムスは，ギリシア哲学者とパリサイ派の両者を批判する一方，キリスト教徒の学校教育において自由学芸のかわりに陰口が学ばれている現状を指摘する[45]。また，彼は修辞学をはじめとした自由学芸に批判的で聖書研究しか認めない人々が存在することも示唆している[46]。こうし

る（Carrington, 'ERASMUS' LINGUA', p. 110）。

39) *Lingua*, ASD IV-1A, p. 40 / CWE 29, p. 275.

40) *Lingua*, ASD IV-1A, p. 40 / CWE 29, pp. 274-75.

41) アリストパネスの同時代人の喜劇作家で，その作品はアウルス・ゲッリウス（Aulus Gellius, c.128-c.180）『アッティカの夜』（*Noctes Atticae*）1.15のような引用においてのみ現存している（邦訳，『アッティカの夜1』大西英文訳，京都大学学術出版会，2016年，83-84頁）。

42) Nam vt eloquentia nunquam abest a sapientia, ita loquacitatis vitium semper cum stultitia coniunctum est (*Lingua*, ASD IV-1A, p. 36 / CWE 29, p. 272).

43) *Lingua*, ASD IV-1A, p. 40 / CWE 29, p. 275.

44) *Lingua*, ASD IV-1A, pp. 82-83 / CWE 29, p. 315.

45) *Lingua*, ASD IV-1A, p. 122 / CWE 29, p. 354.

46) 「そしてこの技術に熟練して，それによって修辞学を学ぶのは宗教的罪である。たしかにすべての自由学芸を非難して，新旧聖書を除いて何も学ぶのを許さない人が，この技

た立場はルターに典型的に見られるものであり，エラスムスは後年の『ヒュペラスピステス』においてこうしたルターの立場を繰り返し批判することになる[47]。エラスムスにとって，哲学的叡智と修辞学的雄弁の不可分一体の状態が重要であったにもかかわらず，いまや哲学すべては詭弁家を凌駕する多弁へと暗転し，その知恵への評判を失って軽蔑へと至った[48]。

　こうした同時代的論争状況において，エラスムスは『リングア』において言語の二面性が人間固有のものであることを強調する。「自然」は「生き物すべてのあいだに調和を作り出すこと」を意図して老人，若者のあいだに友情を作り出してきた一方[49]，利点，援助，治療の代わりに破滅，破壊，毒をもたらす言葉に耽溺しないように注意深く警告した[50]。抑えの利かない弁舌の悪という主題それ自体は，すでに古典古代においてプルタルコス『お喋りについて』(*De garrulitate*) で扱われていたものであった[51]。エラスムスはプルタルコスの著作を下敷きにしながら，弁舌の利点よりもむしろその弊害を強調したのである。こうした彼の言語論が彼の統治論と内的連関を持つことを次に確認する。

術と相容れないわけではない。中傷者は憎しみによって導かれるように見られるので，ほとんど信頼がない。そして彼らによって技術は発見されたが，それによって彼らは憎しみを隠して自分たちに信頼を我が物にするが，それによってよりたしかに傷つける」(*Lingua*, ASD IV-1A, p. 120 / CWE 29, pp. 352-53)。Ep. 1610, Allen VI, pp. 166-71 / CWE 11, pp. 272-78 も参照。

　47）　*Hyperaspistes*, II, LB X, 1391E-1395C / CWE 77, pp. 447-55. ただし，ルター自身はアリストテレスの論理学的著作や『詩学』と並んで，『弁論術』を若者の弁論や説教の訓練に有益な教材として認めていた（菱刈晃夫「学校教育」金子晴勇・江口再起編『ルターを学ぶ人のために』世界思想社，2008 年所収，204-14 頁，特に 205 頁参照）。

　48）　*Lingua*, ASD IV-1A, pp. 52-53 / CWE 29, p. 287.

　49）　*Lingua*, ASD IV-1A, p. 43 / CWE 29, p. 277; Hoffmann, *Rhetoric and Theology: The Hermeneutic of Erasmus* (Toronto: University of Toronto Press, 1994), p. 64 参照。

　50）　*Lingua*, ASD IV-1A, pp. 85-86 / CWE 29, p. 318.

　51）　*De garrulitate*, 502B-515.『お喋りについて』，プルタルコス『モラリア 6』戸塚七郎訳，京都大学学術出版会，2000 年所収，235-79 頁。『お喋りについて』における様々なエピソードを，エラスムスは『リングア』で随所に鏤めている (Chomarat, p. 1118; Carrington, 'ERASMUS' LINGUA', p. 106 参照)。

4 『リングア』における統治の二面性

(1) 統治における功罪

すでに『痴愚神礼讃』において，アルキビアデスのシレノスに触れて人間世界の二面性が指摘されていたように[52]，エラスムスにとって弁舌の功罪に見られた二面性は人間世界の物事全般にもあてはまることであった[53]。このような二面性を弁舌と統治と運命にも見出すエラスムスは，口が軽くて守秘義務を守れない者は統治には不適であり[54]，追従者や嘘つきの助言者こそ君主に対する裏切り者と考える[55]。というのも，生き身で法を体現する統治者の判断を彼らが歪めるからである。

エラスムスは，弁舌によって故意の邪悪さをもって人間の破滅を引き起こす人についてソールズベリーのヨハネスよりも詳細な具体例を挙げ[56]，君主への教唆や民衆の煽動といった政治に関わる場面における弁舌の弊害を説いている。

こうした人々の弁舌の毒はマムシやトリカブトよりも有害になる可能

---

52)「第一に知られているのは，人間の事柄すべてが，アルキビアデスのシレノスのように，それ自身のあいだで甚だしく異なった二つの面を持っていることです。それほど言われるように，一見，死であるものが，もしあなたがなかを覗き込むなら，生でありましょう。反対に生であるものが死でありましょう。美しいものが醜く，豊かなもの，それが最も貧しいものです。不名誉であるものが名誉あるものです。学識あるものが無学なものです。丈夫であるものが虚弱なものです。高貴なものが卑しいものです。喜ばしいものが悲しいものです。順境にあるものが，逆境にあるものです。友であるものが敵です。健康によいものが有毒なものです。簡単に言えば，もしシレノスを開けたなら，すべては突然逆だとあなたは再び見出します」(*Moria*, ASD IV-3, p. 104 / CWE 27, p. 102. 邦訳，70 頁)。

53) Nam hoc ita fere natura comparatum videmus, vt quibus ex rebus summa proficiscitur vtilitas, ex iisdem nascatur extrema pernicies (*Lingua*, ASD IV-1A, p. 26 / CWE 29, p. 263). 物事から最高の効用と同様に最後の破滅が生じるのは自然が用意したことだとエラスムスは捉えている。

54) *Lingua*, ASD IV-1A, pp. 67, 75 / CWE 29, pp. 300, 308.

55) *Lingua*, ASD IV-1A, p. 112 / CWE 29, p. 344.

56) *Lingua*, ASD IV-1A, p. 81/ CWE 29, p. 314; Chomarat, vol. 2, p. 1119 参照。

性がある[57]。エラスムスは,「ある毒はそれらとともに解毒剤を生む」[58]と述べ,自然がそれらの悪を補償する場合もあると捉える。しかしながら,諸悪の大部分は弁舌に負っていると彼は指摘し,最大の破滅たる戦争の原因も悪しき弁舌に見出す[59]。そのうえ,エラスムスは同じ種族で滅ぼし合う人間の特異性を指摘し[60],言語の弊害が致命的であることを示唆する[61]。

彼は君主が神的存在であることを異教古典から示すのみならず[62],「ローマの信徒への手紙」を引用しながら以下のように述べる。

> いまもし仮に,この世の君主に対して罵ることが保護されるとしても,それでも敬虔ではないだろう,なぜならば主はそれを禁止したからである。「神に由来するものは,秩序づけられており,公的権力すべては神に由来する」(*Quae a Deo sunt, ordinata sunt, et omnis publica potestas a Deo est*)[63]。この秩序が破壊されるとしたら,万物の混乱以外に何が生じるというのだろうか？[64]

このように,エラスムスは世俗権力が神に由来することを聖書から示

---

[57] 「……そしてどれほどより有害なのか,不敬な言葉によって敬虔を奪い取る弁舌,卑猥な話によって慎み深さを追い払って卑猥な愛欲を放つ弁舌,君主に寛恕の代わりに残酷さや貪欲を吹き込む弁舌,そこから万人が汲み出す公の泉を致命的な毒物によって汚染する弁舌は？」(*Lingua*, ASD IV-1A, p. 85 / CWE 29, p. 318)

[58] Plinius, *Historia naturalis*, 19.91, 95 を参照。

[59] *Lingua*, ASD IV-1A, pp. 84, 90 / CWE 29, pp. 316, 322. 戦争へと煽動する聖職者については,*Moria*, ASD IV-3, pp. 172-76 / CWE 27, pp. 138-40. 邦訳,pp. 177-83; *Dulce bellum inexpertis*, in *Adagia*, IV.i.1, ASD II-7, pp. 21-22 / CWE 35, pp. 411-12. 邦訳,308-10 頁を参照。

[60] *Lingua*, ASD IV-1A, p. 89 / CWE 29, pp. 321-22. こうした人間の特異性については,*Dulce bellum inexpertis*, in *Adagia*, IV.i.1, ASD II-7, p. 16 / CWE 35, p. 405. 邦訳,299 頁も参照。

[61] Carrington, 'ERASMUS' LINGUA', p. 118 参照。

[62] *Lingua*, ASD IV-1A, p. 52 / CWE 29, p. 286.

[63] 「ローマの信徒への手紙」13 章 1 節。

[64] Iam si prophanis principibus maledicere tutum esset, tamen pium non esset, quod id quoque vetuerit dominus … Hoc ordine luxato, quid sequitur nisi rerum omnium confusio? (*Lingua*, ASD IV-1A, p. 102 / CWE 29, p. 334).

し[65]，上位者に対する服従を説く[66]。

　それでは，為政者が悪い場合にはどのように対処すべきなのか。為政者に改善可能性がある場合には控えめな警告や励ましでこと足りる一方，それがない場合には神罰がくだるまで我慢するか，あるいは市民や議会の同意によって抑制しなければならない[67]。神罰の可能性は認められても，キリスト教徒による悪しき手段での悪への報復[68]は否定される。

　エラスムスは『暴君殺害』（*Tyrannicida*, 1506）において圧政を行う暴君に対する剣による殺害を認めており[69]，『リングア』においても，アントニウス（Marcus Antonius, 83-30 B.C.）に対するキケロによる演説での挑発のみならず武力粉砕が実現すべきであったと捉えている[70]。それにもかかわらず，『リングア』では暴君に対する「キリスト教徒」による力での排除という方法は示されていない。注目すべきは，為政者への対処たる治療法が，圧政それ自体よりも悪しき事態たる無秩序や暴動を招来する可能性が指摘されていることである[71]。こうした指摘の社会的背景には，当該作品の前年から激化したドイツ農民戦争における民衆

---

　65) 権力が神に由来することについては，『エクレシアステス』第4巻（*Ecclesiastes*, IV, ASD V-5, p. 312 / CWE 68, p. 1024）も参照。ただし，第1章でも見たように，王権のレジティマシーについては，エラスムスは民衆の同意に見ている（*Institutio principis christiani*, ASD IV-1, pp. 162, 167, 216 / CWE 27, pp. 231, 237, 285. 邦訳，299, 306, 371頁）。世俗権力は王権以外にも，たとえばエラスムスの祖国ブルゴーニュ公国における公主権や，場合によっては皇帝権なども含まれうる。

　66) *Lingua*, ASD IV-1A, p. 102 / CWE 29, p. 334;「ローマの信徒への手紙」13章1-7節参照。

　67) *Lingua*, ASD IV-1A, p. 102 / CWE 29, p. 335. 神罰については本書第3章と第4章参照。『平和の訴え』における市民の同意のみならず議会の同意を加えている点で，『リングア』はエラスムスによる議会主義的側面の一端を示唆しており，これについては本書第5章で再度確認する。

　68) *Adagia*, I.ii.5, ASD II-1, p. 219 / CWE 31, pp. 149-50. ただし，本書第4章で見るように，エラスムスは国内統治における死刑や国際関係における戦争を否定しているわけではない。

　69) *Tyrannicida*, ASD I-1, pp. 540, 544 / CWE 29, pp. 109, 115.

　70) 当該箇所の原文は，Atque vtinam tam feliciter oppressisset Antonium armis, quam fortiter lingua prouocauit (*Lingua*, ASD IV-1A, pp. 78-79 / CWE 29, p. 311) であり，絶対平和主義者という通俗的エラスムス像（沓掛良彦『エラスムス――人文主義の王者』岩波現代全書，2014年，52, 162頁）への反証を示している。

　71) 無秩序より圧政の方が「まし」というエラスムスの見方については，第1章注30および第6章注75参照。

の暴徒化という状況が考えられる。エラスムスは，絶対権力による一人支配と，一般人による暴動の双方の危険性を指摘し，無秩序と圧政が相互可逆的な表裏一体の関係にあることを把握している。

> ひとつの最高のものを委ねるのは危険であり，民衆は暴動を起こす以外に何もしない。したがって，均衡した諸要素が相互抑制してまとまるように，王の権力，教皇への畏敬，公会議，議会，そして第一級の都市の権威，そして民衆の同意が，国が暴動にも，圧政にも向かわないように，それら自体を和らげることは最も正しい[72]。

このように，エラスムスは王，聖職者，公会議，議会，都市，人々の同意など諸要素の均衡によって圧政にも反乱にも向かわないようにすべきだと考える。すでに『キリスト教君主の教育』において，君主政，貴族政，民主政の三要素による混合政体の可能性が示唆されていたが[73]，教皇や公会議など宗教的要素が付加されており，議会や都市の役割が重視されている点でも注目に値する。

(2) 言語と統治における精神の規律

エラスムスは諸事物からは効用も害悪も生まれうることを把握し，制御と誤用の帰結を考慮して，人間自身が本性や能力を把握する規律を重視する。毒にも薬にもなりうる弁舌をパンドラの箱や諸刃の剣としても捉えるエラスムスは[74]，弁舌の制御を精神の制御と同様に考える[75]。

---

72) Periculosum est vni summam rerum concredere et populus nihil aliud quam tumultuatur. Iustissimum igitur est, vt quemadmodum elementa sese mutua libratura cohercent continentque, sic potestas regum, reuerentia potificum, autoritas conciliorum, senatuum, ac primariarum ciuitatum populique consensus, ita sese vicissim temperent liberentque, vt res nec in tumultum exeat, nec in tyrannidem (*Lingua*, ASD IV-1A, p. 103 / CWE 29, p. 335).

73) エラスムスは政体論において，純然たる王政が最善の政体ながらも，その実現が難しいという現実を見て取る。それゆえ，彼は王政に貴族政と民主政の要素を加えた混合政体が一般的には望ましいとして，君主の恣意的支配の排除を意図して個々の要素の均衡によって専制に堕する危険の回避を説いている (*Institutio Principis Christiani*, ASD IV-1, pp. 162-63 / CWE 27, p. 231. 邦訳，pp. 299-301).

74) *Lingua*, ASD IV-1A, pp. 26, 36 / CWE 29, pp. 262-63, 271.

75) *Lingua*, ASD IV-1A, pp. 155-56 / CWE 29, p. 388.

さらに注意深い省察によってこのように自分の精神を，あまりに崇敬することもなく，憎むこともなく，恐れることもなく，希望することもないように慣れさせるひとは，同様に精神で制御された弁舌によってすべてを制御する。たとえば，野心，怒り，傲慢，貪欲，欲望，嫉妬，愛，憎しみによって支配されるひとに，──彼〔情念によって支配されるひと〕を人間生活の特別な暴君の希望や恐怖が苦しめるのだが──むなしく警告するように……あなたは狂人に無益に警告する。理性の手綱によって精神の反抗的衝動を抑制するように，まえもって説得するのでなければ，「このように話し，このように弁舌を制御するがいい」と忠告するのはむなしい[76]。

ここで注目すべきは，彼が人間を突き動かす希望と恐怖という心理的側面に着目していることである[77]。とりわけ，エラスムスは人々が未来の苦痛の予測において苦しむことを指摘し，占い師や占星術師などが政治的混乱をもたらすことに批判的である[78]。それは占い師や占星術師が，未来を予言することによって人々に希望や恐怖を与えることで，人間心理に訴えて人を動かす政治性を発揮するからである[79]。

---

76) Porro qui diligenti meditatione sic consuefecit animum suum, vt nihil magnopere neque miretur, neque oderit neque metuat neque speret, eadem opera moderabitur linguae qua moderatus est animo. Quemadmodum enim frustra moneas phreneticum, … sic in vanum moneas cui dominatur ambitio ira superbia auaritia libido zelotypia amor odium, quem excruciat spes aut metus praecipui humanae vitae tyranni: 'Sic loquere, sic moderare linguam', nisi prius persuaseris, vt rebelles animi motus rationis freno coherceat (*Lingua*, ASD IV-1A, pp. 155-56 / CWE 29, p. 388). こうした予防的措置の必要については，俗悪な意見の毒に対する薬について論じている本書第 1 章 34 頁も参照。

77) このように希望と恐怖を，人間生活を暴君的に支配している二つの要素と見なす見方は，ルキアノスにおいて見られるものであり（ルキアノス『偽預言者アレクサンドロス』内田次信・戸高和弘・渡辺浩司訳，京都大学学術出版会，西洋古典叢書，2013 年，220 頁），エラスムスがトマス・モアとの共訳による『ルキアノス小品集』を出版してその作品に親しんでいたことからすれば，当該表現はルキアノスから着想を得ている可能性がある。一方，プルタルコスは栄誉への希望と罰への恐れを，徳の基本要素と見なしている（プルタルコス『子供の教育について』瀬口昌久訳，『モラリア 1』京都大学学術出版会，西洋古典叢書，2008 年所収，37 頁）。エラスムス自身は，『現世の蔑視』において人間の改善への動機を罰への恐れや徳の愛に見出していた（*De contemptu mundi*, ASD V-1, p. 65 / CWE 66, p. 158）。

78) *Lingua*, ASD IV-1A, pp. 97-98 / CWE 29, p. 330.

79) エラスムスによる占星術批判については，自由意志との関連で次章において再述する。ただし，エラスムスは占星術（horoscopo）からの予言が人間の特性を早く知るうえでは

4 『リングア』における統治の二面性

　このように，エラスムスは希望や恐怖に左右されずにそうした情念を理性によって制御することが重要だと考えていたが，彼の思想において精神の規律は，弁舌の規律のみならず，為政者による統治の規律をもたらすことにつながるものである。というのも，彼は統治論においても理性による情念の制御というモデル[80]を用いているからである。

　では，なぜエラスムスは精神，弁舌，統治に共通する理性による情念の規律をここまで重視するのか。それは習慣が本性の一部になってしまうからである[81]。「というのも，その他の欠陥において慣れでこの悪を持って，そして病状が本性において習慣のように変わったあとでは，我々は自分たちの悪を感じず，いまや公然と警戒もなく罪を犯すからである」[82]。このように，エラスムスはとりわけ悪しき習慣によって規律が破られてしまうことを懸念する[83]。こうした関心は彼の教育学的，政治学的関心に由来するものである[84]。というのも，エラスムスは，弁舌の

有益であることを示唆している（*De pueris instituendis*, ASD I-2, p. 45 / CWE 26, p. 316. 邦訳，49 頁）。

　80)　「人間において優越したものが，すなわち精神であるが，命令するように，さらに精神において最善の部分が，そこで監督するが，それはすなわち理性である。そして宇宙において支配するもの，それはすべてのもののなかで最善のもの，すなわち神である。巨大な肉体において命令する部分のように国において命令する人は誰でも，善意と知恵と用心深さにおいてその他の者たちを凌駕しなければならない。そして役人が平民に勝れば勝るほど，君主は役人に先行しなければならない。もし悪の何かが精神に内在するなら，それは汚れた肉体から発するが，それ〔汚れた肉体〕は情念に隷属している」（*Institutio principis christiani*, ASD IV-1, p. 164 / CWE 27, p. 233. 邦訳，301-02 頁）。

　81)　エラスムスは「習慣は第二の本性なり」（Usus est altera natura）という格言において，習慣が自然本性と同等かそれに近い力を持っていると述べている（*Adagia*, IV.ix.25, ASD II-8, p. 190 / CWE 36, p. 435. 邦訳，165 頁）。こうした習慣づけの重要性については，アリストテレス『ニコマコス倫理学』第 2 巻第 1 章で詳述されているが（Aristoteles, *Ethica Nicomachea*. 邦訳，『ニコマコス倫理学（上）』高田三郎訳，岩波文庫，1971 年，55-58 頁），エラスムスが『リングア』の下敷きにしているプルタルコス『お喋りについて』においても言及され（*De Garrulitate*, 510C-511F. 邦訳，264-68 頁），プルタルコス『子供の教育について』では，完全に正しい行為をなすためには，ピュシス [自然的素質] とロゴス [理] とエトス [習慣] の三つを共に働かせる必要があり，「性格とは長く続く習慣であり，性格の徳を習慣の徳と呼んでもそれは誤りとは思えません」と述べられている（邦訳，6，8 頁；菱刈晃夫『習慣の教育学——思想・歴史・実践』知泉書館，2013 年，vii 頁参照）。

　82)　Habet enim et in caeteris vitiis hoc malum assuefactio, vt, posteaquam morbus vsu velut in naturam transiit, non sentiamus malum nostrum, iamque palam et sine cautione peccemus … (*Lingua*, ASD IV-1A, p. 94 / CWE 29, p. 326).

　83)　*Lingua*, ASD IV-1A, p. 94 / CWE 29, p. 326.

　84)　本章における規律と習慣の議論は，第 4 章や第 5 章の内容と有機的関連がある。と

規律と同様に，訓練によって従順さへと自然本性を向け換えることによって，よき市民を涵養すべきだと考えるからである[85]。

それでは，どうすれば情念を制御しうるのか。最もよく情念を制御しうる方法とは，「汝自身を知れ」ということであり[86]，これは最初期の『エンキリディオン』において「知恵の要点」(caput sapientiæ) とされたことであった[87]。エラスムスは『コピア』において，哲学が精神の病の治療に寄与することを示唆している[88]。彼によれば，哲学に基づいて制約と慣れで情念を克服する精神の陶冶こそ弁舌や統治の制御を導くものであり，制御する主体のみならず，その主体が統治者の場合には被治者たる市民の命運をも左右するものであった。というのも，エラスムスは自己自身をよく規律するものに為政者としての資質を見出すからである。

　　境遇を受け入れつつ自分自身に打ち勝とうとし，他の人たちよりも
　　自らに多くを求め，この地上のはかない権力よりも，あの天上の恒

いうのも，第4章では理性による情念の規律の重要性や，エラスムスが自然より教育の影響力を重く見ていたことについて，また第5章では「寛恕」の限界における権力作用の発動を担保しながらも，人間の改善可能性に期待するエラスムスの思想世界における教育学と政治学と神学の連続性について具体的に論じられるからである。

85) *Lingua*, ASD IV-1A, p. 28 / CWE 29, p. 264. 市民教育に国運がかかっていることについては，アリストテレスも繰り返し主張している (Cary Nederman, 'The Puzzle of the Political Animal: Nature and Artifice in Aristotle's Political Theory', in *The Review of Politics*, Vol. 56, No. 2 (1994), 283-304, esp. 284, 287, 293, 301; Cary Nederman, 'The Meaning of "Aristotelianism" in Medieval Moral and Political Thought', in *Journal of the History of Ideas*, Vol. 57, No. 4 (1996), 563-85, esp. 575)。第1章で確認したように，エラスムス自身もクセノポン『キュロスの教育』をあげて，子供への教育に国の希望があることを君主が銘記すべきだと述べている (*Institutio principis christiani*, ASD IV-1, p. 188 / CWE 27, p. 259. 邦訳，336頁)。マルゴランは，エラスムス『子供の教育について』が，未形成の子供からよき人やよき市民を引き出すことについての機会を教育に与えたと指摘している (Jean-Claude Margolin, *Érasme: Declamatio De pueris statim ac liberaliter instituendis: Etude critique, tradition et commentaire* (Genève: Librairie Droz, 1966), p. 76; cf. Mansfield, *Erasmus in the Twentieth Century*, p.158)。自然本性よりも教育や訓練をエラスムスが重視することについては，*Lingua*, ASD IV-1A, p. 160 / CWE 29, p. 392 参照。

86) *Lingua*, ASD IV-1A, p. 156/ CWE 29, p. 388 参照。

87) *Enchiridion*, LB V, 12C / CWE 66, p. 40. 邦訳，『エンキリディオン――キリスト教戦士の手引き』，『エラスムス神学著作集』金子晴勇訳，教文館，2016年所収，9-194頁，特に38頁参照。

88) *De copia*, LB I, 45B-C / CWE 24, p. 431.

久的な権力を得ようと努める人々，そうした人々こそ，ものが分かっている，ものが分かっているのだ！　誰であれ自らを良く統御するものこそが偉大な王なのである[89]。

このようにエラスムスにおける規律は，他者よりもむしろ自分自身に命令する自己規律を志向するものである。その一方，被治者は為政者を模倣する傾向があることから，為政者自身の自己規律は市民にまでその効果が波及すると彼は考えていた。

結局，エラスムスにおける言語論と統治論は，理性による情念への配慮や制御の場合と誤用の場合で，有益になるか破滅的になるか異なる帰結を招くという二面性を併せ持ち[90]，理性による情念の制御という精神的規律が重要になるという意味において，内的連関を有するものである。もっとも，彼は「悪しき言葉は心を変えるだろう」(*Verbum malum, immutabit cor*)[91] という「シラ書」の言葉を引く一方，「弁論は病める精神に対する医者である」(*Aegroto animo medicus est oratio*) と述べている[92]。とすれば，エラスムスは言葉そのものが人間精神に作用することも認識していたことになり，いわば，言語と精神の相互作用のなかで，精神的規律のみならず言語の規律をも決定的に重要な問題と考えていたのである[93]。

---

89) Sapiunt, sapiunt qui sua sorte contenti ipsi se vincere certant, sibi magis imperare quam aliis, potiusque illud coeleste atque perpetuum quam hoc terrenum caducumque ambire imperium. Magnus rex est quisquis se bene rexerit (*De contemptu mundi*, ASD V-1, p. 52 / CWE 66, p. 146). ストア派の理想。Seneca, *Epistulae morales*, 113:31; *Adagia*, I.I.3:「もしある人が命令に服従しないならよく支配しない」(Non bene imperat nisi quid paruerit imperio) (ASD II-1, p. 114 / CWE 31, p. 51)。

90) *Lingua*, ASD IV-1A, p. 28 / CWE 29, p. 265; 菊池，前掲書，58 頁。

91) 「シラ書」37 章 21 節。

92) *Lingua*, ASD IV-1A, p. 133 / CWE 29, p. 365.

93) ソワーズによれば，エラスムスによる言語の改革と人間の改革には繋がりがあった (J. Kelley Sowards, 'Erasmus and the Apologetic Textbook: A Study of the *De duplici Copia verborum ac rerum*', in *Studies in Philology* 55 (1958) pp. 122-35, esp. 126-28, 134)。同様に，ジュリオ・ヴァッレーゼは，「文体は思考の習慣である」(Le style est l'habit de la pensée) ゆえに，道徳的理解が伴わなければならず，エラスムスにとってそれはキリスト教的倫理への準備と一体でしかありえなかったと主張した (Guilio Vallese, 'Erasmus el le *De duplici Copia verborum ac rerum*', in *Colloquia Erasmiana Turonensia*, 2 vols., ed. by Jean-Claude Margolin (Paris: Toronto University Press, 1972), vol. 1, pp. 233-39, esp. 239)。『コピア』に関しては，

5　おわりに

　エラスムスは，前章で確認したように『キケロ主義者』において，中世におけるキリスト教の語彙や内容を閑却してキケロの語彙や文体に拘泥して形式的模倣に走る同時代人を「キケロ主義者」として戯画化した[94]。しかし，エラスムスによって批判的に捉えられるこうした「キケロ主義」とネーダーマンによって定式化された「中世キケロ主義」という理論的枠組みは異なるものであり，エラスムスは，1510年代半ばの戦争平和論において言語と理性の双方を重視する「中世キケロ主義」の立場を一方で示していた。他方で，彼は『リングア』において言語の否定的側面を見逃していたわけではなかった。

　こうしたエラスムスの言語論を通して浮かび上がった言語の負の側面に着目してソールズベリーのヨハネスの思想を逆照射するならば，ネーダーマンによる理論的枠組みでは捉えきれない側面が見出される。すなわち，ヨハネスにとって，人間の舌は知恵を伴うときに初めて有益になるのであって，「節度の手綱」（moderationum uinculum）による制御がなければ破滅をもたらすものである[95]。そして，彼は知恵や節度を伴わない人間の言葉が，本人のみならず若者の才能を駄目にして，魂を惑わして舌に毒を塗る有害なものだと示唆している[96]。先に見たように，ヨハネスにとって，虚偽をもたらす空虚で誤った幻想が生じる原因は理性の不完全性に求められるものであり[97]，不可謬の神的理性と可謬的な人間理性を区別する点でも，ソールズベリーのヨハネスはエラスムスと共通点を有していた。

Virgiania W. Callahan 'The *De Copia*: The Bounteous Horn', in *Essays on the Works of Erasmus*, ed. by Richard DeMolen, pp. 99-109; cf. Mansfield, *Erasmus in the Twentieth Century*, p. 156参照。

94)　前章で確認したように，エラスムスは『キケロ主義者』において修辞学に基づいて人々を名誉ある行いへと説得することを自らの課題としていた（*Ciceronianus*, ASD I-2, pp. 647-51, 703-04 / CWE 28, pp. 396-402, 440-41）。

95)　*Metalogicon*, II. 8, p. 68. 邦訳，668頁。

96)　*Metalogicon*, III. 10, p. 138. 邦訳，758-59頁。

97)　*Metalogicon*, IV. 33, p. 170. 邦訳，796頁。

5 おわりに

　しかしながら，エラスムスが弁舌のデメリットに着目したのは，同時代の論争過程において新旧両派からの挟撃に晒されていた状況にあって，言葉を規律することで同時代の精神的な病を治療しようと意図したからであった。そうした精神の医学の際に悪の程度を知ることが重視されており[98]，彼は本性や能力を把握し，善悪の区別を学ぶことで適切な利用が可能になると考えていた。エラスムスは，物事が効用と害悪の二面性を持つことを把握しており，理性による情念の制御という精神の規律が，弁舌のみならず為政者の統治においても重要だと捉えていた。

　彼は『リングア』において，人間自身の過誤とそうではないものを区別し，物事とりわけ教育の結果から帰結する人間自身の責任を重視する[99]。こうした立場は，聖職者の私生児という彼自身の実存的問題が関係していることを示唆しており[100]，エラスムスは，出自自体は自分で制御しえないが，よき行為とよき資質を際立たせることで運命の汚点（fortunae macula）を拭い去ることはできると考える[101]。それゆえ，エラ

---

　98) こうした医学と統治の関係については本書第 6 章で詳述される。

　99) *Lingua*, ASD IV-1A, p. 77 / CWE 29, p. 310. 教育の結果を星々や天空に帰責しえないことに関しては，*Antibarbari*, ASD I-1, p. 54 / CWE 23, p. 31 も参照。

　100) エラスムスは，自身が家族の醜聞を訂正できるわけではないことを仄めかしている（*Lingua*, ASD IV-1A, p. 106/ CWE 29, p. 339; Phillips, p. 123 参照）。彼が非嫡出子であることを深く恥じてナルシズムを生じさせたことについては，Nelson H. Minnich and W. W. Meissner 'The Character of Erasmus', in *American Historical Review*, Vol. 83, No. 3 (1978), 598-624, esp. 599-602; cf. Mansfield, *Erasmus in the Twentieth Century*, p. 193 参照。エラスムスの複雑な出生状況に対しては，スカリゲルからの個人攻撃があった（André Godin, 'Érasme, Aléandre: une étrange familiarité', in *Actes du Colloque International*, p. 271; Michel Magnien, 'Introduction à l'*Oratio prima*', in Jules César Scaliger, *Orationes duae contra Erasmum*, p. 56; cf. Mansfield, *Erasmus in the Twentieth Century*, p. 195)。

　101) *Lingua*, ASD IV-1A, p. 168 / CWE 29, p. 401. 当該箇所の直前で，恥ずべき家族や貧しい家族からの出生を恥の源泉と見なすスキタイ人の話が挙げられていることからすれば，「運命の汚点」とはこうした家族関係での不名誉を指すものと考えられる。ただし，エラスムスは，1518 年 5 月 31 日トマス・モア宛書簡において「しかし私たちは運命によって動かされており，運命には従わねばなりません」（Sed fatis agimur, fatis cedendum est）と述べており，彼自身に運命に対する従属的態度がないわけではない（Ep. 848, Allen III, p. 341 / CWE 6, p. 41. 邦訳，166 頁。沓掛訳を参照したが，訳語の一部を変更)。フォルトゥナ（fortuna）とウィルトゥス（virtus）を対立的に捉える見方は，「15 世紀」（quattrocento）イタリアで特徴的なものであり，運命の部分的受け入れや運命との対峙が主題化された（Pocock, J. G. A., *The Machiavellian Moment: Florentine Political Thought and the Atlantic Republican Tradition* (Princeton, N.J.: Princeton University Press, 1975), pp. 87, 88, 95. 邦訳，『マキァヴェリアン・モーメント——フィレンツェの政治思想と大西洋圏の共和主義の伝統』田中秀夫・奥田敬・

スムスは精神の規律を前提とした人間の意志に基づく努力こそが，その帰結としての善悪や運命を左右することになると捉えて以下のように述べる。「たとえ星や諸元素から来る悪は，完全に我々から遠ざけることはできなくても，それにもかかわらず人間の配慮（humana cura）は，たしかにより軽くそれらが傷つけるのを実現する」[102]。

森岡邦泰訳，名古屋大学出版会，2008 年，82, 83, 89 頁参照）。
 102) Porro tametsi mala quae veniunt ab astris aut elementis, in totum a nobis arceri non possunt, illud tamen efficit humana cura, vt leuius certe laedant (*Lingua*, ASD IV-1A, p. 28 / CWE 29, p. 264). キケロは『神々の本性について』(*De divinatione*) 2.89-100 において，星によって予言される悪を避けるための人間行為の力の問題をあげているが，それはエラスムスの『自由意志論』(1524) にとって中心的問題であった。C. Trinkhaus, 'The Problem of Free Will in the Renaissance and Reformation', in *Journal of the History of Ideas* 10 (1949), 51-62 を参照。

第4章

エラスムスにおける善悪・運命・自由意志

―――――――

1　はじめに

　前章では，エラスムス『リングア』における言語論から，物事が二面性を持つことを彼が把握し，弁舌の規律のみならず為政者の統治においても理性による情念の制御を重視し，言語と精神の相互作用を通した規律が主体の命運を左右すると彼が見なしていることを確認してきた。彼は当該著作において，パウロに基づいて一者たる神からの発出還帰という新プラトン主義的存在論を示唆していた[1]。本章の目的は，善悪，運命，自由意志といった問題を通して，理性と情念のあいだに人間本性を位置づけるエラスムスの人間観の特徴を明らかにすることである。結論を先取りして言えば，エラスムスの人間観にはプラトン的な「魂の向け換え」が核心的なものとして存在しており，彼の人間観を知るうえでプラトン主義の影響を見ておく必要がある。そこで，可謬性と改善可能性のあいだで揺れる中間的存在としての人間観や悔い改めにおける還帰構造などにおける類似性から，プラトン主義者のエラスムスへの影響を探ることを試みたい[2]。

---

　1)　「たとえ天や地に神々と呼ばれるものがいても（というのも，多くの神々，多くの主がいるからである），わたしたちにとっては，唯一の神，父である神がおられ，万物はこの神から出て，わたしたちはこの神へ帰って行くのです。また，唯一の主，イエス・キリストがおられ，万物はこの主によって存在し，わたしたちもこの主によって存在しているのです」(*Lingua*, ASD IV-1A, p. 104 / CWE 29, p. 337;「コリントの信徒への手紙一」8 章 5-6 節).
　2)　こうした影響について，ベイントンはプラトン自身，新プラトン主義，フィレン

モンファサニの近年の指摘によれば，マルシリオ・フィチーノやジョヴァンニ・ピーコ・デッラ・ミランドラに代表されるフィレンツェの新プラトン主義者の著作からの直接的な引用や利用の証拠は認められない[3]。それゆえか，ラヴジョイの観念史やカッシーラー，コイレ，ボルケナウなどの精神史では，中世から近代への宇宙観の変化において，ニコラウス・クザーヌスやその影響を受けたジョルダーノ・ブルーノ（Giordano Bruno, 1548-1600）という二人の新プラトン主義者の重要性が強調されてきたが[4]，注目すべき宇宙論や世界観を示していたにもかかわらずエラスムスはほとんど注目されてこなかった。

　以上のような傾向も見られる一方，エラスムスとプラトン主義との関係を追った研究が存在するのも無視しえない。たとえば，クリステラー，アウエル，コールズ，ホフマンをはじめとした先行研究[5]は，エラスム

ツェの新プラトン主義という三つの次元における区別の必要を指摘している（Bainton, p. 60. 邦訳，80 頁）。

3) John Monfasani, 'Erasmus and the Philosophers', in ERSY 32 (2012), 47-68, esp. 52-3. モンファサニは，エラスムスによるプロティノス（Plotinos, 204/05-70）への言及は『名言集』（*Apophthegmata*）ただ一箇所だけだと述べているが（Book VIII, no. 35: LB IV, 367D / CWE 38, p. 924），『学習計画』（*De ratione studii*, 1511）でも言及されている。「哲学をもっともよく教えるのはプラトンとアリストテレス，そして後者の弟子テオプラストス，さらに両者混成のプロティノスである」（ASD I-2, p. 120 / CWE 23, p. 673. 邦訳，『学習計画』月村辰雄訳，二宮敬『エラスムス』〈人類の知的遺産〉23，講談社，1984 年所収，200-46 頁，特に 207 頁）。エラスムスとフィレンツェ・プラトニズムとの関係については，本書第 1 章および Augustin Renaudet, *Érasme et L'Italie*, 2nd edn (Genève: Droz, 1998), pp. 28-29, 52-53, 57, 128-29 参照。フィチーノとピーコについては，CEBR, vol. 2, pp. 27-30, vol. 3, pp. 81-84 も参照。

4) Arthur O. Lovejoy, *The Great Chain of Being: a Study of the History on an Idea: the William James lectures dilivered at Harverd University, 1933* (Cambridge, MA: Harvard University Press, 1936). 邦訳，『存在の大いなる連鎖』内藤健二訳，ちくま学芸文庫，2013 年，153-221 頁；Ernst Cassirer, *Individuum und Kosmos in der Philosophie der Renaissance* (Leipzig: B. G. Teubner, 1927), S. 7-62. 邦訳，『個と宇宙——ルネサンス精神史』薗田坦訳，名古屋大学出版会，1991 年，9-72 頁；Alexandre Koyré, *From the Closed World to the Infinite Universe* (Baltimore: Johns Hopkins Press, 1957), pp. 5-57. 邦訳『コスモスの崩壊——閉ざされた世界から無限の宇宙へ』野沢協訳，白水社，1999 年，17-88 頁；Franz Borkenau, *Der Übergang vom feudalen zum bürgerlichen Weltbild: Studien zur Geschichte der Philosophie der Manufakturperiode* (Paris: F. Alcan, 1934), S. 40-53. 邦訳，『封建的世界像から市民的世界像へ』水田洋ほか訳，みすず書房，1965 年，68-83 頁。

5) Paul Osker Kristeller, 'Erasmus from Italian Perspective', in *Renaissance Quarterly*, Vol. 23, No. 1 (1970), 1-14, esp. 9-10; Auer, *Die vollkommene Frömmigkeit des Christen*; Kohls, *Die Theologie des Erasmus*; Hoffmann, *Rhetoric and Theology*; Mansfield, *Erasmus in the Twentieth Century*, pp. 92-93, 177-79；スキナー，前掲訳書，258 頁；金子『近代自由思想の源流』，255-

1 はじめに

スの初期著作『エンキリディオン』に注目し，とりわけコールズは，エラスムスが教父神学の発出還帰構造のなかで教会観を提示していることを指摘し，ホフマンは，エラスムス思想への重要な影響として，アウグスティヌスのような教父のプラトン主義に沿ったかたちで，イタリア人文主義者によるキケロ的修辞学の復活とプラトンの再発見がなされたことを挙げている点で画期的である[6]。

だが，これらの先行研究は，おもに初期著作『エンキリディオン』から新プラトン主義的要素を指摘するに留まっている。先に指摘したように，エラスムスによる新プラトン主義への直接的言及が少ないことに鑑みれば，これは不思議ではないのかもしれない。にもかかわらず，アウグスティヌスやピーコなどが重要だと考えた善悪の問題，占星術への批判や運命観，恩寵と自由意志などに注目することによって，エラスムスにおける新プラトン主義者の影響を見てとることができると思われる。本章では，可謬性と改善可能性の中間的な存在としての人間の形成といった視角から，エラスムスの人間観を明らかにしつつ，そのなかでプラトン主義の影響を見出すことを試みたい。

議論の手順として，第一に，『エンキリディオン』における中間的存在としての人間観を踏まえて，原罪理解から，運命と自由意志の問題においてその帰結となる善悪の問題をエラスムスがどのように捉えていたか検討する。第二に，自由意志を論じるうえで偶然や必然と関わる運命論を取り上げ，自然や運命の必然性よりもむしろ人間の意志的態度をエラスムスが重視し，アウグスティヌスやピーコと同様に，彼が占星術に対して批判的態度であったことを明らかにする。第三に，『ヒュペラスピステス』における恩寵と自由意志の問題を取り上げ，エラスムスが人間の自己形成を重視する立場から，自由意志に基づく悔い改めによる魂の向け換えをプラトン主義的還帰構造において把握していたことを浮き彫りにして本章のむすびとしたい。

---

64 頁；金子『エラスムスの人間学』，34-40 頁参照。

  6) Kohls, *Die Theologie des Erasmus*, S. 192-94; Brian Gogan, *The Common Corps of Christendom: Ecclesiological Themes in the Writings of Sir Thomas More* (Leiden: Brill, 1982), p. 321; Hoffmann, *Rhetoric and Theology*, p. 9.

2 エラスムスにおける善悪と人間観

(1) 理性・情念・人間本性

　新プラトン主義的発出論は，キリスト教における創造論と一般的に緊張関係にあると解される。前者では時間が永遠を分有するという接触的関係性が見出されるのに対し，後者には無から創造された被造物と神とのあいだに絶対的な断絶がある[7]。アヴィセンナ（Avicenna; Ibn Sīnā, 973/80-1037）によれば，宇宙は神からの「発出」による必然であった。オーヴェルニュのギヨーム（Guillaume d'Auvergne, c.1180-1249）は，こうした発出論を否定し，万物の創造を神の自由選択の結果であり，神の全能によって継続される過程として捉えた[8]。一方，トマスは「創造」（creatio）という観念に対して，「諸事物の第一根源からの流出」（emanatio rerum a primo principio），「神という普遍的な因による有全体の流出」（emanatio totius entis a causa universali, quae est Deus）という表現を使用する[9]。

　エラスムスは，晩年の著作『ヒュペラスピステス』第二巻において，「我々が自分たちの自然の力（naturæ vis）によってできるものさえ，それがそれにもかかわらず神，そこから万物が流れる源泉から来る（ex

---

　　7)　河野一典「新プラトン主義とキリスト教創造論」水地宗明・山口義久・堀江聡編『新プラトン主義を学ぶ人のために』世界思想社，2014年，266-80頁，特に268頁参照。たとえば，プロティノスの発出論とアウグスティヌスの創造論のあいだには根本的な違いが見出される。それにもかかわらず，アウグスティヌスは，創造の6日間を非時間的な霊の被造物の認識と捉え，被造物の神への還帰を唱えた点で独創的であり，新プラトン主義哲学の用語に新たな意味を付与しながら，創造を理性的に理解している（同論文，266-80頁，特に278-79頁参照）。

　　8)　Richard E. Rubenstein, *Aristotle's Children: How Christians, Muslims, and Jews Rediscovered Ancient Wisdom and Illuminated the Dark Ages* (Orlando, FL.: Harcourt, 2003), p. 183. 邦訳，『中世の覚醒——アリストテレス再発見から知の革命へ』小沢八重子訳，紀伊國屋書店，2008年，276-77頁参照。

　　9)　Thomas Aquinas, *Summa theologiae*, I. q.45. a.1. 邦訳，『神学大全4』日下昭夫訳，創文社，1973年，17-19頁；稲垣良典『トマス・アクィナス』講談社学術文庫，1999年，344頁。訳文は，日下訳によるものである。

Deo sint, à quo fonte promanant omnia)」[10]と述べる一方,『エンキリディオン』では発出論ではなく創造論を展開している[11]。エラスムスは,この初期著作においてプラトンのイデア界と感覚界という二元論のあと,第8章で「オリゲネス的人間の区分」(Origenica hominis sectio)[12]を述べた三分論から人間本性を説明しており,こうしたこともプラトン主義を髣髴させる[13]。

　身体あるいは肉,我々の最低の部分は,生殖の過失を通してあの老

---

10)　*Hyperaspistes*, II, LB X, 1529 B / CWE 77, p. 733.

11)　こうしたキリスト教の創造論は,プラトンやオウィディウス(Publius Ovidius Naso, 43 B. C. -17/18)などの異教詩人の創造論と矛盾するものではないとエラスムスは考えていた(*Hyperaspistes*, I, LB X, 1294B / CWE 76, p. 203)。エラスムスは,神と悪魔を対比した『エンキリディオン』第29章第19規則において,「さらに相互にたいへん相違している神と悪魔(Deum ac Diabolum)というあの二つの創始者(duos illos auctores)を比較してみなさい。……一方〔の神〕は,ご自身をすべてのものに与える,かの永遠の源泉であり,最高の美の,最高の歓喜の,最高善のイデア(Idea summi pulcri, sunmmæ volptatis, summi boni)である」(*Enchiridion*, LB V, 55E / CWE 66, pp. 111-12. 邦訳,157頁)と述べている。ここで彼は創始者たる神を「永遠の源泉」(æternus fons)として発出と創造を矛盾なく捉えていると思われるが,通常「発出」に使用されるemanatioという語を用いていないことから,エラスムス思想において発出論を認めうるかどうか自体が詳らかではなく今後の研究課題となる。なお,エラスムスは「創始者」(auctor)という語の方が神にとって「創造者」(creator)や「原因」(causa)よりも好ましいと考える(CWE 39, p. 441, n. 90)。

12)　『諸原理について』第2巻第8章,第3巻第4章(オリゲネス『諸原理について』小高毅訳,創文社,1978年,111-16, 251-59頁)。

13)　クレイによれば,エラスムス自身はオリゲネスをプラトン主義者と特定しておらず,オリゲネスをプラトン主義哲学と結びつけているわけでもないが(Jill Kraye, 'Twenty-third Annual Margaret Mann Phillips Lecture: Pagan Philosophy and Patristics in Erasmus and His Contemporaries', in ERSY 31 (2011), 33-60, esp. 56),オリゲネス自身はプラトンやストア哲学から影響を受けていた(Auer, S. 77; 金子晴勇「エンキリディオン解題」『エラスムス』教文館,〈宗教改革著作集〉2,1989年所収,409-33頁,特に424頁参照)。オリゲネスは「ローマの信徒への手紙」の注釈者として,対ルターでのエラスムスの鍵となる(Bietenholz, *History and Biography*, p. 44)。永遠の罰の教義を疑ってときに斥けたオリゲネスの学識と敬虔をエラスムスは尊敬していたが,その万人救済説は受け入れることができなかった(CWE 39, p. 446, n. 117)。アウエルによれば,エラスムスは体系家ではなかったが,彼には体系的な基礎,プラトニズムによって影響された人間学があり,肉体と精神のあいだには均衡や緊張があって,その均衡は罪によって乱されて緊張は高められる。ただし,こうしたエラスムスの人間学を彼の思想の基礎にするアウエルの見解に対しては,救済の神学の中心性を見逃しているというコールズによる批判がある。アウエルが可視的なものから不可視的なものへというキリスト教生活の第5規則を『エンキリディオン』の中心にする一方,コールズはそのキリスト中心主義とともに,第4規則に特権を与えている(Auer, S. 63-64, 67-69, 80-81, 83, 96; Kohls, vol. 2, S. 94, 122; Mansfield, *Erasmus in the Twentieth Century*, pp. 117-19)。

練家の蛇が罪の法を書き込んで,そして我々は醜行へと挑発され,征服されて我々は悪魔に結び付けられます。反対に神の本性の似姿を我々が模倣する霊は,そのなかに最善の創造者が,自分の精神の原型から,徳のあの永遠の法を指で,すなわち,自分の聖霊で刻み込みました。ここで我々は神に結び合わされ,そして我々は神とともに一に還帰されます。さらに第三に,そしてその中間のあいだに,魂を設けましたが,それはその感覚や自然の衝動に能力があります。……もし〔魂が〕肉を拒絶し霊の党派に自己を委ねるなら,それ自身が霊的になるでしょう。もし肉の欲望へと自己自身を投げたなら,自分自身を身体へと堕落させるでしょう[14]。

このように,人間は霊・魂・肉の三つに区分される。人間は「神の似姿」(imago Dei)[15]として理性を使用し,徳あるいは悪徳いずれに傾くか決定する自由を持っており,自らの行為の道徳的責任を負う存在となる[16]。

エラスムスは,前章で確認したように,他の動物と人間の違いを理性

---

14) Quibus ex locis non absurde colligit triplicem hominis portionem: Corpus sive carnem, infimam nostri partem, cui per genitalem culpam legem inscripsit peccati serpens ille veterator, quaque ad turpia provocamur, ac victi Diabolo connectimur: Spiritum vero qua Divinæ naturæ similitudinem exprimimus, in qua conditor optimus, de suæ mentis archetypo, æternam illam honesti legem insculpsit digito, hoc est, Spiritu suo. Hac Deo conglutinamur, unumque cum eo reddimur. Porro teritiam, & inter istam mediam, animam constituit, quæ sensuum ac motuum naturalium sit capax. Ea velut in factiosa Republica non potest non alterutri partium accedere. Hinc atque hinc sollicitatur, liberum habet utro velit inclinare. Si carni renuncians ad spiritus partes sese traduxerit, fiet & ipsa spiritalis. Sin ad carnis cupiditates semet abjecerit, degenerabit & ipsa in corpus (*Enchiridion*, LB V, 19A-C / CWE 66, p. 51. 邦訳, 53 頁).

15) 神の似姿に関して,ブラッドショーは人文主義者が熱望したものとは「聖書的理想のもとに含まれる古典的理想の再生」であって,一般に理解されるような世俗的な「人間の力」(vir humanus)ではなかったことを明らかにしている(Bradshaw, pp. 103-06)。

16) プファイファーによれば,エラスムス思想にとって中心的な自由とは,こうした自由意志の教義に基づいた道徳的責任の感覚であって,精神的自律ではない(Rudolf Pfeiffer, 'Die Einheit im geistigen Werk des Erasmus', in *Deutsche Vierteljahrsschrift für literaturwissenschaft und Geistesgeschichte* 15 (1937), S. 473-87, esp. 474, 477-78, 480-82; Mansfield, *Erasmus in the Twentieth Century*, p. 111)。ただし,前章の『リングア』において確認したように,精神的規律はその有無がものごとの帰趨を左右するという意味において,エラスムスの思想世界において重要な要素であった。

と言語に見ていた[17]。彼は教育によって改善可能な存在として人間を捉え，理性で情念を抑制ないし善導することが望ましいと考えていた一方[18]，過ちを犯し判断を誤りうるゆえに理性は必ずしも信用しえないと認識していた[19]。彼の基本的な立場は，魂も人間本性も中間的で未完結という点にある[20]。エラスムスは後年の『教会和合修繕論』においても，魂を人間的なものとして捉えている[21]。

こうした人間本性の中間的位置づけは，ルターとの論争における意志の位置づけにも対応している。

> というのも，理性の命令から生きるのが人間であり，情念によって導かれるのが，野獣だからである。「わたしのなかに住んでいる罪」とは何か？　たしかに罪の習慣は，幾分か本性になって，魂において座を占めて，理性が軽蔑されるように，好むと好まざるとに関わらず意志を自身の方へ引きずる。というのも，意志は理性に耳を傾けるのを欲するのであって，情念へとそれ自身を委ねるのを欲するのではないからである[22]。

---

17)　*Dulce bellum inexpertis*, in *Adagia*, IV.i.1, ASD II-7, p. 14 / CWE 35, p. 402. 邦訳，295 頁；*Querela pacis*, ASD IV-2, p. 63 / CWE 27, p. 295. 邦訳，20 頁。

18)　*Enchiridion*, LB V, 13F, 64E / CWE 66, pp. 44, 126. 邦訳，41, 177 頁。

19)　*De libero arbitrio*, LB IX, 1236B / CWE 76, p. 61. 邦訳，60 頁；*Hyperaspistes*, II, LB X, 1463 / CWE 77, p. 591. この点に関して，沓掛良彦はエラスムスが理性を信頼しているように描いている（沓掛，前掲書，56, 161, 220 頁）。なお，『痴愚神礼讃』では情念と理性の割合は 24:1（semiuncia）とされており，ここでも理性が情念に抗し難いことが示唆されている（*Moria*, ASD IV-3, p. 90 / CWE 27, p. 95. 邦訳，48 頁）。

20)　もっとも，『子供の教育について』では，人間の特質（hominis proprium）や人間本性（hominis natura）は理性に従って生きることだとされている（*De pueris instituendis*, ASD I-2, pp. 40, 44 / CWE 26, pp. 312, 316. 邦訳，40, 48 頁）。ただし，ここでの人間の特質や本性は，他の生物との対比における人間の種としての固有性のことであり，可視的世界と不可視的世界のあいだの中間的存在としての人間本性を表すものではない。一方，『痴愚神礼讃』では「このように愚かな人間は不幸ではない，これ〔痴愚〕は人間の本性に一致するからである」と言われている（*Moria*, ASD IV-3, p. 108 / CWE 27, p. 106. 邦訳，83 頁）。

21)　*De concordia*, ASD V-3, p. 275 / CWE 65, p. 159.

22)　Nam hominis est ex rationis præscripto vivere, brutorum est affectibus duci. Quid est, *quod habitat in me peccatum?* Nimirum peccandi consuetudo, quæ quodammodo versa est in naturam, ac sedem fixit in animo, sic ut contemta ratione, voluntatem ad se pertrahat volentem nolentem. Vult enim auscultans rationi, non vult dedens semet affectibus, … (*Hyperaspistes*, II, LB X, 1515A / CWE 77, p. 703).

このようにエラスムスは，人間本性や意志それ自体は中立的であるものの，悪徳や情念に傾きやすく，善より悪の傾向があると捉えている[23]。注目すべきは，エラスムスが，ペトルス・ロンバルドゥス（Petrus Lombardus, 1095/1100-60）などによって知性（intellectus）と意志（voluntas）双方にあると考えられている自由意志の所在を，その半分の意志にのみ見出しているにもかかわらず，理性（ratio）と意志を不可分だと捉えていることである[24]。ただし，注意しなければならないのは，彼が自由意志を神の恩寵と協働するものとして捉えており[25]，人間的な意志と，神的な自由意志とを区別していることである[26]。彼は，自由意志はサタンに取り去られるが恩寵によって回復・増加し，聖霊と協働するゆえに人間の位置は獣から離れて天使に等しいと考えていた[27]。

　したがってエラスムスは，キリスト者のあり方とは，罪過で汚れた精神が恩寵の受容で神とひとつになるよう引き戻されるものだと捉えていた[28]。ここには，またしても一者である神からの発出と還帰という新プラトン主義と類似した視座が見出される。

　先述のように，モンファサニの指摘によれば，フィチーノやピーコの直接的な引用や利用の証拠はエラスムスには認められない。しかし，『キケロ主義者』において，彼はフィチーノやピーコのラテン語文体も批評しており[29]，彼らの著作を読んでその内容を知っていたことは間違

---

23) *Enchiridion*, LB V, 39D / CWE 66, p. 85. 邦訳，108 頁; *Moria*, ASD IV-3, p. 90 / CWE 27, p. 95. 邦訳，47-48 頁; *Hyperaspistes,* I, LB X,1329A / CWE 76, p. 282. ただし，エラスムスは『痴愚神礼讃』で性欲，食欲，睡眠欲，怒り，傲慢，羨望などの肉体と関連した情念と，祖国愛，子供への愛，両親への愛，友人への愛などの中間的で自然な情念を区別している（*Moria*, ASD IV-3, p. 191 / CWE 27, p. 151. 邦訳，218-19 頁）。

24) *Hyperaspistes*, I, LB X, 1322D-E; CWE 76, p. 268.

25) *Hyperaspistes,* I, LB X, 1293A / CWE 76, p. 200.

26) *Hyperaspistes*, I, LB X, 1322D-E / CWE 76, p. 268.

27) *Hyperaspistes*, I, LB X, 1288C / CWE 76, p. 190. エラスムスは，『エクレシアステス』第 4 巻において，天使と人間だけが自由意志（libera voluntas）を与えられてきたがゆえに自身の過ちゆえに堕落してきた一方，自由選択（liberum arbitrium）を欠くものは自分たち自身の自然の法に従うと捉えている（*Ecclesiastes*, IV, ASD V-5, p. 322 / CWE 68, p. 1032）。

28) ただし，エラスムスは，自分を優れた模範のように高める者は神の恩寵の援助を自分から遮っていると述べており（*Enchiridion*, LB V, 62D / CWE 66, p. 122. 邦訳，170頁），こうした主張は後述の運命論におけるキケロやセネカへの批判につながるものである。

29) エラスムスは『キケロ主義者』において，フィチーノについては名前を挙げているだけであるが，ピーコについては，「たしかに神のごとき天性，すべての偉業への天才をあな

いない。こうした意味で，エラスムスと新プラトン主義の関係は依然として開かれた研究課題であり[30]，ホフマンなどの先行研究でもしばしば指摘されているように[31]，エラスムスにおける中間的存在としての人間観は，フィレンツェの新プラトン主義者たちのそれと同様の構造を示唆していると思われる[32]。

マルシリオ・フィチーノ『プラトン神学』（*Theologia Platonica de immotalitate animorum*, 1471）における神・天使的知性・魂・質・物体という位階秩序は，一者・知性・魂・質料からなるプロティノス形而上学にその起源があり，媒介者的な魂の中間的位置は人間の卓越性と尊厳を表すものである[33]。また，ジョヴァンニ・ピーコ・デッラ・ミランドラは，『ベニヴィエニ註解』（*Commento sopra una canzona de amore composta da Girolamo Benivieni*, 1486）や『ヘプタプルス』（*Heptaplus*, 1489）では，人間を中間的存在として理解する一方，『人間の尊厳についての演説』（*Oratio de hominis dignitate*, 1486）では，自由意志によって自己形成する人間を宇宙の位階秩序における中間物に留まらない存在として捉えている[34]。

こうした中間的存在としての人間観それ自体は，フィレンツェの新プラトン主義者とエラスムスのあいだの表面的な類似にすぎない。それにもかかわらず，そうした人間観が意志の自由を前提とする人間の自己形

たは言うが，彼の表現でさえ言語や哲学や神学の関心が少なからず損なった」と批評している（*Ciceronianus*, ASD I-2, pp. 663-64 / CWE 28, p. 416）。

30）Manfred Hoffmann, *Rhetoric and Theology*, pp. 26-27 参照。

31）マンフレッド・ホフマンは，低位と高位を架橋する中間的な人間学をエラスムスの「体系」への鍵だと捉えている（Manfred Hoffman, *Erkenntis und Verwirklichung der wahren Theologie nach Erasmus von Rotterdam*, S. 50, 57-58, 62-64, 87-88）。ただし，ホフマンの主張するエラスムスの体系化に対しては，それを疑問視するマンスフィールドによる批判が存在する（Mansfield, *Erasmus in the Twentieth Century*, pp. 136-37）。

32）こうしたホフマンの立場に依拠しながら，木ノ脇悦郎もエラスムスが精神と現実の緊張関係を新プラトン主義の思想で調停し，方法論のみならず意志の自由に基づく人間の主体的な生成を重視する人間観においてもフィチーノやピーコと立場を同じくしていたと考える（木ノ脇悦郎「宗教改革前史における新プラトン主義とエラスムス——特にその人間観について」『桃山学院大学キリスト教論集』第9号，1973年，1-22頁，特に13-14頁）。

33）伊藤『ルネサンスの神秘思想』，139-40頁；加藤守通「ルネサンス」水地・山口・堀江編『新プラトン主義を学ぶ人のために』世界思想社，2014年所収，337-53頁，特に346-47頁参照。

34）伊藤『ルネサンスの神秘思想』，144-45頁；加藤「ルネサンス」，349-50頁参照。

成を重視するルネサンス思想に特徴的な立場を帰結するという意味で，こうした類似性は看過されるべきものではなく，間接的ではあってもルネサンス・プラトン主義者の影響がエラスムスに見出されうる[35]。ただし，先述のモンファサニの指摘がある以上，エラスムスはプラトン主義哲学の諸要素——宇宙論，人間学，認識論——をルネサンス・プラトン主義者からよりも，もっと直接的に教父から取り込んでいたというマンフレッド・ホフマンの指摘[36]は，ある程度の妥当性を有している。そこで，次項以降では，ルネサンス・プラトン主義者からだけではなく，ピーコも占星術批判で依拠していた教父アウグスティヌスとの関係から，エラスムスにおける新プラトン主義の直接的・間接的影響を検討したい。

(2) 原罪論

ルネサンス・プラトン主義と同様の中間的存在としての人間観を持っていたエラスムスは，自由意志の帰結となる善悪をどのように捉えていたのか。彼の神学は，教父をはじめとした教会の伝統に負いながらも聖書理解に主に由来するとするホフマンの指摘にしたがって[37]，原罪の問題を取り上げ，彼が悪をどのように捉えていたか検討する。

アウグスティヌスは，プロティノスから「非存在」や「善の欠如」としての悪という定義を学び，人間の自由意志の結果として悪を捉えていた。エラスムスはアウグスティヌス『譴責と恩寵』（*De correptione et gratia*）第11章を次のように言い換える。「ちょうどアダムが，実直につくられ，自由意志を通して善において目的を貫くことができたように，彼は我慢しないことを選んだので堕落した」[38]。

エラスムスは，こうしたアウグスティヌスの立場に依拠して，悪の起

---

35) 金子『近代自由思想の源流』，259, 263-64頁；金子『エラスムスの人間学』，40頁参照。

36) Hoffmann, *Rhetoric and Theology*, pp. 26-27; cf. Mansfield, *Erasmus in the Twentieth Century*, p. 179.

37) Hoffmann, 'Erasmus on Free Will', in ERSY 10 (1990), 101-21, esp. 102.

38) エラスムスは *De correptione et gratia*, 11.32 in *Patrologiae cursus completes ... series Latina*, ed. by J.-P. Migne (Paris 1844-1902), 221 vols（以下，PL と略），vol. 44, p. 935 の冒頭の文章を言い換えている。

源をアダムの原罪に見出す[39]。

> ……蓋然性と，そして同様に正統のすべての見解と一緒に，悪の起源は自由選択に帰される。それにもかかわらず，多くを彼ら〔正統のすべて〕は最初の両親の状況について伝え，そこで彼らは創造されるのだが，それらは聖書からたしかに示されえない。しかし人間が，もし望むなら悪へと逸脱することや，もし望むなら，善に留まることがその人に自由であるように，創造されたと我々は読む。エヴァはヘビから籠絡され，リンゴの美しさによって誘惑され，アダムは妻から惑わされたと我々は読む[40]。

このように，エラスムスは，アダムの堕罪の原因を彼の自由選択に求め[41]，罪の責任は神ではなく人間の判断に帰せられると捉える。

こうした主張は，発出還帰や「善の欠如」としての悪[42]という新プラトン主義的視座や，アウグスティヌスに沿った原罪理解を示唆すると思われるが，エラスムスは，キリスト教にそぐわない新プラトン主義的要素まで認めていたわけではない。このことは，彼がキリスト教に批判的であったポルピュリオス（Porphrios, c.234-304/05）を『ヒュペラスピステス』第一巻末尾において明確に斥けていることからも明らかである。

ポルピュリオスは，キリスト教に批判的であるのみならず，天体の配置による影響を重視していた。これに対して，アウグスティヌスは『神の国』第10巻で新プラトン主義批判，第5巻で占星術批判を展開して

---

39) *In epistplam Pauli Apostoli ad Romanos paraphrasis*, LB VII, 793B / CWE 42, p. 34.

40) … cum probabilius, & juxta sententiam Orthodoxorum omnium, origo mali referatur ad liberum arbitrium. Quanquam multa tradunt de statu primorum parentum, in quo fuerunt conditi, quæ certo doceri non possunt ex sacris Litteris. Verùm hominem sic conditum legimus, ut esset illi liberum deflectere in malum si vellet, & hærere bono, si vellet. Legimus *Evam* à serpente circumventam, sollicitatam pulchritudine pomi, *Adam* ab uxore fuisse seductum (*Hyperaspistes*, II, LB X, 1406A / CWE 77, p. 476).

41) *Hyperaspistes*, II, LB X, 1405F / CWE 77, p. 476.

42) エラスムスは，『エクレシアステス』第4巻でサタンや悪魔をキリストや天使の合わせ鏡として描いており，悪は存在すべき善の欠如であり，それゆえ本質において存在するのではなく効果において経験されるものだと捉えている（cf. CWE 68, pp. 1057-58, n. 213）。

おり，同様にエラスムスもこうした天体の影響を過大視することに懐疑的であった。次節では，アウグスティヌスやピーコにも見られた占星術批判や運命観を通して，罪を免責する可能性を孕む決定論をエラスムスが嫌悪し，人間存在の意志的主体性や倫理的責任[43]を強調していることを明らかにしたい。

3　エラスムスの占星術批判と運命観

　運命論には，気紛れな女神として表象される偶然的なものや，神の摂理に基づく宿命的なものなど様々なものがあるが[44]，自由意志から生ずる責任と関わるという意味で，倫理学的・教育学的に重要な主題である[45]。こうした神の摂理や人間の自由意志と深い関連がある占星術に対して関心を示したのは，フィチーノやピーコなどのフィレンツェの新プラトン主義者たちだけではなかった。
　宗教改革側のルターやカルヴァンからも反キリスト教的であるという理由から占星術批判がなされたが[46]，中世にも占星術に対する批判の系譜が存在していた。代表的なのが，アウグスティヌスやトマス・アクィナスである。自由意志と神の予定が矛盾しないと考えるアウグスティヌスは，運命を信じる占星術師を論駁する一方，自由意志と神の予定が両

---

　43)　金子『エラスムスの人間学』，205, 214-15 頁参照。
　44)　キケロ自身やヘレニズム期など古代の運命論については，Cicero, *De Fato*. 邦訳，『運命について』五之治昌比呂訳，〈キケロー選集〉11, 岩波書店，2000 年所収，275-323 頁，運命を神の摂理との関連で捉える見解に関しては，たとえば，アウグスティヌス『神の国』第 5 巻 (Augstinus, *De civitate Dei*. 邦訳，『神の国（一）』服部英二郎訳，岩波文庫，1982 年，349-435 頁，特に 350-82 頁) やボエティウス『哲学の慰め』第 4 部・第 5 部 (Boethius, *De consolatione philosophiae*. 邦訳，『哲学の慰め』畠中尚志訳，岩波文庫，1938 年，150-236 頁，特に 184 頁) などを参照。
　45)　マキアヴェッリは『君主論』第 25 章で，自由意志と運命の関係を以下のように説明する。「人間の自由意志は消滅せず，したがって運命はわれわれの行為の半分を裁定するが，他の半分，あるいは半分近くはわれわれが支配するよう任せているのが正しいのではないかと私は判断している」(Machiavelli, *Il principe*. 邦訳，189 頁)。訳文は，佐々木訳によるものである。
　46)　山内志朗「中世における占星術批判の系譜」金森修編『科学思想史』勁草書房，2010 年，371-431 頁，特に 379 頁。

立しないと考えて星の位置による運命も神の意志による運命も否定するキケロに対しても反駁する[47]。また，トマスは，アウグスティヌスから占星術に対する賛否の論拠を借用しながらも，アウグスティヌスさえ占星術を全否定しているわけではないと捉える[48]。トマスの狙いは，天体の影響による宿命を否定し，情念に従うか斥けるかを決める意志の自由と神の摂理を確認することであって，占星術の論駁それ自体ではない[49]。トマスの「星辰は誘うが強いない」という立場は，「穏健なる占星術批判」であり，占星術が天体の影響を個人の特定の事件や歴史的事件に結びつける場合には批判の対象としたが，占星術を全面的に斥けるものではなかった[50]。

　アウグスティヌスやトマスに依拠しながら人間の自由を確保するために占星術を論駁したピーコと同様に，エラスムスも占星術批判を行った[51]。しかし，魔術やカバラなども信じたピーコとは対照的に，エラスムスは占星術やカバラを狂信的だと見なし，キリスト教から魔術的要素を排除する傾向にあった[52]。それゆえ，前章で確認したように，エラスムスは人間の希望と恐怖を恣意的に操る占星術的予言に侮蔑的であ

---

47) アウグスティヌス，前掲訳書，350-76 頁 ; 山内「中世における占星術批判の系譜」，384 頁 ; 伊藤『ルネサンスの神秘思想』，273-74 頁。

48) Thomas Aquinas, *Summa theologiae*, I. q.115. a.3. 邦訳，『神学大全 8』横山哲夫訳，創文社，1962 年，250-53 頁 ; 山内「中世における占星術批判の系譜」，398-99 頁参照。

49) Thomas Aquinas, *Summa theologiae*, I. q.115. a.4. 邦訳，『神学大全 8』横山哲夫訳，創文社，1962 年，253-56 頁 ; 山内「中世における占星術批判の系譜」，402-07 頁参照。

50) 山内「中世における占星術批判の系譜」，409 頁 ; 伊藤『ルネサンスの神秘思想』，273-74 頁参照。

51) Dresden, p. 73. 邦訳，80 頁。ピーコの占星術批判については，Eugenio Garin, *Astrology in the Renaissance: The Zodiac of Life*, trans. by Carolyn Jackson and June Allen (London: Boston: Routledge & Kegan Paul, 1983), pp. 79-93; Paolo Rossi, 'Considerationi sul declino dell'astrologia agli inizi dell'eta' moderna', in *L'Opera e il pensiero di Giovanni Pico della Mirandola nella storia dell'umanesimo: convegno internazionale* (Firenze: Nella sede dell'Instituto, 1965), pp. 315-31; Kristeller, *Eight Pilosophers*, pp. 65-70. 邦訳，102-07 頁参照。

52) Dresden, p. 123. 邦訳，126 頁。ただし，エラスムスは天文学がキリスト教信仰と両立しないと考えていたわけではなかった（Bietenholz, *History and Biography*, p. 29）。天文学と占星術に対するエラスムスの態度の違いについては，*Ecclesiastes*, II, ASD V-4, p. 254 / CWE 68, p. 481 を参照。トマス・モアも『ユートピア』第 2 巻で天文学と占星術を区別し，後者を「星々からの予言の欺き」（ex astris diuinandi impostura）として表現している（*Utopia*, pp. 158-61. 邦訳，163 頁）。

り[53]，彼の占星術批判は，変転する運命に対する人間の意志的態度の重要性を強調する運命論に根差したものであった。

> しかし「運命や必然」（fati necessitatisque）という語はいつも，より賢明な哲学者によって嫌悪され，キリスト者によってより嫌われてきた。というのも，二つの語によって同じことが示されるからである。ギリシア人が「アナンケー」（ἀνάγκη）と呼ぶものを，ラテン人はしばしば「運命」（fatum）と翻訳するからである。マニ教は二つの考え出された原理よりもっと呪うべき他の名前はないが，それは人間の一部分を回復できないほど悪にして，他の部分を必然的に善にして，一人の人間に二つの必然を導入した。……彼ら〔ルター，カールシュタット（Andreas Karlstadt, c.1480-1541），ウィクリフ（John Wyclif, c.1330-84）〕は哲学者に由来する「自由選択」（liberum arbitrium）という名前を我慢できないが，それは最も古い正統によっても受け入れられ，そして彼〔ルター〕は運命や必然という語を気に入っている。誰から伝えられたのか？　占星術師（Genethliacis）である[54]。

エラスムスは，必然的な善悪二元論を人間に導入するマニ教およびル

---

53)「格段に有毒なのは魔術師や予言者の種類であるが，彼らは王に長寿や勝利や凱旋式や快楽や支配権を約束する。他方では他の人には希望と恐怖，すなわち人間生活の二つの主要な暴君によって急死や災難や厄介や追放で脅す。この階級に予知者も属し，彼は星から未来を予言するが，彼らのものが学問であるかどうかは，この場所では論じない。たしかにいまや俗衆に用いられているとしても，並外れた毒を人間の事柄にもたらす」(*Institutio principis christiani*, ASD IV-1, p. 177 / CWE 27, pp. 247-48. 邦訳，320-21 頁)。CWE 39, p. 339, n. 14; *Panegyricus,* ASD IV-1, pp. 16, 31 / CWE 27, pp. 11, 65; *Moria,* ASD IV-3, p. 111 / CWE 27, p. 107 も参照。

54)　Cæterum *fati necessitatisque* vocabula semper invisa fuerunt apud cordatiores Philosophos, sed invisiora apud Christianos: duabus enim vocibus res eadem significatur. Quod enim Græci vocant ἀνάγκην, Latini sæpenumero vertunt *fatum.* Nec alio nomine fuit exsecrabilior *Manichæus,* quam quod commentus duo prinpicia, alteram partem hominis faciebat irreparabiliter malam, alteram necessario bonam, geminam inducens necessitatem in uno homine. … Ferre non possunt liberi arbitrii nomen à Philosophis profectum, sed à vetustissimis Orthodoxis receptum, & arridet fati necessitatisque vocabulum. Unde traditum? à Genethliacis (*Hyperaspistes,* II, LB X , 1521D-F / CWE 77, pp. 716-17). カールシュタットについては，CEBR, vol. 2, pp. 253-56 頁を参照。

ターを批判する。こうした善悪二元論はプロティノスのみならず，その悪概念を受け継いだアウグスティヌスからも論駁されたが[55]，後者はマニ教の二元論への解毒剤として新プラトン主義が重要だと認識していた[56]。諸惑星のアスペクトよりもむしろ段階的な人間形成を重視するエラスムスにとっても，星々の動きによって運命を必然と捉える見方は是認し難いものであった[57]。

 ただし，星座と地上の出来事と人間生活の関係を探ろうとした大部分の人文主義者と同様に[58]，エラスムスも大宇宙と小宇宙のあいだに有機体的類比を見出し[59]，その照応を示唆している[60]。注目すべきは，人間だけがこうした自然の調和から逸脱してしまったと彼が認識していることである。

> 悪霊たちは，それによって天と人間の最初の調和が破られ，今日も破られているのですが，それにもかかわらず自分たちのあいだに固有のあの協定を持っていて，どのような専制であっても同意によって維持しています。人間だけ，一致に最もふさわしく第一にそれが必要ですが，このように他のものにおいて強力で有効な自然が仲を取り持つこともありません……[61]。

---

55) 山田望『キリストの模範――ペラギウス神学における神の義とパイデイア』教文館，1997 年，79 頁参照。

56) Dermot Moran, 'Neoplatonism and Christianity in the West', in *The Routledge Handbook of Neoplatonism* ed. by Paulina Remes and Svelta Slaveva-Griffin (London and New York: Routledge, 2014), pp. 508-24, esp. 515.

57) Ep. 1005, Allen I, p. 41 / CWE 7, p. 43.

58) Dresden, p.71, 邦訳，79 頁。

59) 「本当にかくも多くの天体は，運動も力も同じでないにもかかわらず，それでも本当にかくも多くの世紀に盟約は確定して活力があります。それら自身のあいだで衝突している諸要素の力は衡平な水準で永遠の平和を維持し，かくも多くの不調和において合意と交渉で相互の調和を促進します。生物の体では，それ自身のあいだの構成要素のように合意はどれほど信頼すべきで，相互防衛にどれほど準備できているのでしょうか」(*Querela pacis*, ASD IV-2, p. 62 / CWE 27, p. 294. 邦訳，18 頁)。

60) *Institutio principis christiani*, ASD IV-1, pp. 212-13 / CWE 27, p. 282. 邦訳，367 頁。

61) … impii spiritus, per quos caelitum atque hominum concordia primum dirupta est et hodie rumpitur, tamen inter se foedus habent suamque illam qualemcunque tyrannidem consensu tuentur. Solos homines, quos omnium maxime decebat vnanimitas quibuscum primis opus est ea, neque natura tam aliis in rebus potens et efficax conciliat, … (*Querela pacis*, ASD IV-2, pp. 62-63 / CWE 27, pp. 294-95. 邦訳，20 頁)．

自然の調和から逸脱してしまった人間世界において，年代記から君主と時代道徳の相関を捉えるエラスムスにとって[62]，自然より為政者の統治の影響の方が大きいものである。第1章で見たように，彼はしばしばアレクサンドロス大王を批判しているが，宇宙論との関係では，『教会和合修繕論』においてデモクリトス（Democritus, c.460-c.370）に言及しながら世界の複数性を示唆している[63]。

中世においては，プトレマイオス（Klaudios Ptolemaios, c.83/90-c.168/178）的宇宙観がアリストテレス的自然観と混淆していた一方[64]，教会秩序が宇宙の秩序を反映するものとして是認された一因は，偽ディオニュシオス・アレオパギテス（Pseudo-Dionysius Areopagita）『天上位階論』（De caelesti hierarchia）の位階秩序によって，新プラトン主義から段階宇宙という概念がキリスト教に提供されていたことにある[65]。ラヴジョイの観念史やカッシーラーの精神史によれば，こうした宇宙観から無限の宇宙という観念が新たな世界像となったとされていた[66]。しかし，クザーヌスとブルーノのあいだ，そしてコペルニクス（Nicolaus Copernicus, 1473-1543）『天体の回転について』（De revolutionibus orbium, 1543）出版直前の時代にあって，『人間の尊厳についての演説』

---

62) 本書第1章25頁参照。

63) 「もし彼〔アレクサンドロス大王〕がすべてを征服してしまったとしても，世界は無数だと，デモクリトスから学んでしまったときに，呻いただろう，世界のひとつの部分にかくも長いあいだ骨折ってしまったと」（De concordia, ASD V-3, p. 281 / CWE 65, p. 169）。なお，エラスムスは，1533年にはプトレマイオス『地理学概要』（Geographike Hyphegesis）の最初のギリシア語版をもたらし，当該学問分野の重要性を強調し，最近になってようやく伝統的な知識の限界が克服されてスコラ的推論が地球についての明瞭な新しい見方へと変形したと論じている（Klaus A. De Vogel, 'Cosmography', in The Cambridge History of Science vol.3: Early Modern Science, trans. by Alisha Rankin (Cambridge: Cambridge University Press, 2003), p. 469）。こうした，デモクリトスや彼に従うエピクロス（Epikuros, 341-270 B.C.）による無数の世界の存在についての主張は，ペトラルカ『無知について』においても取り上げられていた（Petrarca, De sui ipusius et multorum ignorantia. 邦訳，94頁）。

64) 山内「中世における占星術批判の系譜」，394頁参照。アリストテレスやプトレマイオスなどの諸著作は，中世では自然や宇宙など諸学問に関する信頼しうる権威ある教科書として，言語的・歴史的文脈から切り離された普遍的真理として読まれていた（加藤「ルネサンスとヒューマニズム」，70-71頁参照）。

65) Cassirer, S.9-10, 邦訳，12-13頁，甚野尚志『中世ヨーロッパの社会観』講談社学術文庫，2007年，12頁参照。

66) Lovejoy, pp.109-43, 邦訳，168-221頁 ; Cassirer, S. 7-29, 邦訳，9-35頁。ただし，こうした精神史による図式的な見方は，近年の精緻な思想史研究では相対化される傾向にある。

において伝統的なミクロコスモス観から逸脱した存在として人間を捉えるピーコ[67]と同様に，エラスムスは人間だけが自然から逸脱していると考え，デモクリトスから世界の複数性について示唆を受けていた。のみならず，ヴァッラと同様にエラスムスは，文献学の観点から偽名性の暴露によって偽ディオニュシオスの影響に回復不能な損害を与えた[68]。こうした人間の可謬性を前提とするその文献学的態度は，偽ディオニュシオスへの共感を表明した同時代人のルフェーブル・デタープルやジョン・コレットとは対照的であった。

それでは，自然よりも人為の影響を重視するエラスムスは，自由意志と運命の関係をどのように捉えていたのか。運命が信用ならないという認識はすでに最初期の『パネギュリクス』に現われており，彼は運命の変転，すなわち順境と逆境の際に人間が試されると考える。すなわち，エラスムスは順境に驕らず逆境にたじろぐことのない賢者のように意志による情念の制御を称揚する一方，神への真摯な崇敬や私的個人への献身によって天の好意が得られると考える[69]。ここには後のルターとの論争において展開される自由意志と恩寵の問題の原型が見出される。

ルターは『奴隷意志論』において，ウェルギリウス『アエネイス』(*Aeneis*) における運命の女神を引いて，万物がまったくの必然性によって起きる宿命を説き[70]，偶然（contingentia）を「偶然にそしてあたかも偶然であるかのようにそして故意にではなく我々に起きるもの」[71]と定

---

67) 伊藤『ルネサンスの神秘思想』，144頁参照。

68) Feisal G. Mohamed, 'Renaissance Thought on the Celestial Hierarchy: The Decline of a Tradition?' in *Journal of the History of Ideas*, Vol. 65, No. 4 (2004), 559-82, esp. 560. クザーヌスやブルーノ，フィチーノやピーコも，新プラトン主義的前提から出発しながら，新プラトン主義の根本思想を解体していく作業に着手したと指摘されている（加藤，前掲論文，352頁）。ただし，エラスムス自身は，『エクレシアステス』第4巻でも引用しているように，中世の主要なスコラ神学者同様，ディオニュシオスに深く負っている（*Ecclesiastes*, IV, ASD V-5, p. 312 / CWE 68, p. 1022）。ヴァッラとエラスムスが歴史的なディオニュシオス・アレオパギテスと偽ディオニュシオスの同一視を疑問視したにもかかわらず，ディオニュシオスの諸作品は17世紀に入ってもその支持を享受し続けたいう解釈も存在する（Cf. CWE 68, p. 1022, n. 3)。

69) *Panegyricus*, ASD IV-1, p. 32 / CWE 27, p. 13.

70) *De servo arbitrio, D. Martin Luthers Werke, Kritische Gesamtausgabe* (Weimar 1883-)（以下，WA と略）18, pp. 617-18 / *Luther's Works*, ed. by Jaroslav Pelikan, Helmut T. Lehmann, et al. (Philadelphia 1958-) 55 vols.（以下，LW と略），vol. 33, p. 41.

71) *De servo arbitrio*, WA 18, p. 616 / LW 33, p. 38.

義する。これに対して，エラスムスは，偶然に物事をなすのは「故意にではなく機会によってするときのみならず，しないように選ぶことができた何かを承知のうえで喜んでするとき」[72]であるとして，偶然から故意を排除しない。そして，彼はそれに値しない人が地獄へ投げ入れられるということはルターからしか学ばないと指摘し[73]，地下世界では敬虔な者が報われて悪しき者が苦しめられると述べて彼岸における応報を示唆している[74]。

　結局，エラスムスは人間の意志的態度をより重視する運命論に基づいて占星術批判を行い，星々の動きによる運命の決定的必然性に対して懐疑的であった。それにもかかわらず，彼はアウグスティヌス『神の国』におけるストア派やキケロの運命論に対する批判を知っており[75]，運命に対して自らを恃むキケロやセネカの態度を高慢と見ていた[76]。そこで，次に自由意志と神の摂理の関係をエラスムスがどう捉えていたのか検討する。

4　エラスムスにおける恩寵と自由意志

　エラスムスは必然的運命論に懐疑的であったが，彼の自由意志論の背

---

[72] *Hyperaspistes*, I, LB X, 1275C / CWE 76, p. 160. アリストテレスは，自由選択に従って起きたり起きなかったりするかもしれない何かを偶然として捉え，アウグスティヌス，ボエティウス，スコラ主義者がこれに従った一方，ルターは機会や幸運と偶然を同一視する。

[73] *Hyperaspistes*, II, LB X, 1467A / CWE 77, p. 600.

[74] *Hyperaspistes*, II, LB X, 1517D / CWE 77, p. 708. こうした悪事への罰という応報を公平と見るエラスムスの考えについては，*De contemptu mundi*, ASD V-1, p. 70 / CWE 66, p. 162)。

[75] CWE 76, p. 212, n. 630; 金子『エラスムスの人間学』，217 頁参照。

[76] エラスムスは，1529 年版『セネカ全集』の序文で，神の恩寵をまったく必要としないほど自足しているストア派の賢人を警戒せよと述べている (Jill Kraye, 'The Legacy of Ancient Philosophy', in *The Cambridge Companion to Greek and Roman Philosophy*, ed. by David Sedley (Cambridge: Cambridge University Press, 2003), pp. 323-52, esp. 336. 邦訳，「古代哲学の遺産」西尾浩二訳，D・セドレー編『古代ギリシア・ローマの哲学』内山勝利監訳，京都大学学術出版会，2009 年所収，459-99 頁，特に 478 頁)。ドレスデンは，宇宙の中心的な位置を占める人間の無限の可能性を考えるピーコやブルーノに対して，超越的上昇に恐怖して人間が現在の中心的位置に留まるのを望むエラスムスやモンテーニュ (Michel de Montaigne, 1533-92) を対照させている (Dresden, p. 211. 邦訳，225 頁参照)。

景には倫理学的関心や教育学的関心があった[77]。自由意志を前提とした応報主義による「人間の尊厳」という発想はストア派倫理学の遺産であったと指摘されている[78]。というのも、ストア派では、運命の因果的役割は最初の契機に限定され、それに対する反応は人間の手中にあり、したがって責任の所在は合理的自己にこそあると考えられたからである[79]。エラスムス自身もストア派自然学からアウグスティヌスなどの教父へと継承された道徳的善の種子という考えを「古人の権威」（Veterum auctoritas）として尊重し[80]、自由選択の帰結としての応報に人間の責任を見出す。

プラトン、ストア哲学からギリシア教父へ至る古代思想の系譜においてパイデイアという理念が継承され、この思想的枠組みこそが古代ギリシアの文化とキリスト教会の両伝統の共通項であったことが、イェーガーによって明らかにされている[81]。リーゼンフーバーがいみじくも指摘しているように、こうしたパイデイアを継承した教父の原典研究は、13世紀以降、些事に拘泥するスコラ学の分析的手法によって後退し、キリスト教原典研究に直接携わるルネサンス人文主義者、エラスムスを待ってようやく教父の教育的、人間的、神学的価値が再考されるようになった[82]。

エラスムスは人間に自然の内在的な善を認める一方、不道徳への傾向

---

[77] Hoffmann, 'Erasmus on Free Will', p. 118.

[78] 近藤智彦「ストア派の三つの顔」『倫理学年報』第59号、2010年所収、48-51頁、特に49頁参照。なお、ヌスバウムはこうした応報主義を克服する考え方としてセネカの「寛恕」（clementia）の精神を再評価している（M. C. Nussbaum, 'Equity and Mercy', *Philosophy and Public Affairs* 22 (1993), 83-125）。

[79] Jacques Brunschwig and David Sedley, 'Hellenistic Philosophy', in *The Cambridge Companion to Greek and Roman Philosophy*, ed. by David Sedley (Cambridge: Cambridge University Press, 2003), pp. 151-83, esp. 171-72. 邦訳、「ヘレニズム哲学」大草輝政訳、D・セドレー編『古代ギリシア・ローマの哲学』内山勝利監訳、京都大学学術出版会、2009年所収、223-67頁、特に251-52頁参照。

[80] *De libero arbitrio*, LB IX, 1236D / CWE 76, p. 62. 邦訳、61頁；金子『近代自由思想の源流』、332頁参照。

[81] Werner Jaeger, *Early Christianity and Greek Paideia* (Cambridge, MA: Belknap Press of Harvard University Press, 1962), p. 62. 邦訳、『初期キリスト教とパイデイア』野町啓訳、筑摩叢書、1964年、76頁；山田、前掲書、57頁参照。

[82] リーゼンフーバー「ラテン中世における教父神学の遺産」村井則夫訳、上智大学中世思想研究所『中世における古代の伝統』創文社、1995年所収、24頁参照。

もあると考える。

　　しかし大部分にとってそれら〔悪徳〕は自然本性からよりもむしろ，歪んだ教育から，なおさら悪い方へ逸れる自由選択から近づく。だがもしそれ自体として自然本性を見るなら，不道徳へのその傾向が内在するように，同様に徳への最大の種が内在している[83]。

　こうした人間形成における影響力は自然よりも教育のほうが大きいというエラスムスの考え方は，最初期から晩年まで一貫したものである[84]。彼は「人間の根源的な完全なる幸福は正しい教授と正当な教育にある」[85]と考えて人間を教育によって改善可能な存在として捉えているが，この教育こそプラトン主義的「魂の向け換え」としてのパイデイアであった[86]。こうした彼の教育観は，ルネサンス・プラトン主義においても大きく扱われた自由意志を背景としたものであった。
　こうした善悪双方に傾きうる自由意志を前提とした人間形成を重要だと考えていたエラスムスは，一方で恩寵それ自体は神自身の賜物と捉え

---

83)　… sed horum maxima pars accedit ex prava educatione, ex libero arbitrio semet in pejus deflectente potius quam à natura. Quod si naturam per se spectes, ut inest illi proclivitas ad turpitudinem, ita insunt illi maxima semina ad virtutem (*Hyperaspistes*, II, LB X, 1513C / CWE 77, p. 700).

84)　*Hyperaspistes*, II, LB X, 1526E-F / CWE 77, p. 729. ただし，『痴愚神礼讃』では，エラスムス作品では例外的に学問や教育の弊害や人間の僭越な知への欲求から自然のままの方がよいという見解が示されている（*Moria*, ASD IV-3, pp. 110-13 / CWE 27, pp. 107-09. 邦訳，83-89 頁）。

85)　*De pueris instituendis*, ASD I -2, p. 28 / CWE 26, p. 301. 邦訳，15 頁。

86)　ホフマンは，プラトン主義的パイデイア概念はエラスムスにとっても決定的であったと述べている（Hoffmann, *Erkenntis und Verwirklichung der wahren Theologie nach Erasmus von Rotterdam*, S. 54）。プラトンにおけるパイデイアは，『ポリテイア』第 7 巻の「洞窟の比喩」に示されるように，超越的世界に魂を振り向ける人間の自己変容の過程として描かれる（加藤守通「哲学と教育」今井康雄編『教育思想史』有斐閣アルマ，2009 年所収，31-48 頁，特に 42 頁参照 ; 菱刈，前掲書，32-33 頁）。この点に関して，井筒俊彦は「プラトンに於いては，教育とは様々なる既成の知識を外部から人に授与することではなくて，本源的聖域に還帰せんとする人間霊魂の飛翔を助成しつつ，これをして究極絶対の存在者「善のイデア」に参着せしめるところの，まぎれもなき神秘道なのである」と述べている（井筒俊彦『神秘哲学――ギリシアの部』慶應義塾大学出版会，2010 年，44 頁）。エラスムスは『痴愚神礼讃』でプラトンの「洞窟の比喩」を描いている（*Moria*, ASD IV-3, pp. 132, 190 / CWE 27, pp. 119, 150. 邦訳，118, 216 頁）。

ている。では，こうした自然の力をも包含する恩寵と自由意志の関係について，彼はどのように捉えていたのか。

> 「私たちは毎日祈る，『わが神，主よ，私の道をあなたの視界に向けてください』。それにもかかわらずやはりそのあいだに我々は自分自身で力に応じて努力する」……その一節において『自由意志論』はもし恩寵の助けがないなら人生の正しい道を進むことができず，それゆえ不断にかような援助を乞い願い，たしかに自由選択によって，自分自身で力に応じて努力する照らし出された人について述べる[87]。

このように，エラスムスは神の恩寵やそれへの祈りの重要性を指摘しながらも，恩寵と意志の協働においてなお人間側の自助努力の必要性を説いている[88]。エラスムスは，この直後に「義とされた人は恩寵なくして何かをたゆまず続けたり完成したりできない」と述べているが，神の義をどのように捉えていたのか。

彼は，「ローマの信徒への手紙」3章のパラフレーズから，神の義は，キリストへの信仰，カリタスによる恩寵によってのみもたらされ[89]，人間の行動の方向性を神的価値へ向くように換えるものとして捉える。ま

---

87) Nam & oramus quotidie, *Dirige Domine Deus meus in conspectu tuo viam meam*, nihilo secius tamen annitimur interim & ipsi pro viribus. … Diatriba sentit illic de homine jam illuminato, qui non potest tenere rectum vitæ cursum, nisi auxilio gratiæ, & ideo præsidium hujus assidue implorat, annitens interim & ipse pro viribus, utique per liberum arbitrium（*Hyperaspistes*, II, LB X, 1467D-E／CWE 77, pp. 600-01）.

88) 切望や努力の余地を人間に残す点で，エラスムスはアウグスティヌスやトマスの意見に従っていることを自覚していた（*Hyperaspistes*, I, LB X, 1327A／CWE 76, p. 278）。エラスムスはスコトゥス主義者の功績概念を支持も否定もしないとしながらも自説の補強に利用し，後期中世の神学者のあいだで流行していた「新半ペラギウス的」（Neosemiperagian）見解，とりわけ人間はある意味において義へと自分自身を準備しうるという見解を認めた（Mansfield, *Erasmus in the Twentieth Century*, pp. 92, 121）。なお，キリスト教的文脈ではないが，エラスムスは『格言集』において，ウァロ（Marcus Terentius Varro Reatinus, 116-27 B.C.）『農業論』（*De re rustica*）第1巻を引いて「神々は自らを助ける者を助ける」（Dii facientes adjiuvant）という格言を取り上げており（*Adagia*, I.vi.17, ASD II-1, p. 42／CWE 32, p. 15. 邦訳，67頁），このことはエラスムスによる功績概念へのシンパシーの傍証となりうるものである。

89) 木ノ脇『エラスムス研究』，194-95, 202頁参照。

た，ルターが神に対する人間の無力から神の義を穿鑿することの不敬を説き[90]，神の義はそのまま信用されるべきだとするのに対して，エラスムスは神の存在を信じるのは信仰を通してではないのかと問う。信仰は自然的知識すべてを除外するわけではなくそれを完成する一方[91]，神の義とは恩寵があってはじめて自由意志が辿り着くべきところだと彼は考える。

　すでに人間的意志や行為の自由と神の予知との両立は古代哲学やスコラ哲学によって試みられていた。そうした古くからの問題について，エラスムスは，自由意志が神の予知によって妨げられないのは人間の知識や予知によって妨げられないのと同じであるとルターに応答し，神の意志でさえ自由意志を取り去るわけではなく，神は悪行をむしろ許すと述べる。エラスムスによれば，神の摂理（divina providentia）とは，人間の理解を凌駕するが，人間には励起的恩寵（pulsanti gratia）を手に入れる能力が残されるのであり，偽アンブロシウス『異教徒の招きについて』（De vocatione omnium gentium）で言われるように，どんな時代や人々にも欠けることのないものである[92]。

　一方，エラスムスは救済論において神の「寛恕」（clementia）にも限界があることを論じる[93]。当該「寛恕」論については，次章で詳述することからここでは簡単に触れるに留めるが，エラスムスは永遠の命や地獄への運命づけを神は正確に予知して悔い改めへと呼ぶものの，悔い改めそれ自体はその人自身の功績であり，悪しき者の悔い改めを受け入れることは「寛恕」に帰されるのであって正義ではないと考える[94]。エラスムスの際立った思想的特徴とは，まさにこうした悔い改めの時間的猶

　　90）「本性が教えるところによってすら，人間の力や，強さや，知恵や，本質など，私たちのもつついっさいが，神の力，強さ，知識，本質などに比べて，全く無である」(De servo arbitrio, WA 18, p. 784 / LW 33, pp. 289-90; Hyperaspistes, II, LB X, 1516D / CWE 77, p. 706. 邦訳，『奴隷的意志について』山内宣訳，『ルター著作集』第一集第七巻所収，105-532頁，特に483-84頁）。訳文は，山内訳によるものである。

　　91）　信仰が自然や知を完成するという考えは，エラスムス最晩年の『エクレシアステス』第4巻でも繰り返される（Ecclesiastes, IV, ASD V-5, pp. 332, 336 / CWE 68, pp. 1043, 1045）。

　　92）　Pseudo-Ambrose, De vocatione omnium gentium, 2.25, 2.29, 2.31, PL 51, pp. 710, 715-16.

　　93）　Hyperaspistes, II, LB X, 1510B / CWE 77, p. 693.

　　94）　Hyperaspistes, II, LB X, 1448E / CWE 77, p. 561.

予を人間のこの世の生において見ることであった[95]。したがって，こうした神の「寛恕」の限界の判断基準は，人間の道徳的改善可能性の有無にあると彼は考えており，これが救済と地獄行きを分かつメルクマールだと捉えていた。

　エラスムスは『エンキリディオン』において，非改悛（impœnitentia）を悪の極み（malorum extremum）と捉える一方[96]，悔い改めをプラトン主義的構造において捉えていた[97]。というのも，彼は「〔神は〕どのような憐れみによって贖ったのでしょうか？　どのような寛大さによって富ませたのでしょうか？　どのような穏やかさによって毎日過失に耐えるのでしょうか？　どのような喜びによって悔い改める者を受け入れるのでしょうか？」[98]と述べて，神による悔い改めの受容を示唆する一方，プラトンを引いて一者への還帰を示唆しているからである。

　　……しかしあの翼によっていつも支えられて，それをプラトンは愛の炎熱によって魂のなかに引き出され，新たに飛び出すと考えますが，肉から霊へ，可視的世界から不可視的世界へ，文字から神秘へ，感覚的なものから理知的なものへ，合成されたものから単

　95）　ただし，このような悔い改めのための猶予という考えは，トマス・アクィナス『神学大全』でも示されており（Summa Theologiae, II-II, qq.67-68），エラスムスの独創という訳ではない。『フォルツ宛書簡』では『神学大全』第 II-II 部だけでも浩瀚なことが示唆されており（Ep, 858, Allen III, pp. 361-77 / CWE 6, pp. 72-91. 邦訳，『フォルツ宛書簡』『エラスムス神学著作集』金子晴勇訳，教文館，2016 年，195-224 頁，特に 199 頁），信仰が自然や知を完成すると考える点や，刑罰を医療的に捉える点で，エラスムスはトマス思想への親近性を示している。

　96）　Enchiridion, LB V, 56E / CWE 66, p. 113. 邦訳，155 頁。

　97）　こうしたエラスムスの「悔い改め」という考えは宗教改革において決定的な意義を有する。ルターは『贖宥の効力を明らかにするための討論（通称：95 ヵ条の提題）』（Disputatio pro declaratione virtutis indulgentiarum, 1517）の第一提題と第二提題において「悔い改め」の問題を扱ってこれがサクラメントであることを否定して宗教改革運動を惹起した。「悔い改め」をサクラメントではなく「心を再び立て直すこと」（resipicentia）として捉えてはじめて提示したのはエラスムスであり，ルターはエラスムス『校訂版新約聖書』第 2 版を利用していた（Bainton, p. 139. 邦訳，174 頁；『ルター神学討論集』金子晴勇訳，教文館，2010 年，83, 314 頁；清水哲郎「ルター」，〈哲学の歴史〉4，中央公論新社，2007 年所収，393-428 頁，特に 400 頁）。

　98）　qua misericordia redemit? qua liberalitate locupletavit? qua lenitate quotidie sustinet delinquentem? Qua lætitia recipit resipiscentem?（Enchiridion, LB V, 55E / CWE 66, p. 112. 邦訳，153 頁）

一のものへあたかもヤコブがある種の梯子の段によって達するように自分自身を高めなさい[99]。このように自分自身に近づく者に，今度は主が近づくでしょう。そしてもしあなたが力に応じて自分の心の闇や，感覚の喧噪から上昇するよう試みるなら，主は好意的にその近づきがたい光[100]と，あの考えられない静寂から迎えにきます……[101]。

このように，エラスムスは，自分自身に近づいて上昇するよう努力する者を神は嘉すると捉える。その際に重要となるのが，前章で確認したように，「汝自身を知れ」という格言に基づく精神の規律であることは贅言を要しない。アウグスティヌスがプロティノスから学んだ教訓は，魂と神的なものの内的結合であり，内的な旅は神的なものへの上昇の旅でもあるということであった[102]。こうしたプラトン主義的な魂と神的なものの捉え方は，エラスムスの思想世界においても決定的な重要性を持っていた。結局，エラスムスにとって，「寛恕」の時間的猶予における自身の精神的規律に基づいた悔い改めこそ，まさにプラトン主義的還帰の構造をなす「魂の向け換え」であったのである。

5　おわりに

本章では，エラスムスにおける中間的存在としての人間観や善悪の問題，占星術批判や運命論，恩寵と自由意志の問題を見てきた。中間的存在としての人間観を持つエラスムスは，新プラトン主義の「善の欠如」としての悪という定義を学んだアウグスティヌスの理解に沿うかたちで

---

99)　「創世記」28 章 12 節。
100)　「テモテへの手紙一」6 章 16 節。
101)　… sed semper alis illis nitens, quas Plato putat in animis amoris calore elicitas, denuo pullulascere, acorpore ad spiritum, a mundo visibili ad invisibilem, a littera ad mysterium, a sensibilibus ad intelligibilia, a compositis ad simplicia temet ipsum quasi gradibus quibusdam scalæ Jacob erige. Ita ad se propiquanti, vicissim appropinquabit Dominus: & si tu pro viribus de tua caligine, sensuumque strepitu conaberis adsurgere, occurret ille commode e luce sua inaccessibili, & silentio illo incogitabili, … (*Enchiridion*, LB V, 38E-39A / CWE 66, p. 84. 邦訳，106-07 頁).
102)　Moran, p. 514.

5 おわりに

　悪の起源をアダムの原罪に見出していた。また，エラスムスは，新プラトン主義者ポルピュリオスを批判したアウグスティヌスやピーコと同様に占星術を批判したが，そうした批判は，自由意志による善悪双方の可能性から，人間を教育によって改善可能な存在と捉えて自然より人為を重く見るゆえに，運命を必然と捉える見方は是認し難いという運命観に根差したものであった。

　さらに，彼はストア派の道徳的善の種子という考えを継承していたものの，自然よりも教育の影響を重視しており，神の義に至る際に恩寵を必要としながらも人間側の自助努力が必要だと認識していた。その際に，エラスムスは人間の悔い改めが救済と地獄を分かつメルクマールだと捉えており，こうした悔い改めに新プラトン主義的発出還帰の構造をなす「魂の向け換え」を見出していた。こうした人間形成的側面こそ，人間を中間的存在として捉えるルネサンス・プラトン主義に特徴的な立場であり，エラスムスの政治思想が教育学的意味を胚胎することを示すものであった。次章では，本章でも触れた「寛恕」論を検討することで，キリスト教教義と政治の緊張関係が現われる各場面を具体的に見ていきたい。

第5章

エラスムスにおける「寛恕」と限界

1 はじめに

　前章では，エラスムス思想において，人間の改善可能性こそが「寛恕」の限界の判断基準であり，彼の政治思想において重要であるのみならず，神学思想や教育思想をも媒介する彼の思想世界の中核であったことを確認した。エラスムスによる自由意志の強調は，個人の道徳的責任を促すという意味で個人主義への一歩を踏み出すものであると同時に[1]，魂の向け換えによる人間形成的側面を内包するものであった。それゆえ，こうした「魂の向け換え」というプラトン主義の思想的伝統は，クリステラーが控えめに指摘するように，彼の思想の一要素に過ぎないのではなく，エラスムス思想の本質をなすものであったと言っても過言ではない。エラスムスが『ヒュペラスピステス』でルターは人間本性の悪を強調して中間段階を否定するとして繰り返し批判しているように，可謬性と改善可能性のあいだの中間的存在としての人間観こそ，両者が決定的に異なる点であった[2]。

---

　1) トレイシーは，エラスムスが同時代の共同体志向の文化や社会に対して，ある種の個人主義を打ち出したと論じている（Tracy, *Erasmus of the Low Countries*, p. 38; cf. Mansfield, *Erasmus in the Twentieth Century*, p. 221）。エラスムスは『葬送演説』(*Oratio funeribus*, c.1489) において，子供にとって両親の罪から被った罰を償うのが不公平であるのと同様に，両親の努力から栄光を得るのも不公平であるとして，毀誉褒貶を本人に帰責する考えを示している (LB VII, 554A / CWE 29, p.20)。
　2) *De servo arbitrio*, WA 18 / LW 33. 邦訳，222 頁；*Hyperaspistes*, I, LB X, 1328D / CWE

本章の目的は，「寛恕」論を通して，エラスムスの思想世界における教育学，政治学，神学的救済論の連続性を明らかにすることである。彼は人間の改善可能性が可謬性によって凌駕され最終的な対処を迫られるまえに，時間的猶予のなかで言葉を用いて説得を試み，「悔い改め」によって破綻を回避する道を重視していた。

ここではあえて「寛容」論とは言わず，「寛恕」論という言葉ないし概念を用いる。というのも，本章はまさに両概念の違いに着目する形で，従来の研究では十分に明らかにされてこなかったと思われるエラスムスの思想的特徴の解明を目指すからである。

周知のとおり，エラスムスの「寛容」論に関する先行研究は多く存在する。たとえば，ルクレール，ギルモア，ホフマンなどは，しばしばフランス宗教戦争後のナントの勅令（1598）において示された「政治的寛容」，すなわち，世俗権力が安全と秩序を主眼として，内面的な宗教的価値への干渉を避ける寛容の文脈で論じる[3]。だが啓蒙や自由主義の先駆としてエラスムスの宗教的側面に注目する研究[4]は修正されてきており[5]，ベイツィは中世の寛容概念との関係で扱っている点で画期的で

76, p. 281; *Hyperaspistes*, II, LB X, 1382E-F, 1425E, 1494E, 1499C, 1503A, 1504C / CWE 77, pp. 429, 515, 661, 671, 679, 681. シャントレーヌによれば，自由意志論争は神学論争で，信仰についての人間学的基礎に関係していた。ルターとエラスムスには，アウグスティヌスが共通のものとしてあったが，両者には教父の伝統との関係で違いが見られる。すなわち，ルターがアウグスティヌスの反ペラギウス的諸著作に過剰に依存したのに対し，エラスムスは，プラトニズムにおけるように，キリスト教への準備として古代の諸著作に眼を向け，ギリシア教父やアウグスティヌスのスコラ哲学的修正を議論の基礎とすることさえ望んでいる（Georges Chantraine, *Érasme et Luther, libre et serf arbitre: étude historique et theologique* (Paris: Éditions Lethielleux; Namur: Presses Universitaires de Namur, 1981), pp. 49, 84; Mansfield, *Erasmus in the Twentieth Century*, pp. 122-23)。

3) Joseph Lecler, *Histoire de la tolérance au siècle de la Réforme* (Paris: A. Michel, 1994), pp. 133-49; Myron P. Gilmore, 'Les limites de la tolérance dans l'œuvre polemique d'Érasme', in *Colloquia Erasmiana Turonensia*, pp. 713-36; Manfred Hoffmann, 'Erasmus and Religious Toleration', in ERSY 2 (1982), 80-106; 大澤麦「寛容」,〈政治概念の歴史的展開〉1，晃洋書房，2004年所収，85-103頁，特に94頁参照。

4) W. K. Ferguson, 'The Attitude of Erasmus Toward Toleration', in *Persecution and Liberty, Essays in Honor of G. L. Burr* (New York: The Century Co., 1931), pp. 171-81; Bainton, pp. 257-60, 67. 邦訳，312-16, 326-27頁。

5) ただし，刑法の厳しさを非難するエラスムスの姿は「啓蒙」の先駆者と評されている（Otto Herding, 'Isocrates, Erasmus und die Institutio principis cristiani', in Rudolf Vierhaus and Manfred Botzenhart (eds) *Dauer und Wandel der Geschichte, Festgabe für Kurt von Raumer zum* 15 (1965), S. 101-143, esp. 121; cf. Mansfield, *Erasmus in the Twentieth Century*, p. 20)。ま

あった[6]。

　しかし，これらの研究について共通に言えることは，いずれもキリスト教内部の宗教的異端の問題と結びつけ，またそれに限定して「寛容」（tolerantia）を論じてきたことである。その結果，政治的・宗教的インプリケーションを多分に有する「寛恕」（clementia）に注意が払われず，エラスムスの思想世界の理解にとって不可欠と思われる諸側面が看過されてきたのである。そもそも「寛恕」とは，セネカがその『寛恕について』（De clementia）で主題化した概念であり，「心が広く思いやりの深いこと」と「広い心で人を許すこと」の双方を含意すると解される[7]。エラスムスはこのセネカを論じるなかで，当該概念を宗教的異端への対処という問題のみならず，君主統治や神学的救済論の問題に引きつけて考察したのであった。権力者の裁量で与えられる「寛恕」は，上からの「下賜としての寛容」として捉えられうるものであり[8]，相互的な「寛容」という視角では見えない教育学，政治学，神学の連続性は，「寛恕」という上からの視座によってはじめて捉えうるものとなる。

　さて本論に入るまえに，いわば準備作業としてエラスムスの「寛恕」の概念的特徴を，政治的寛容として一般的に理解されるものとの比較を通じて簡単に確認しておきたい。

　よく言われるように，政治的寛容には二つの側面がある。ひとつは政策的判断に基づいて便宜上，自分と異なる宗教的立場を認める側面であり[9]，もうひとつは人間の良心を尊重して強制しないという側面である[10]。ところで，エラスムスは晩年の著作『教会和合修繕論』において，

た，マルゴランは，善悪のあいだの自由な判断ができる個人を作り出すことを狙ったエラスムスの教育論はロック（John Locke, 1632-1704）を予期させるものだと論じ（Jean-Claude Margolin, *Érasme: Declamatio De pueris statim ac liberaliter instituendis: Etude critique, tradition et commentaire* (Genève: Librairie Droz, 1966), p. 45），こうしたエラスムスの姿勢は公平に「リベラル」と呼ばれうるとマンスフィールドは述べている（Mansfield, *Erasmus in the Twentieth Century*, p. 158）。

　6) István Bejczy, 'Tolerantia: A Medieval Concept', in *Journal of the History of Ideas*, Vol. 58, No. 3 (1997), 365-84.
　7) 小川正廣「『寛恕について』解説」，〈セネカ哲学全集〉2，岩波書店，2006 年所収，508 頁参照。
　8) 大澤，前掲論文，89 頁参照。
　9) 山岡龍一「寛容と迫害」川出・山岡，前掲書，91-104 頁，特に 91-92 参照。
　10) 佐々木毅『宗教と権力の政治――「哲学と政治」講義 II』講談社学術文庫，2012

異なる習慣を尊重すべきだという見解を示しており[11]，良心の自由を尊重する要素がないわけではない[12]。しかし，彼は政策に基づいて寛容を捉える立場とは違った思想を展開しており[13]，そのことを明らかにしているのが本章の扱う「寛恕」論なのである。

「寛容」が政治概念としての真の意味を獲得したのは，宗教戦争の反省を通じてであったと理解されてきた[14]。しかし，一部の中世思想の研究者によれば，こうした理解は歴史的に不正確である[15]。「耐える」「忍ぶ」という意味を持つ「寛容」(tolerantia) は，中世キリスト教における異端の処遇をめぐって，第一に教会内部，第二に世俗権力との関係で問題となった[16]。そして，寛容という言葉の中世的な本義は，相手を否定的に評価しつつも，その存在を容認することにある。

もっとも，トゥルケッティやベイツィが指摘するように，エラスムス自身は宗教的多元化に対して異端の処遇をめぐる狭義の「寛容」(tolerantia) という用語を使わず[17]，宗教的平和や自由を「平和」(pax) や「調和」(concordia) として捉えていた[18]。これは重要な指摘だが，彼らはエラスムスの当該概念の時間性について十分に検討している

年，230 頁参照。

11) *De concordia*, ASD V-3, pp. 306, 311 / CWE 65, pp. 205, 212.

12) 宇羽野明子「一六世紀フランスの政治的寛容における「良心の自由」への視座」『大阪市立大学法学雑誌』第 58 巻，第 3・4 号，2012 年，475-503 頁，特に 489 頁参照。

13) 佐々木『宗教と権力の政治』，250 頁参照。

14) 森本あんり「中世寛容論から見たニューイングランド社会の政治と宗教」『国際基督教大学学報 IV-B 人文科学研究 キリスト教と文化』第 42 号，2011 年，165-86 頁，特に 173 頁；大澤，前掲論文，87 頁；Henry Kamen, *The Rise of Toleration* (London: Weidenfield and Nicolson, 1967). 邦訳，『寛容思想の系譜』成瀬治訳，平凡社，1970 年，24 頁参照。

15) Bejczy, Tolerantia, pp. 365, 366, 368.

16) 二宮『フランス・ルネサンスの世界』，126 頁；大澤，前掲論文，91 頁；Bejczy, Tolerantia, p. 374 参照。

17) Mario Turchetti, 'Une question mal posée: Érasme et la tolérance: L'idée de sygkatabasis', in *Bibliothéque d'Humanisme et Renaissance*, Vol. 53, No. 2 (1991), 379-95, esp. 383; Bejczy, Tolerantia, p. 376; Mansfield, *Erasmus in the Twentieth Century*, p. 222. トゥルケッティは当該論文において，エラスムスが宗教的平和を促す際に，ヨアンネス・クリュソストモスをはじめとしたギリシア教父によって用いられた教育学的含意を持つ *sygkatabasis* 概念を用いていると指摘している。

18) Klaus Schreiner and Gerhard Besier, 'Toleranz', in *Geschichtliche Grundbegriffe*, ed. by Otto Brunner, Werner Conze, and Reinhart Koselleck, 7 vols (Stuttgart: E-Klett, 1972-92), VI, S. 445-605, esp. 473.

1 はじめに

とは言い難い。エラスムスは寛容や寛大さを表す場合に，tolerantia, benignitas, indulgentia, liberalitas, magnitudo, mansuetudo, venia など様々な語彙を用いている。エラスムスが重視した広義の寛容とは，狭義の「寛容」(tolerantia) というよりもむしろ罰の赦しとしての「寛恕」(clementia) である。彼は，「寛恕」を神の徳性との類似から君主が備えるべき資質のひとつとして捉えており，先に挙げた広義の寛容や寛大さを表す様々な語彙も君主の態度に関わるものであることから，こうした語彙を広く「寛恕」と捉えて本章では論じることにする。「寛恕」は怒りに駆られて復讐しないよう支配者に要求し，良心の痛みを感じる者には赦しを与えて悔い改めさせる時間性を特徴とするものであり，一見，政治性に乏しいように思われるものである。

ただし，「寛恕」の問題は，先に見たように，キリスト教教義と政治権力の緊張対立関係に関わるものである。マンスフィールドも指摘しているように[19]，これはエラスムス政治思想研究史上最大の論点といっても過言ではない。しかし，「寛恕」の限界という視点を採用するとき，「寛恕」論からはキリスト教教義に還元されないエラスムスにおける権力作用を析出することが可能となり，ひいては教育思想，政治思想，神学思想などを含むその思想世界の解明がここから期待できよう。本章がこの把握困難な概念に取り組むゆえんである。

議論の手順としては，第一に，エラスムス統治論における死刑の問題を扱うことで，国内統治における「寛恕」の問題とその限界を明らかにする。第二に，戦争の問題を扱うことで，国際関係における「寛恕」の問題とその限界を指摘し，彼がその「寛恕」論との関係において死刑と戦争を類比的に考えていたことを示す。第三に，人間形成的側面を重視する「寛恕」論が現世の統治のみならず，神の審判における救済と地獄を分かつメルクマールであり，彼の政治思想と神学思想を媒介する鍵であることを根拠づけ，「寛恕」の限界において現出する政治性を浮き彫りにしてむすびとしたい。

---

19) Mansfield, *Erasmus in the Twentieth Century*, p. 42.

2　エラスムス統治論における「寛恕」と刑罰

(1)　教育と統治における「寛恕」の両義性

　本節では，エラスムス「寛恕」論を，国内統治の問題に位置づけるために死刑と関連して扱うことで，その議論の特徴を浮かび上がらせる。だが具体的に死刑の問題を扱うまえに，彼が「寛恕」の両義性を認識していたことを指摘しておきたい。

　エラスムスは「寛恕」のパラドクス，すなわち一般的に有益と思われる「寛恕」が無節制という弊害をもたらす危険性に自覚的であり[20]，その具体的場面を教育と統治に見ていた。彼は『キリスト教君主の教育』において，「教師の苛酷さによって感情を害されたやや柔らかい精神が徳を認識するよりもまえに憎みはじめてもならないし，他方では当然なすべきではない教育者の節度なき甘やかしによって腐敗させられて堕落してもならない」[21]と述べる。一方，彼は統治の場面において，気前よい贈与や厳格さの誤った欠如は，民衆の悪い欲望を刺激して何事にも不満にさせ，欲望の充足を求める民衆を堕落させるだけだと述べる[22]。このように，教育と統治の場面において，エラスムスは，「寛恕」がその対象を誤導して堕落させる危険性を孕むものだと捉えている。

　こうした「寛恕」論を媒介にするとエラスムスの教育思想と政治思想はある程度まで一致するものである。彼は，被治者たる民衆および統治者たる君主の両者にとって教育による人間形成的側面を重視しており，人間の完成という最終目的の過程において政治を捉える思想的伝統[23]に位置している。こうした人間観を例証するのが『教会和合修繕論』である。エラスムスは当該著作において，「人間本性はその欠陥（vitium）

---

　20)　*Ciceronianus*, ASD I-2, p. 632 / CWE 28, p. 377.

　21)　vel ne instituentium acerbitate offensus tenellus animus prius incipiat virtutem odisse quam nosse, vel rursus immodica indulgentia formantis corruptus quo non oportet, degeneret (*Institutio principis christiani*, ASD IV-1, p. 138 / CWE 27, p. 208. 邦訳，268頁）．

　22)　*Institutio principis christiani*, ASD IV-1, p. 183 / CWE 27, p. 254. 邦訳，330頁。

　23)　佐々木『宗教と権力の政治』，163-80頁。佐々木によれば，こうした伝統を断ち切って物理的強制力を政治学の中心に導入したのがマキアヴェッリである（同書，181頁）。

をけっして捨てない」[24]と述べて人間が可謬的存在であることを免れないことを示唆する。一方，彼は「完成へと段階的に招かれるように人間の弱さ（hominum infirmitas）は辛抱される」[25]と述べて人間が完成へと段階的に進歩する存在であると捉えている。そして，神の憐れみ（misericordia）は人間の弱さを支えるので，欠陥が治療不可能でないならよりよい機会が現われるまで黙殺し[26]，穏健で妥協的な精神で辛辣さを宥めて強い薬のまえに軽い薬を適用するのが望ましいという見解をエラスムスは示している[27]。要するに，「寛恕」は改善に向かう時間性を特徴とするものである。したがって，時の経過という時間性において段階的に人間の改善を期待するエラスムス政治思想は，その一部がたしかに隣人愛を旨として悪をもって悪に報復すべきではないとするキリスト教教義に沿うものである[28]。

しかしながら，統治において「寛恕」の限界が生じたときには強制力をもって対処せざるをえない。まさにこの「寛恕」の限界が生じたときにこそ，エラスムスにとって，隣人愛に基づくキリスト教教義に還元されない権力作用が立ち現われる瞬間である。そこで，彼が君主統治と「寛恕」の関係をどのように捉えているか『キリスト教君主の教育』に沿って確認しておきたい。

(2) 『キリスト教君主の教育』における死刑

エラスムスは，君主が読むべき著作としてセネカを高く評価する。彼はセネカ『寛恕について』に依拠しながら君主が備えるべき資質としての「寛恕」を説き[29]，女王蜂との類比から「針」を持たない王の姿こそ

24) *De concordia*, ASD V-3, p. 302 / CWE 65, p. 199.
25) *De concordia*, ASD V-3, p. 304 / CWE 65, p. 201.
26) *De concordia*, ASD V-3, p. 298 / CWE 65, p. 193.
27) *De concordia*, ASD V-3, p. 312 / CWE 65, p. 213.
28) エラスムスは，信仰篤きキリスト教徒が不正を受けることを黙殺し，欺かれることを甘受し，友と敵を峻別しないことを『痴愚神礼讃』でも示唆している（*Moria*, ASD IV-3, p. 189 / CWE 27, p. 149. 邦訳，214 頁）。
29) *Institutio principis christiani*, ASD IV-1, p. 180 / CWE 27, p. 251. 邦訳，325 頁。当該著作の校正に不満足であったエラスムスは事業の継承を呼びかけていたが，その継承を自認して『寛恕について注解』（1532）を生みだしたのがジャン・カルヴァンであった（田上，前掲書，110 頁）。

偉大な君主のすぐれた模範だとしている[30]。エラスムスは,「寛恕」が結果として君主自身にも利益をもたらすと述べる。君主が「寛恕」を身につけていれば,良心の痛みを感じる者を悔い改めさせることができ[31],結果として大衆の好意につながるからである。このように,エラスムスは「寛恕」が君主の尊厳や評判を左右するものだと捉え[32],「もし公共の効用の利益が強要しないなら,自分の〔加えられた〕不正についての復讐はないほどの寛恕」を備えた者が君主の名に価すると考える[33]。

そのうえで,彼は君主のみならず法それ自体も「寛恕」を持つべきだと考え,罰を与えるまでに時間的猶予を与える神のあり方との類似において「寛恕」を捉える。

> 君主その人のように法はいつも罰するよりも赦すほうにより傾きがちなものでなければならない。それはそれ自体で気前の良いことだからか,むしろ怒りが最も遅々として復讐には達しない神のやり方に応答することだからか,正しくなく赦された人は罰へと連れ戻しうるが,不正に罰せられた者は助けられないからである[34]。

エラスムスは,罰則よりも「寛恕」を優先すべきだと捉えているが,それにもかかわらず,「不正に対する報復」は「公共の利益」に資する場合には認められる。彼は阿諛追従によって君主を誤導し,戦争,民衆

---

30) *Institutio principis christiani*, ASD IV-1, pp. 156-57 / CWE 27, pp. 225-26. 邦訳,291頁。

31) *Institutio principis christiani*, ASD IV-1, p. 186 / CWE 27, p. 256. 邦訳,333頁。

32) *Institutio principis christiani*, ASD IV-1, p. 202 / CWE 27, p. 272. 邦訳,352頁。マキアヴェッリも慈悲,信義,誠実,人間性,敬虔などが君主の評判を左右する資質だと認識しているが,実際にそうであるよりもそう見える重要性を説き,「権力を維持するためには信義にそむき,慈悲心に反し,人間性に逆らい,宗教に違反した行為」に踏み出す必要を主張する点でエラスムスと決定的に異なる(Machiavelli, *Il principe*. 邦訳,144頁)。訳文は,佐々木訳によるものである。

33) … tam clementem, vt nihil suarum iniuriarum vlturus sit, nisi cogeret vtilitatis publicae ratio (*Institutio principis christiani*, ASD IV-1, p. 202 / CWE 27, p. 272. 邦訳,352頁)。

34) Quemadmodum princeps ita et lex semper esse debet propensior ad ignoscendum quam ad puniendum, siue quod per se benignius, siue quod magis respondet ad mores dei, cuius ira lentissime ad vindictam procedit, siue quod non recte elapsus ad poenam repeti potest; iniuste damnato succurri non potest (*Institutio principis christiani*, ASD IV-1, p. 202 / CWE 27, p. 271. 邦訳,351頁).

2 エラスムス統治論における「寛恕」と刑罰　　129

からの収奪，専制政治，気高い人物からの敵愾心をもたらすことこそ，真の不正であり大罪に値すると考える[35]。またエラスムスは法の運用をねじ曲げた者には誰にもまして厳しい罰が必要だと考えており[36]，死刑執行の判断基準を人間の改善可能性の有無に見る。

　　最終的な死刑がもたらされるまえに，言わば，試みられるべきでないものはなく，どんな石も動かされるべきだと，プラトンは正しく警告している。誰かが罪を犯すのを望まなくなるよう議論で駆り立て，それから悪行への神の復讐についての恐れ，加えてより少ない罰で脅してやめさせなければならない。もしもそれで効き目がなければ，罰に向かわねばならないが，それはより軽微で，人を抹殺してしまうのではなく，病から癒すためのものである。このどれも成功しないなら，そのとき最後に，あたかも悲しむべき治療不能な患部のように，純粋な部分が欠陥に引き摺られないように，意に反して法によって切り取られねばならない。信頼できて学識ある医者は，もし罨法や投薬によって病気を取り除くことができるなら，切除や焼灼を適用せず，病気によって強制されないならけっしてそれに同意しないのは，君主が国をひとつの身体と考え，死刑に至るまえにすべての治療法を試みるのと同様である[37]。

このように，エラスムスは，あらゆる治療法にもかかわらず回復の見込みのない場合に最終手段として死刑を考える[38]。その際に，議論によ

---

35) *Institutio principis christiani*, ASD IV-1, p. 203 / CWE 27, p. 273. 邦訳，353-54 頁。
36) *Institutio principis christiani*, ASD IV-1, pp. 203-04 / CWE 27, p. 273. 邦訳，354 頁。
37) Ac recte monet Plato nihil non tentandum et omnem, quod aiunt, mouendum esse lapidem, priusquam ad vltimum veniatur supplicium. Agendum argumentis, ne quis peccare velit, deinde deterrendi metu numinis malefactorum vindicis, praeterea minis supplicii. Quibus si nihil proficitur, ad supplicia veniendum, sed leuiora, quae medeantur malo, non quae tollant hominem. Quod si nihil horum procedit, tum denique ceu membrum deploratum et immedicabile ab inuito legibus resecandum, ne pars syncera trahatur in vitium. Quemadmodum fidus ac doctus medicus non adhibet sectionem aut vstionem, si malagmate aut potione tolli malum possit, nec vnquam ad illa descendit nisi morbo coactus, ita princeps omnia tentabit remedia, priusquam ad capitale supplicium veniat, ita cogitans rempublicam vnum esse corpus … (*Institutio principis christiani*, ASD IV-1, pp. 196-97 / CWE 27, pp. 266-67. 邦訳，345 頁）。
38) 政治思想が医学からメタファーを媒介としてその知見を応用していたように，政治

る説得や罰の提示という段階を踏んだ時間という契機が考慮に入れられる。したがって，彼の政治思想では，時間的猶予を与えられた改善可能性という人間形成的側面こそ，国内統治における「寛恕」の限界の判断基準なのである。そしてこうした特徴を持つ彼の「寛恕」論の射程は，国内統治に留まるものではなかった。次節では，エラスムス「寛恕」論の国際関係における展開を見ていきたい。

3　エラスムス戦争論における「寛恕」の展開

(1)　1510年代半ばの戦争平和論

　本節では，戦争の問題を扱うことで，エラスムス「寛恕」論を国際関係の文脈に位置づける。第一に，1510年代半ばの戦争平和論を概観し，第二に，1530年の『トルコ戦争論』における戦争論を検討することで，両者における死刑と戦争の関係に対する捉え方の違いから，戦争においても「寛恕」を強調していたエラスムスが，世界情勢の現実に直面して処罰の必要性を主張するようになる変化があったことを明らかにする。一般的に，エラスムスは反戦平和の提唱者として捉えられることが多いが，本書は彼の戦争平和論を時間論という視角から捉える点において独自性を有している。

　まず，戦争と平和の定義を確認しておきたい。エラスムスによれば，「戦争（bellum）とは，複数者間の不和（simultas）」であり，「平和（Pax）とは，多くの人々の相互の友愛（amicitia）」[39] である。つまり，彼にとって戦争とは，鈴木宣則の整理によれば，「政治社会同士の武装集団による戦闘行為」（狭義）のみならず，裁判所などでの争論，都市住民の不和，宮廷の分裂，学者の抗争，宗派の分裂，夫婦の不和，個人における理性と情念の葛藤のような「人間社会の諸側面に生じる不和」

と医学は中世ヨーロッパでは隣接学問分野であった（将基面『ヨーロッパ政治思想の誕生』，163頁参照）。こうした医学的メタファーについては，次章で詳述される。

　39)　*Dulce bellum inexpertis*, in *Adagia*, IV.i.1, ASD II-7, p. 22 / CWE 35, p. 412. 邦訳，310頁。

(広義)でもあった[40]。しかしながら、彼が最も重視したのは国のあいだの戦争であり、本節ではこれを中心に扱う。

エラスムスにとって、戦争に訴えるのは、平和を守るためのあらゆる手立てを試みて万策尽きたうえでの最後の手段であり、それ以前に無辜の民の血が可能な限り流れずに済むよう力を尽くすのが望ましい[41]。そこで、彼は『戦争は体験せぬ者にこそ快し』や『平和の訴え』において、指導的立場にあるキリスト教徒に訴える。すなわち、ここでも鈴木の整理によるならば、人間と動物、異教徒との比較、戦争の不経済性、指導層への自覚の促し、貴族などによる心構え、人間本性の見直しなどへの訴えである。また、そうした試みを実現するものとして、彼の戦争平和論は戦争予防の具体的方策を提案するものでもあった。すなわち、領土画定、継承権の範囲の限定と他国民との結婚の回避、血縁関係の最も近い者か人民投票による王位継承、君主の長期間の旅行の回避、戦争の際の年配者の意見の聴聞、市民の同意、金銭的解決、法律、学者や修道院長や司教などによる仲裁、聖職者の戦争不参加などである[42]。

一方で、エラスムスは1510年代半ばの戦争平和論において、侵略者に対する防衛戦争はやむをえないものとして容認していた[43]。それゆえ、

---

40) *Querela pacis*, ASD IV-2, pp. 64-68 / CWE 27, pp. 296-99. 邦訳、25-32頁;鈴木宣則『近代初期ヨーロッパの代表的政治思想の再解釈』北樹出版、2011年、59頁参照。

41) *Dulce bellum inexpertis*, in *Adagia*, IV.i.1, ASD II-7, p. 42 / CWE 35, p. 438. 邦訳、347頁。

42) *Dulce bellum inexpertis*, in *Adagia*, IV.i.1, ASD II-7, pp. 12-15, 16-18, 25-26, 30-32 / CWE 35, pp. 401-03, 405-07, 416, 421-23. 邦訳、293-96, 299-301, 315, 323-26頁;*Querela pacis*, ASD IV-2, pp. 63-64, 86-89, 98 / CWE 27, pp. 295-96, 311-13, 321. 邦訳、20-21, 66-74, 96頁;鈴木、前掲書、62-65頁参照。

43) *Querela pacis*, ASD IV-2, p. 90 / CWE 27, p. 314. 邦訳、75頁;*Dulce bellum inexpertis*, in *Adagia*, IV.i.1, ASD II-7, p. 40 / CWE 35, p. 434. 邦訳、342頁。ただし、キケロ以来、トマス・アクィナスもアウグスティヌスを引用しながら、民族や国による不正に対する罰を正当原因として認めており、防衛自体はヨーロッパ正戦論史において正当原因として捉えられていた(Thomas Aquinas, *Summa theologiae*, 2a. 2ae. q.40. a.1. 邦訳、『神学大全17』大鹿一正・大森正樹・小沢孝訳、創文社、1997年、81頁;山内進「序論 聖戦・正戦・合法戦争——「正しい戦争とは何か」」山内進『「正しい戦争」という思想』勁草書房、2006年所収、1-41頁、特に19-22頁参照;荻野弘之「キリスト教の正戦論——アウグスティヌスの聖書解釈と自然法」山内進『「正しい戦争」という思想』勁草書房、2006年所収、111-44頁、特に112頁)。ただし、トマスの引用するアウグスティヌスの「戦争」(bellum)が対外戦争も内戦も意味し(荻野、前掲論文、132頁)、アウグスティヌスは攻撃戦争を正当としたのに対し(松森奈津子『野蛮から秩序へ——インディアス問題とサラマンカ学派』名古屋大学出版会、

彼はいっさいの戦争を否定する絶対平和主義者ではない[44]。ただし，こうした防衛戦争の場合にも，あくまで福音にふさわしい「寛恕」に基づいた態度こそ重要だと彼は考える[45]。

　他方で，正戦の問題もエラスムスは扱っている。彼が正義の戦争という考え方自体に反対しており，正戦という見方に懐疑的で伝統的な正戦の観念を否定したとする見解がある[46]。しかし，エラスムスは，「それ〔欺き（impostura）〕は長らく戦争において正しいと認められているが，そのなかにたとえある種の正義が存在しうるとしても，それにもかかわらず人間界のことがいまあるように，その種類のあるものを見つけることができるか私はまったくわからないが，……よきキリスト教君主はどれほど正しくてもすべての戦争に疑いをもたなければならない」[47]と述

2009 年，281 頁），エラスムスはキリスト教徒同士の戦争をある種の内戦として捉えることはあるものの，戦争それ自体を防衛戦争と攻撃戦争に区別し，攻撃戦争を否定しているという点で両者と異なっている。なお，トマス・モア『ユートピア』第 2 巻では，「国境を防衛するためか，友邦の領土に侵入した敵を撃退するためか，それとも僭主制で圧迫されている民族に同情して〔これは人情（フマニタス）からします〕彼らを僭主制の桎梏と隷属状態から解放」する場合のみならず，「ある民族がその土地を自分で使用せず，（かえって）いわば空漠，空地のままで所有しながらも，自然の掟に従って当然そこから生活の糧を得るはずの人々にたいしてはその使用や所有を禁じるという場合」にも「戦争の最も正当な原因」と考えられ，植民戦争が肯定されている（*Utopia*, pp. 200-01, 136-37. 邦訳，203，143 頁）。訳文は，澤田訳によるものである。一方，エラスムスは当時のヨーロッパの植民地拡大傾向に批判的である。「我々はアジアやアフリカ全体を鉄製の武器で消滅させようとするが，そこにはキリスト教徒か半キリスト教徒が多数いる。どうしてむしろ我々は彼らを認め，彼らを抱きしめ，寛恕をもって改良しないのか？　ところがもし我々が帝国を広げようと熱心に求めるなら，もし彼らの富を渇望するなら，どうしてこのように我々は俗事に対してキリストの名を口実にするのか？　それのみでなくそのあいだに，人間の力だけでこれほど我々は彼らを襲撃して，地球から我々に残っているこれ自身全体を明白な危険へと我々は引き寄せるのか？　我々に残されているのは地球の如何に少ない辺鄙な所なのか！　如何に少ない我々が如何に多くの野蛮人の多数に挑戦しているのか！」（*Dulce bellum inexpertis,* in Adagia, IV.i.1, ASD II-7, p. 40 / CWE 35, pp. 433-34. 邦訳，341 頁）。

44)　J. A. Fernandez, 'Erasmus on the Just War', in *Journal of the History of Ideas*, Vol. 34, No.2 (1979), 219; 鈴木，前掲書，65, 72 頁。

45)　*Dulce bellum inexpertis*, in *Adagia*, IV.i.1, ASD II-7, p. 40 / CWE 35, p. 434. 邦訳，342 頁；*De bello Turcico,* ASD V-3, p. 56 / CWE 64, p. 236; 山内進『十字軍の思想』ちくま新書，2003 年，142-43 頁。

46)　スキナー，前掲訳書，260-61 頁；鈴木，前掲書，67，72 頁；山内進「序論」，1-2 頁。

47)　Id longe iustius fiat in bellis, quorum etiamsi possit aliquod esse iustum, tamen vt nunc sunt res mortalium, haud scio an vllum eismodi reperire liceat,　… bonus et Christianus princeps omne bellum quantumuis iustum suspectum habere debet (*Institutio principis christiani*, ASD IV-1,

3 エラスムス戦争論における「寛恕」の展開

べる一方,「ある正しい戦争が存在すると我々が認めるとしても……」[48]と慎重に述べている。たしかに,彼はアウグスティヌスやクレルヴォーのベルナルドゥス（Bernardus Claravallensis, 1090-1153）に対して,キリスト自身やペトロとパウロなどの使徒の平和論を対置することで伝統的な正戦論への疑義を示している[49]。しかしながら,エラスムス自身「わたしは,くりかえし,くりかえし,戦争を絶対的に否認するのではないと言ってきた」と述べているように[50],彼が正戦自体を否定していたと結論することはできない。

さて,エラスムスは,『戦争は体験せぬ者にこそ快し』において,法律による悪の処罰と戦争による悪の処罰のあいだには差異があると論じる[51]。

> はたしてひとりやもうひとりを不確かな罰への引き渡しを我々が要求し,ひとしく我々や近しい人や無辜の敵を,このように実際に我々は呼ぶのだが,確かな苦境に引き寄せるよりも,僅かな者の罪を罰しないまま見逃す方がまさっている。より望ましいのは全身に重大な破滅なしに治療できない傷が捨て置かれることである[52]。

---

pp. 215-16 / CWE 28, p. 284. 邦訳, 371 頁). たしかに, こうしたエラスムスの見方は, ビトリアなどサラマンカ学派と同様に, アウグスティヌスを引用しながら正戦に正当な意図を要求したトマス・アクィナス以来のカトリック正戦論の思想的系譜に位置づけられる（Fernandez, pp. 219, 225 参照）。しかし, フェルナンデスによれば, カトリック正戦論が抽象的なものであったのに対し, エラスムスの関心は具体的な社会悪であり, 両者の最も重要な差異は方法論的なものであった（Fernandez, p. 212）。

48) Vt donemus aliquod bellum esse iustum … (*Institutio principis christiani*, ASD IV-1, p. 218 / CWE 28, p. 286. 邦訳, 374 頁).

49) *Institutio principis christiani*, ASD IV-1, p. 215 / CWE 28, p. 284. 邦訳, 370 頁 ; cf. Mansfield, *Erasmus in the Twentieth Century*, p. 27.

50) Bainton, p. 203. 邦訳,, 248 頁。訳文は, 出村訳によるものである。

51) *Dulce bellum inexpertis*, LB II, 964E-965A, in *Adagia*, IV.i.1, ASD II-7, pp. 35-36 / CWE 35, pp. 427-28. 邦訳, 331-32 頁。

52) Praestat paucorum admissum impunitum omitti quam, dum vnum aut alterum in poenam deposcimus incertam, nostros pariter et finitimos et innocentes hostes - sic enim vocamus - in certum adducere discrimen. Satius est relinqui vulnus cui sine graui totius corporis pernicie mederi non queas (*Dulce bellum inexpertis*, in *Adagia*, IV.i.1, ASD II-7, p. 36 / CWE 35, p. 428. 邦訳, 331-32 頁).

このように，エラスムスは，悪を罰するための戦争と法律による刑罰の違いを示し，戦争のもたらす被害の甚大さによる比較衡量から，「寛恕」によって少数の悪行を放置するほうが効果の不確かな戦争に訴えて敵味方双方を災難に巻き込むよりも望ましいという認識を示していた。それでは，国際関係におけるこうした「寛恕」と戦争をめぐるエラスムスの時間性の契機を重視する視座を踏まえ，次項では彼が「トルコの脅威」という現実的脅威にどのように対処しようとしたのか確認したい。

(2) 『トルコ戦争論』

先述のように，エラスムスは，1510年代半ばの戦争論において法律による刑罰と戦争の差異を強調し，「寛恕」に傾いて戦争を回避する傾向がより強かった。両者の関係の捉え方において新たな展開を示しているのが『トルコ戦争論』である。彼がその戦争論において新たな側面を示すことになる1510年代半ばから1520年のあいだには，ヨーロッパ世界を揺るがす二つの大きな出来事があった。すなわち，ルター『九五カ条の提題』(1517年)にはじまる宗教改革やそれに伴うドイツ農民戦争[53]と，1520年代に顕著になる一連の「トルコの脅威」である[54]。

こうした国際社会の変動過程において，ルターはトルコ人が侵略してもそれは神の摂理たる「神の鞭」であり，トルコ人に対して戦争をすることは許されないと主張していた[55]。このようなルターの主張に対し

---

53) 1524-25年のドイツ農民戦争については次章で再度触れる。

54) 一連の経緯をまとめると，ロードス陥落 (1522)，モハーチの戦い (1526)，ウィーン包囲 (1529)，そして1530年にエラスムス『トルコ戦争論』脱稿 (A. G. Weiler, 'The Turkish Argument and Christian Piety in Desiderius Erasmus' *Consultatio de Bello Turcis Inferendo* (1530)', in *Erasmus of Rotterdam: the Man and the Scholar*, eds. by J. Sperna Weiland and W. Th. M. Frijhoff (Leiden: Brill, 1988), pp. 30-39; Mansfield, *Erasmus in the Twentieth Century*, p. 202; Michael J. Heath, 'Erasmus and the Infidel', in ERSY 16 (1996), 19-33; Jan van Herwaarden, 'Erasmus and the Non-Christian World', in ERSY 32 (2012), 69-83; Terence J. Martin, 'The Prospects for Holy War: A Reading of a "Consultation" from Erasmus', in *Erasmus Studies*, Vol. 36, No. 2 (2016), 195-217)。

55) ルター『トルコ人に対する戦争について』石本岩根訳（*Vom Kriege wider die Türken*, 1529)，『ルター著作集』第1集第9巻，聖文舎，1973年所収，14-79頁；松森，前掲書，278頁；山内『十字軍の思想』，147-49頁；ヨンパルト『自然法と国際法――ホセ・ヨンパルト教授著作集』成文堂，2011年，43, 58頁参照。ただし，ルターは，ウィーン包囲後「対トルコ軍隊説教」を書いて時勢の変化を指摘し，対トルコ防衛戦争に反対しなかった（石本岩根「解説」『ルター著作集』第1集第9巻所収，12頁；山内『十字軍の思想』，151-52頁；

3 エラスムス戦争論における「寛恕」の展開

て，エラスムスは『トルコ戦争論』において，「戦争をする権利はキリスト者には全面的に否定されていると考える人々」の議論を危険視している[56]。ただし，彼はルター派の意見だけを批判していたわけではない。というのも，彼は十字軍の唱道者とルターに代表される立場の双方への両面批判を展開しているからである[57]。

その際に，法律による刑罰と戦争の関係は，裁判官の刑罰権（ius puniendi nocentes）と君主の戦争の権利（ius belli）の関係として類比的に考えられるようになった。

> もしあるひとがキリスト者の戦争の権利をすっかり取り去るなら，同様に裁判官による侵害者を罰する権利を取り去るのが当然である。というのも，もし罪が他の手段で矯正されえないなら，戦争とは多数者による多数者の懲罰にほかならないからである。……それでも裁判官の法的権利を取り除くところはどこにもない。しかもなお，パウロは悪人の罰，善人の称讃へもたらされる剣を認めているように思われる[58]。……キリスト教徒のあいだでは国の静穏は他の方法では維持されえないので，世俗の裁判官には，懲罰の恐れによって罪人を抑制する必要があると答えられうるが，彼ら〔罪人〕は法や警告に従順ではないのである。もし我々が裁判官に力を引き渡すなら，我々は戦争の権利もまた君主に引き渡すのが当然である[59]。

CWE 16, p. 356, n. 14）。その意味で，ルターも正戦論の伝統を疑わず，これを正当視していると捉える見解もある（鈴木，前掲書，69頁）。

56）*De bello Turcico*, ASD V-3, p. 54 / CWE 64, p. 233. セプールベダもエラスムスと同様にルター派に反論し，『第一のデモクラテス』（*De convenientia militaris doctrinae cum christiana religione dialogus qui inscribitur Democrates*, 1535）によって戦闘行為とキリスト教教義が矛盾するわけではないことを立証しようとし，1529年には『対トルコ戦の勧め』（*Ad Carolum V. ut bellum suscipiat in Turcas*）を出版していた（染田秀藤「解説」セプールベダ『第二のデモクラテス――戦争の正当原因についての対話』染田秀藤訳，岩波文庫，2015年所収，283-309頁，特に293-94頁；松森，前掲書，277頁参照）。

57）*De bello Turcico*, ASD V-3, p. 52 / CWE 64, p. 232.

58）「ローマの信徒への手紙」13章4節。このテクストは，聖ベルナルドゥスや教皇ピウス二世（Pius II, 1405-64）を含む十字軍の演説によって数多く濫用された。ピウス二世に関しては，CEBR, vol. 3, pp. 97-98.

59）Caeterum si quis in totum christianis adimat ius belli, idem magistratibus oportet

このように，エラスムスは侵害者に対する罰による抑止効果としての裁判権との類比において，君主の戦争の権利を認めている。しかし，彼はこうした戦争の権利を全面的に認めているわけではなく，さまざまな条件によって限定している。

　　しかしながら，キリスト教徒のあいだで戦争が起きるよりも，すべてが試みられるべきことを最も確実だと私は信じ，そしてまた，もしすべての治療の消費によって無益に避けられえないものでないなら，たとえ原因が，あるいは最も重大で，あるいは最も正当であっても，まっすぐに戦争は着手されるべきではない。というのも，もし支配欲や，野心や，私憤や，復讐欲が戦争を促すなら，戦争ではなく，略奪なのは周知だからである。そして，戦争を遂行するのはキリスト教君主の特殊な任務であるが，それにもかかわらず市民や祖国の同意なくして，すべてのなかで最も危険な戦争への着手はすべきではない。もし不可避の必要が，全面的に戦争されるべきように促すなら，キリスト教徒の寛恕とは，戦争ができるだけ最小限で通り過ぎ，できるだけ最小の血の犠牲で，できるだけすみやかに戦争が終えられるように，すべての人によって努力することである[60]。

---

adimat ius puniendi nocentes. Nihil enim est aliud bellum, quam punitio multorum per multos, si maleficium alia ratione corrigi non possit. Sed euangelium licet adulteram dimiserit, nusquam tamen legitimum ius adimit magistratui, tametsi nusquam aperte comprobat. Caeterum, Paulus gladium qui portatur ad vindictam malorum, laudem bonorum, videtur approbare. Quod si quis tergiuersetur Paulum illic loqui de magistratu ethnico, cui voluerat a christianis obtemperari, ne scandalum praeberent euangelio, si viderentur reipublicae statum et ordinem perturbare, responderi potest, quoniam nec inter christianos aliter potest seruari reipublicae tranquillitas, opus esse prophanis magistratibus, qui metu mali cohibeant scelerosos, qui leginus ac monitis non obtemperant. Quam potestatem si concedimus magistratui, belli quoque ius monarchis concedamus oportet (*De bello Turcico*, ASD V-3, p. 56 / CWE 64, pp. 235-36) .

　60) Quanquam illud certissimum arbitror, omnia tentanda potiusquam inter christianos bellum oriatur, nec prorsus suscipiendum nisi frustra consumptis omnibus remediis vitari non possit, etiam si causa sit, tum grauissima, tum iustissima. Nam si libido dominandi, si ambitio, si priuatus dolor, si vindictae cupiditas bellum persuasit, latrocinium esse constat, non bellum. Et quanquam christianorum principum praecipuae partes sunt bella gerere, tamen non oportet rem omnium periculosissimam suscipere, sine ciuitatum et patriae consensu. Quod si necessitas ineuitabilis huc hortatur, vt omnino bellandum sit, christianae mansuetudinis est, viribus totis adniti,

3 エラスムス戦争論における「寛恕」の展開

エラスムスは，他の可能な治療法が試みられたうえでの，最終手段として戦争を捉えており，国内統治における最終手段としての死刑適用の条件と同様に考えている。のみならず，戦争には市民や祖国の同意が必要であり，最小の流血で，できる限りすみやかにそれを終えるあらゆる努力によって戦争を遂行するのが君主の特別な役目だと見ている。具体例として，彼は皇帝テオドシウス（Theodosius I, 347-95）がイタリアへの蛮族の侵入を撃退した際のアンブロシウスの戦争論[61]をとりあげ，「国の静穏以外の目的なしで，もし戦争が敬虔な精神において戦われないなら，いかに必要で正当でも，戦争を認めない[62]」と断じている。

それでは，エラスムスは，武器を持たないキリスト教徒はどのように保護されると捉えていたのか。

> もし法や武器で保護する人が誰もいなければ，いかにキリスト教国が持続しうるか我々が訊ねるとき，人々はいつも相互の質問で答える，世俗の裁判官も，武器も，投石機もないときに，いかにしてキリスト教国は生き残り，成長するのかと。しかし，教会がこのような基礎で現われたのは好都合であったが，たえず物事が同じ状態であるような必要は何もない。教会は奇跡で成長したが，それ〔奇跡〕はいまや探し求められるべきではない。それにもかかわらず，教会の静穏はそのときいかなる場合でも異教徒の裁判官に守られていた，というのも，そのときキリスト教徒を殺すのを許されていた人はいなかったからである[63]。

---

vt bellum quam minime multos corripiat, et quam potest minima sanguinis iactura quam ocyssime finiatur（*De bello Turcico,* ASD V-3, p. 56 / CWE 64, pp. 235-36）．

61) 無辜の民を守る必要による戦争正当化の論理は，アウグスティヌス以前にすでにアンブロシウスによって表明されていた（山内「序論」20頁；荻野，前掲論文，117頁）。キリスト教徒の平和を守るために戦った人々についてのアンブロシウスの称讚を，エラスムスは後年の「ルカによる福音書」22章36節の注解で受け入れている（Mansfield, *Erasmus in the Twentieth Century,* p. 273, n. 74）。

62) *De bello Turcico,* ASD V-3, p. 56 / CWE 64, p. 236. Ambrosius, *De officiis,* 1. 29 参照。

63) Quidam nobis percontantibus, qui consistere possit respublica christianorum, si nulli sint qui legibus et armis protegant, mutua percontatione respondere solent, quomodo substitit et creuit respublica christiana, quum nec magistratus haberet prophanos, nec arma, nec tormenta? verum vt talibus initiis expediebat exoriri ecclesiam, ita nihil necesse est vt perpetuo sit idem rerum status. Creuit miraclis, quae nunc requirenda non sunt. Quanquam ecclesiae tranquilllitatem tum temporis

このように，物事は時に応じて変化が伴うものだという相対的な見方[64]をエラスムスはここで示しており，初期教会においても教会の静穏は異教徒の裁判官によってある程度は守られたと考える。また，彼は侵害者から市民生活と財産を守るための世俗君主の戦争権や裁判官の処罰は必要ではあるが，敬虔さを旨とする教会はそうした戦争や処刑から後退すべきだと考える[65]。

結局，エラスムスは，世俗統治者と聖職者の役割分担を説いており，武力行使を伴う俗事への聖職者とりわけ教皇の介入を否定する[66]。というのも，彼は「彼ら〔聖職者〕の戦いは神のためであり，彼らは俗事に従事するようになってはならない。戦争はかように無情なものなのでほとんど異教的と呼ばれうる。もし聖職者にとって戦争をすることが正しいなら，彼らにとって処刑人（carnificem）になることも同様に正しいことになるであろう」[67]と述べているからである。

さらに注目すべきは，教皇，皇帝，トルコの三者が結託してキリスト教世界を裏切るという巷間の噂を彼が認識しており，第1章でも確認したように，トルコ戦争という口実のもとで君主が中央集権化を推進して絶対主義国家へと向かう同時代の政治過程を把握していることである。

> いまや君主たちがここでは隠れた手段で振舞うと疑わない人はいない，すなわち，トルコ戦争という口実によって，都市，田舎，人々が略奪され，法が圧迫され，国の自由が消滅し，議会の権威が追い

---

vtcunque tuebantur ethnici magistrates, neque enim cuiuis tum licebat Christianum occidere (*De bello Turcico*, ASD V-3, p. 56 / CWE 64, p. 236)．ローマの迫害下でさえ，告発されたキリスト教徒は法的な適正手続きの利益を与えられた。奇跡が当代では時代遅れという考えについては，*Moria*, ASD IV-3, p. 172 / CWE 27, p. 139. 邦訳，180頁も参照。

64）こうした見方については，本書第2章『キケロ主義者』における議論も参照。

65）*De bello Turcico*, ASD V-3, p. 60 / CWE 64, p. 239. エラスムスが，市民生活や財産の保護を政治の主目的と考えていることに関しては次章を参照。

66）*De bello Turcico*, ASD V-3, pp. 78-79 / CWE 64, p. 261. こうした立場は，中世政治思想史のなかでマルシリウス・パドヴァに特徴的なものであった。マルシリウスは，教皇や聖職者が至上権の所有者であることを僭称して俗事に介入する当時の歴史状況から，紛争の原因の究明やその排除による静穏な生活の希求という意図をもって『平和の擁護者』を執筆した（Marsilius de Padua, *Defensor Pacis*. 邦訳，『平和の擁護者』稲垣良典訳，〈中世思想原典集成〉18，平凡社，1998年所収，499-545頁，特に513-14, 529-30頁）。

67）*De bello Turcico*, ASD V-3, p. 60 / CWE 64, p. 240.

3　エラスムス戦争論における「寛恕」の展開　　139

払われ，教会秩序への宗教感情が駆逐され，少数の気まぐれで物事が管理され，トルコにおいてするように，すべてが名誉ある方法よりも武器の力で振舞われる[68]。

ただし，彼は教皇の俗事への介入を全否定していたわけではない。というのも，エラスムスは，ローマ教皇もただの人間だとしてその可謬性を認めながらも[69]，上位権力者のいない君主同士を教皇が調停すべきだと考えていたからである[70]。

もしその習性から民衆が騒ぐなら，君主たちによって抑制されるが，彼ら〔君主たち〕は国において，体において眼であるもの，魂において理性であるものであるのが当然である。さらに，もし君主たちが騒動を起こすなら，もちろんその賢慮とその権威で騒動の事柄を鎮静するのは教皇たちである[71]。

まとめると，エラスムスは，戦争を国際関係において万策尽きたうえでの最終手段として捉えること自体に変化はなかったが，1510年代半ばの戦争平和論においては，死刑と戦争の違いを強調していたのに対し，『トルコ戦争論』に至って，裁判官の刑罰権と君主の戦争権を類

---

[68]　Iam sunt nonnulli, qui suspicantur hoc obliquis artibus agere principes, vt Turcici belli praetextu, expilatis ciuitatibus, agricolis et plebe, oppressis legibus, extincta rerum publicarum libertate, submota senatuum autoritate, protrita ordinis ecclesiastici religione, paucorum libidine res administretur, et armis verius quam honestis rationibus agantur omnia, quemadmodum fit apud Turcas. (*De bello Turcico*, ASD V-3, p. 80 / CWE 64, p. 263). ここでの国の自由や議会の権威については，次章で再度触れる。

[69]　*Dulce bellum inexpertis*, LB II, 964D, in *Adagia*, IV.i.1, ASD II-7, p. 35 / CWE 35, p. 427. 邦訳，331 頁。

[70]　ミンニヒによれば，エラスムスは両極端な公会議主義者でも教皇主義者でもない。結局，彼は信仰に必要なものとして教皇への服従を受け入れたが，いつも控えめな公会議主義を保っていた（Nelson H. Minnich, 'Erasmus and the Fifth Lateran Council (1512-17)', in *Erasmus of Rotterdam: the Man and the Scholar*, eds. by J. Sperna Weiland and W. Th. M. Frijhoff (Leiden: Brill, 1988), pp. 46-60; cf. Mansfield, *Erasmus in the Twentieth Century*, p. 210）。

[71]　Quod si quid suo more tumultuatur populus, a principibus cohibeatur, quos hoc oportet esse in re publica, quod oculus est in corpore, quod in anima ratio. Rursum si quid turbant principes, certe pontificum est sua prudentia suaque autoritate rerum motus componere (*Dulce bellum inexpertis*, in *Adagia*, IV.i.1, ASD II-7, p. 43 / CWE 35, p. 439. 邦訳，348 頁).

比的に見るようになった。それゆえ,「寛恕」論との関係では,死刑と戦争の違いを強調していた時期には,エラスムスは対外関係における「寛恕」を重視して戦争を回避しようとする傾向が強かったのに対し,1520年代におけるドイツ農民戦争やトルコの脅威といった現実的脅威を眼の当たりにするなかで,様々な限定を付しながらも,抑止効果としての為政者の実力行使をより積極的に認めるようになった。

　それにもかかわらず,興味深いのは,『トルコ戦争論』と同時期の1530年8月18日枢機卿ロレンツォ・カンペッジョ (Lorenzo Campeggio, 1474-1539)[72]宛書簡では,「寛恕」による時間的猶予のなかでの治療可能性が国内統治のみならず国際関係における戦争という問題においてもあてはまることを示唆していることである。というのも,エラスムスは,「時それ自体はそのあいだに癒しがたい悪への治療をもたらします。(ボヘミア派が知らぬふりをされるように) もし党派のある状況に放っておかれるなら,たしかに重大で,悪は戦争よりも,そしてかような戦争よりも軽いと私は認めます」[73]と述べて,「寛恕」によってもたらされる時間が戦争における混乱を回避してそれを治療する可能性を孕んでいることをほのめかしているからである。そこで,次節では,国内統治,国際関係における時間的猶予における改善可能性というエラスムス「寛恕」論の特徴を踏まえ,その射程が現世統治に留まるものではないことを明らかにしたい。

4　エラスムス神学における「寛恕」と最後の審判

(1)　エラスムスにおける宗教的異端への寛容

　本節では,前2節での検討を踏まえ,世俗における宗教的異端と神学的救済論を扱うことで,エラスムス「寛恕」論における世俗と彼岸の

---

　72)　カンペッジョに関しては,CEBR, vol. 1, pp. 253-55 を参照。

　73)　Ipsum tempus interdum affert remedium immedicabilibus malis. Si certis conditionibus sectae sinerentur (vt dissimulantur Bohemi), graue quidem, fateor malum esset, sed bello, et tali bello, leuius (Ep. 2366, Allen IX, p. 15; Lecler, p. 138; Bainton, p. 264, 邦訳, 322頁 ; 二宮『エラスムス』, 141頁)。

4 エラスムス神学における「寛恕」と最後の審判

連続性を明らかにする。

第2章で見たように，エラスムスは宗教改革の進展につれてプロテスタントのみならずカトリックの保守的神学者からの攻撃にも晒されるようになった。彼の聖書解釈は，パリ大学神学部評議員のノエル・ベダ[74]が神学部の承認を得て発表した『ルフェーブル・デタープルとロッテルダムのエラスムスへのパリの神学博士ノエル・ベダの注釈』（*Annotationes Natalis Bedae doctoris theologi Parisiensis in Jacobum Fabrum Stapulensem et in Desiderium Erasmum Roterodamum*, 1526）において異端的とされた。これはまた，スペインにおいても多くの修道士・神学者によって問題視され，バリャドリド会談（1527）において議論されることになった。こうした批判に対して，エラスムスは，『ノエル・ベダの誹謗書反駁』（*Supputatio calumniarum Natalis Bedae*, 1526），『スペインの修道士に対する弁明』（*Apologia adversus monachos Hispanos*, 執筆：1527, 出版：1528），『パリ大学神学部検閲に対する言明』（*Declarationes ad censuras Lutetiae vulgatas sub nomine facultatis theologiae Parisiensis*, 1532）などで反駁を試みた[75]。

エラスムスは，宗教的異端の問題を扱うこうした著作においても，死刑や戦争における世俗権力の行使を限定していた。というのも，彼は異端の処遇について，「しかしキリスト教君主は，すべてが試みられる場合だけ，必然的な原因のためだけ，戦争に対してであれ，人間の死刑に対してであれ，大いなる震えとともに剣を抜くように忠告されるべきである」[76]と述べているからである。もとより，エラスムスは異端の存在を認めている。しかも，このとき異端は「何らかの利益のために倒錯したドグマで教会の平和を乱す頑固な悪意ある者」[77]と定義される。けれども，思想上の異端が反乱や動乱を引き起こした場合に処罰されるのは，世俗の法の侵犯としてであって，異端という理由であってはなら

74）エラスムスとベダの論争については，本書第2章参照。

75）二宮『フランス・ルネサンスの世界』，162-63頁。

76）…, sed Christiani Princeps monendi sunt, ut non nisi tentatis omnibus, non nisi necessariis de causis, magno cum tremore promant gladium, sive ad bellum, sive ad capite puniendos homines, … (*Apologia adversus monachos*, LB IX, 1059E).

77）Peruicacem malitiam alicuius commodi gratia peruersis dogmatibus turbantem Ecclesiae tranquillitatem (*Ecclesiastes*, IV, ASD V-5, p. 338 / CWE 68, p. 1048).

ないと彼は考えていた[78]。したがって，彼はルター派に対する実力行使に反対する一方[79]，ミュンスターにおける再洗礼派の過激な逸脱行為に対しては反感を抱くのである[80]。それゆえ，彼は世俗権力による介入を全面否定しているわけでも，異端の自由を無条件で認めるわけでもない[81]。

一方，エラスムスは教会が自ら異端の死刑を主張してはならないと考えていた[82]。異端殲滅という目的のために，教会は強制力を行使しえないと彼が説いたのが，「マタイによる福音書」における〈毒麦の譬え〉[83]に関する釈義である。当該〈毒麦の譬え〉は，その解釈によって異端に対する態度が寛容・不寛容のふたつに分かれるキー・アナロジー[84]として，教父の時代から問題視されてきた。アウグスティヌスは，毒麦と良い麦を区別できる場合，すなわち「犯罪があまねく知られ，万人に嫌悪すべきものと受け取られていて，まったく弁護者がいないか，あるいは離教をひきおこす可能性をもつような弁護者がいない場合」[85]，教会からの除名を正当化することでこの譬えに新しい解釈を与えた。この解釈を継承したトマス・アクィナスは「異端は，たとえ他の信者を腐敗させぬ場合においても，世俗の権威によって正当に死刑に処され得る。なんとなれば，それは偽りの信仰に従うことによって，神に対する瀆聖者となっているからである」と明言することで異端の死刑を正当化した[86]。このような解釈は，不寛容の根拠として中世・ルネサンスのみならず宗

---

78) *Supputatio*, LB IX, 581D-E; *Declarationes ad censuras Lutetiae vulgatas*, LB IX, 904F-905 A；二宮『フランス・ルネサンスの世界』，163 頁参照。

79) Ep. 1526, Allen IV, pp. 601-07 / CWE 10, pp. 452-61；二宮『フランス・ルネサンスの世界』，160 頁；カメン，前掲訳書，46 頁参照。

80) *De concordia*, ASD V-3, pp. 311-12 / CWE 65, p. 213; Bainton, p. 262, 邦訳，318 頁 ホイジンガ，前掲訳書，291-92 頁；カメン，前掲訳書，50 頁参照。

81) 二宮『フランス・ルネサンスの世界』，163 頁参照。

82) *Supputatio*, LB IX, 582D.

83) 「マタイによる福音書」13 章 24-30 節，37-43 節。

84) Bejczy, Tolerantia, pp. 377-78. ベイツィは当該比喩を，エラスムスの異端に対する寛容の欠如への重要な例外のひとつと見なしている。

85) Augstinus, *Contra epistlam Parmeniani*, III, 2.13, PL 43, p. 92; Thomas Aquinas, *Summa theologiae*, 2a. 2ae. q.10, a.8. 邦訳，『神学大全15』稲垣良典訳，創文社，1982 年，229 頁参照。訳文は，稲垣訳によるものである。

86) Thomas Aquinas, *IV Scriptum super libros Sententiarum*, d.13, q. 2 a.3, solutio; Lecler, p. 110；二宮『フランス・ルネサンスの世界』，150 頁参照。訳文は，二宮訳によるものである。

教改革の際に改革派にも利用されることになった[87]。
　こうした解釈に対して，エラスムスは『マタイによる福音書釈義』(*Paraphrasis in Matthaeum*, 1520) において以下のように述べる。

> 時宜をえず毒麦を集めようと望む召使たちは，「偽の使徒」や「異端の指導者」を剣と死で殺すべきだと評価する者である。一方，適度の忍耐で，家父長は彼らが消し去られるのを望むのではなく，ことによると彼らが悔い改めて，毒麦から小麦に向け換えられるなら，忍耐するだろう。もし彼らが悔い改めないなら，自分の「審判者」に委ねられるが，その審判者はいつの日か罰を与えるだろう[88]。

　このように，エラスムスは毒麦から小麦への変化，すなわち時間的猶予のなかでの人間の悔い改めによる改善可能性を重視し，「寛恕」に基づいた対処と審判による最終的な罰に委ねるべきだと考えていた。それでは，次項では宗教的異端に対するこうした彼の見解を踏まえ，神学的救済論との関係から，エラスムス「寛恕」論が世俗の問題に留まるものではなかったことを明らかにしたい。

(2) 『ヒュペラスピステス』における悔い改め

　前項で確認したように，エラスムスは，人間の改善可能性に基づく悔い改めと「寛恕」の限界の関係から最終的な審判に言及したが，こうした議論は彼の神学思想，とりわけ救済論においても救済と地獄行きを分かつメルクマールでもあった。「神は悔い改めの時間を与えて駆り立てる。したがって，神は善人や治療可能な者を悩ませて憐れみ，治療不能な者や背を向けた人々を悩ませて頑なにする」[89]。神は時間的猶予のあい

---

87) 二宮『フランス・ルネサンスの世界』，161-63頁参照。

88) Servi qui volunt ante tempus colligere zizania, sunt ii, qui Pseudapostolos & Hæresiarchas gladiis ac mortibus existimant è medio tollendos, cum paterfamilias nolit eos extingui, sed tolerari, si forte resipiscant, & è zizaniis vertantur in triticum. Quod si non resipiscant, serventur suo Judici, cui pœnas dabunt aliquando (*Paraphrasis in Matthaeum*, LB VII, 80E / CWE 45, p. 215).

89) … pulsat indulgendo spatium pœnitentiæ: misereretur igitur affigens bonos ac sanabiles,

だに脅しや勧告によって人間が道徳的に改善して悔い改めることで神の怒りを免れることを期待しているのであって，人間を滅ぼすことを望んでいるわけではない[90]。時間的猶予のなかでの人間の道徳的改善を重視するエラスムスは，そこに自由意志の余地を見出す一方[91]，悔い改めるのに十分な時間的猶予があるにもかかわらず，神の「寛恕」や脅しによっても道徳的改善が見られないときには，その人々が手に負えない罪人として滅ばされるに値したことを明らかにする[92]。

　それゆえ，エラスムスにとって，神によって選ばれた人々がそれを望もうと望むまいと救済を達成することや，神の選ばなかった人々がまったくの必然性によって地獄に行くのは完全に不適切である[93]。彼は道徳への努力や徳の種も神の恩寵の助けに帰しており[94]，救済は人間の功績に帰されるのではなくむしろ全面的に恩寵に負っていると述べる[95]。ただし，エラスムスは非難される人々に関して，もし選択の自由がなくあらゆることがまったくの必然性によって起きるなら，彼らの没落は誰に帰されるのかと問う[96]。

　彼は神に知られず救われるか地獄に落とされるかという問題に対して，神の選びは人間の自由意志を邪魔しないと述べ，神はたんなる「幸運」の偶像ではないと考える[97]。

　　しかし神は永遠からその恩寵や永遠の命へと運命づけたが，そのために運命づけた，というのも，彼らにおいてその恩寵が不毛ではないだろうと予知したからである。他方，神はある人々を地獄へと運命づけたが，そのために運命づけた，というのも，神は永遠から彼

---

indurat affligens insanabiles & aversos (*Hyperaspistes*, II, LB X, 1397B / CWE 77, p. 458).

90) *Hyperaspistes*, II, LB X, 1452C-D / CWE 77, p. 570.
91) *Hyperaspistes*, II, LB X, 1452F-153A / CWE 77, pp. 570-71.
92) *Hyperaspistes*, II, LB X, 1455D / CWE 77, p. 576.
93) *Hyperaspistes*, II, LB X, 1436A / CWE 77, p. 535.
94) *Hyperaspistes*, II, LB X, 1464D / CWE 77, pp. 594-95.
95) *Hyperaspistes*, II, LB X, 1501B-E / CWE 77, pp. 675-76.
96) *De libero arbitrio*, LB IX, 1241F-1242C / CWE 76, pp. 75-76; *Hyperaspistes*, II, LB X, 1500D-E / CWE 77, p. 674.
97) *Hyperaspistes*, II, LB X, 1398D / CWE 77, p. 461.

らがどんな種類の行為をするか予知したからである[98]。

このように，神は永遠の命や地獄への運命づけを永遠から予知するとエラスムスは考える。しかし，彼は「神は悪しき者を悔い改めへと招いて，悔い改める人々を神は彼自身の功績ゆえにその恩寵へと受け取る」と述べる[99]。そして，彼は道徳の次元において，罪人が悔い改めるなら神は「寛恕」によって慰めの恩寵を注ぐと捉えていた[100]。それゆえ，エラスムスにとって，神の赦し，「寛恕」の対象とは，あくまで人間のこの世の生における時間的猶予のなかで悔い改めを行う者であった[101]。ただし，前章で触れたように，彼はその救済論において神の「寛恕」にも限界があることを論じている。「〔神は〕罪人の死（mortem peccatoris）を欲しないが[102]，それでも罪人がすべてを軽蔑して悔い改める（resipiscere）のを欲しないとき，神は自分が生きるように欲していた人を滅ぼさざるをえない[103]」。

エラスムスにとって救済論における「寛恕」の具体的な対象とは，キリスト教徒のみならずユダヤ人や異教徒を含むものであった[104]。しかし，彼は『教会和合修繕論』の最後で，たとえ君主や神が「寛恕」をもたらす存在であっても，それに期待することを戒めている。

> もし主の穏やかさが放縦へと我々を駆り立てるなら，それ〔主の穏やかさ〕は悔い改めへと〔我々を〕招かねばならなかったのだが，たびたび傷つけられた忍耐が狂乱に駆り立てられないように，そしてユダヤ人についてパウロが書いたこと，「神の怒りが最後に我々

---

98) Deus autem qui ab ævo destinavit his gratias suas & vitam æternam, ideo destinavit, quia præscivit in illis suam gratiam non fore sterilem. Contra quos destinavit gehennæ, ideo destinavit, quia ab æterno præscivit, qualia forent gesturi (*Hyperaspistes*, II, LB X, 1448C-D / CWE 77, p. 561).

99) *Hyperaspistes*, II, LB X, 1448E / CWE 77, p. 561.

100) *Hyperaspistes*, II, LB X, 1455D / CWE 77, p. 576.

101) *Hyperaspistes*, II, LB X, 1516B, 1528C / CWE 77, pp. 705, 732.

102) 「エゼキエル書」33章11節参照。

103) *Hyperaspistes*, II, LB X, 1510B / CWE 77, p. 693.

104) 「しかもなお救済の事業に特別に関わる場合は，救済への道はユダヤ人の誰かに閉ざされているわけでもなく，すべての異教徒が受け入れられるのでもなく，両者とも信仰の同じ道が開かれている」(*Hyperaspistes*, II, LB X, 1429A / CWE 77, p. 522)。

に達する」ことがないように畏れるべきである。諸王の寛恕でさえ濫用するのは熟慮されていない。彼らは自分たちの軍隊に無知なのではなく，自分たちの寛恕ゆえ，もし可能なら，この病気に焼灼や切除よりもむしろ穏やかな治療法で治療するのをより好む[105]。

　このような漸次的治療法こそが望ましいと考えていたエラスムスは，『エクレシアステス』において以下のように述べる。「しかしはるかに容易なのは弁論によって説得することよりも力によって強制することであり，より単純なのは精神を美徳へ向け換えることよりも肉体を滅ぼすことである」[106]。権力作用たる力による強制よりも困難で複雑であるにもかかわらずエラスムスがはるかに重視したものとは，「寛恕」による時間的猶予のなかで，言葉によって説得し，精神を美徳へと転換させることであった。こうした時間的猶予のなかでの言葉による説得は，叡智と結びついた雄弁を推進する教育的運動たるルネサンス人文主義の人間形成的側面を示すものである。のみならず，前章で確認したように，精神の転換は人文主義者の代表者たるエラスムスが「魂の向け換え」というプラトン主義の思想的伝統に位置づけられることをも示しており[107]，初期近代における人文主義思想と政治の緊張対立関係が，まさに彼の「寛恕」論の「臨界点」において見出されるのである。

5　おわりに

　エラスムスは「寛恕」を擁護するなかで，その「寛恕」が対象を誤導

---

105) Si Domini lenitas nos prouocat ad licentiam, quae ad poenitentiam debebat inuitare, verendum est, ne furor fiat laesa saepius patientia, et quod de Iudaeis scripsit Paulus, perueniat in nos ira Dei in finem. Ne regum quidem mansuetudine abuti consultum est. Non ignorant illi vires suas, sed pro sua clementia mollioribus, si fieri possit, remediis huic malo mederi malunt, quam cauteriis aut sectionibus (*De concordia*, ASD V-3, pp. 312-13 / CWE 65, p. 216).

106) Sed multo facilius est vi cogere quam oratione persuadere, procliuius est interficere corpus quam animum ad bonum frugem conuertere (*Ecclesiastes*, I, ASD V-4, p. 172 / CWE 67, p. 380).

107) ブラッドショーは，北方人文主義者の思想傾向へのプラトンの影響を指摘しているが，より厳密にはソクラテスの影響だと述べている（Bradshaw, p. 102）。

5 おわりに

し堕落させる危険性を孕んでいることを自覚していた。それゆえにこそ，その限界においては一見キリスト教教義とは矛盾するように思われる死刑や戦争といった手段を最終手段として容認するという現実的側面を彼は有していた。しかし，マンスフィールドが示唆していたように，キリスト教教義と政治権力の当該緊張対立関係は彼の思想における矛盾というよりは，むしろキリスト教教義に内在するものである[108]。

一方，キリスト教教義の問題である救済論において，エラスムスは救済と地獄行きを分かつ神の審判のメルクマールを，悔い改めによる道徳的改善可能性に見出しており，神の「寛恕」の限界を世俗君主の「寛恕」の限界と類比的に捉えていた。とすれば，キリスト教教義と政治の緊張対立関係を孕む「寛恕」の問題で，政治の論理がキリスト教教義を凌駕するときこそ権力作用が現出するときである。この臨界点に達するまでのエラスムスの思想世界は，時間的猶予のなかでの悔い改めによる道徳的改善可能性を前提とする人間論を軸として，その教育思想，政治思想，神学思想を統一的に解釈することが可能になる。

もちろん，このような人間形成的側面を重視した人間論を，従来の研究史において言われてきたように理想主義的なオプティミスティックな人間観として批判することはたやすい。また人間の道徳性の強調ゆえに，エラスムスは政治的ではなく法的・制度的側面が弱いと捉えられてきた側面もあろう。というのも，主権と寛容を一緒に論じるボダン（Jean Bodin, 1529/30-96）は法的・制度的側面を重視するゆえに，悔い改めによる改善可能性と結びついた時間性が抜け落ちるのに対し[109]，エラスムスの「寛恕」論においては時間性が重視されるゆえに，法的・制度的側面が相対的に重要性を失うからである[110]。こうした時間性を重視する彼の「寛恕」論は，人間を教育可能な可塑的なものと考える教育学

---

108) Cf. Mansfield, *Erasmus in the Twentieth Century*, p. 35.
109) たとえば，ボダンは『魔女論』（*De la Démonomanie des sorciers, 1580*）において，「魔女たちは悔悛せず，邪悪な罪に強情にしがみついたまま死んでいく」（邦訳，『魔女の悪魔狂について』平野隆文訳，〈フランス - ルネサンス文学集〉1，白水社，2015 年，所収，203-32 頁，特に 227 頁）と述べており，魔女の被疑者の死刑は軽減が許されず，悔悛も軽減を生み出さないとしている（佐々木『主権・抵抗権・寛容』，152 頁参照）。
110) ただし，序論でも触れたように，従来指摘されてきたエラスムスの法概念の弱さや制度への無関心は，ショッテンローアーやマッコニカによって疑問視されている。

者や，善悪の選択の自由を前提にする道徳神学者の人間論，すなわち，カール・シュミットが政治的な帰結を捨て去ってしまうとして批判したまさにその人間学的「楽観論」である[111]。

しかし，それにもかかわらず，エラスムスは人間の可謬性に誰よりも自覚的であった。彼の時間的猶予を前提とする「寛恕」論は，そもそも人間が情念にとらわれやすく理性を誤用することもありうるという可謬的人間観に基づいたものであり，そうした人間の誤謬も，「寛恕」の臨界点に達するまで人間自身の悔い改めによって道徳的に改善していくことが可能であるという潜在的希望を秘めた思想であった[112]。その人間形成的側面にこそ同時代のルターなどとは異なる人文主義に立つエラスムス固有の「寛恕」論の意義を見出すことができる。同時に，臨界点における峻厳な権力作用の発動を最終手段として担保する彼の「寛恕」論は，あくまで教育的にも政治的にも，そして予定説を唱えるプロテスタントとは違った意味で，神学的にも重要な信賞必罰という人間形成，秩序維持の要諦を忘れることのないものであった。

---

111) Carl Schmitt, *Der Begriff des Politischen* (München: Duncker & Humbolt, 1932), S. 63-64. 邦訳，『政治的なものの概念』田中浩・原田武雄訳，未來社，1970年，78-80頁参照。

112) ベイントンはむしろエラスムスが神の摂理を待望しているように描いている (Bainton, p.277, 邦訳，335頁)。エラスムスは対話「異端審問」(*Inqvisitio de fide*) において，バルバティウスに「ことわざが言うところでは，人間が息をするあいだ，希望されるべきだ」と言わせている (ASD I-3 / CWE 39, p. 422; *Adagia*, II iv 12)。またエラスムスは『死の準備について』(*De praeparatione ad mortem*, 1534) において，絶望においてさえ希望を持ち，地獄においてさえ信仰が死者を救いうることを示唆しているが (ASD V-1, p. 354 / CWE 70, p. 409)，ここでの「地獄」(gehenna) という言葉は比喩的に用いられている (CWE 70, p. 409, n. 138)。

第6章

エラスムス政治思想における「医術」

1 はじめに

　前章では，人間における可謬性と改善可能性の双方を前提とするエラスムスの思想世界のなかで，「寛恕」の限界において権力作用が現われる各場面を見てきたが，その際に繰り返し医学的メタファーが使われていた。本章では，当該メタファーに着目することで，エラスムスにおける医術と統治の関係について考察していきたい。
　本章の目的は，エラスムスにおける医術やそのメタファーを通して，彼の思想世界における予防と作為による統治論の位置づけと同時に，医学的メタファーにおける中世の思想家たちとエラスムスの違いを明らかにすることである。ヨーロッパでは古代，中世を通じて，さらには近現代に至るまで医術のメタファーで政治論を語ることは稀ではなく，ときに異分子の排除というかたちでそうしたメタファーが悪用されることさえあった。エラスムスは中世末期から初期近代という過渡期に生きたが，その時代を代表する人文主義者である彼の医術のメタファーを見ることで，前後の時代とは異なったルネサンス固有の統治に対する認識の把握がもたらされうる。というのも，従来レトリックとして理解されるだけであったメタファー[1]への着目は，その時代固有の認識やその背後にある人間観を把握するうえで，思想史研究においても有意味だと思わ

---

1) 将基面貴巳『政治診断学への招待』講談社選書メチエ，2006年，37頁参照。

れるからである[2]。

　エラスムスにおける統治と医術の関係を扱った先行研究は，ヘンリー八世への処方箋としての言語治療を扱っているボイルの論考[3]を例外としてほとんど存在せず，『医術礼讃』(Encomium medicinae, 1518) という作品への言及もシライシの著作[4]などにわずかに見出せるだけである。

　さて，エラスムスに関しては，一般的に自然科学や医学に無関心であったと捉えられることが多い[5]。また，医学や医者が中世末期からルネサンス期に快く思われていなかったことを示す際に『痴愚神礼讃』が例として取り上げられることもある[6]。それにもかかわらず，エラスムスはガレノス (Galenos, 129-99) の医学的諸著作について高く評価していた[7]。「政治病理学」の嚆矢をマキアヴェッリに求めうることが将基面貴巳によって指摘されているが[8]，ほぼ同時代に，いやむしろわずかに先駆けて，エラスムスは『痴愚神礼讃』において政治のみならず社会各層におけるあるべき本来の姿からの逸脱，いわば健康状態に対する異常事態を描いていた。医学的メタファーは病理への対処という文脈で用いられることが多いが，エラスムスはこうした異常事態に対する訓戒を意図して当該作品を書いたのみならず，統治に関わる場面において医学的メタファーを繰り返し用いていた[9]。

　以上からわかるように，エラスムス政治思想には，社会的な逸脱を診

---

　2)　隠喩による社会認識に関しては，甚野『中世ヨーロッパの社会観』，9 頁参照。

　3)　Marjorie O'Rourke Boyle, 'Erasmus' Prescription for Henry VIII: Logotherapy', in *Renaissance Quarterly*, Vol. 31, No. 2 (1978), 161-72; Mansfield, *Erasmus in the Twentieth Century*, p. 33.

　4)　Nancy G. Siraisi, 'Oratory and Rhetoric in Renaissance Medicine', in *Journal of the History of Ideas*, Vol. 65, No. 2 (2004), 191-211.

　5)　ホイジンガ，前掲訳書，316 頁；沓掛，前掲書，74 頁；Mansfield, *Erasmus in the Twentieth Century*, p. 274, n. 79.

　6)　将基面『政治診断学への招待』，81-82 頁参照。

　7)　B. Ebels-Hoving and E. J. Ebels, 'Erasmus and Galen', in *Erasmus of Rotterdam: the Man and the Scholar*, eds. by J. Sperna Weiland and W. Th. M. Frijhoff (Leiden: Brill, 1988), pp. 132-42.

　8)　将基面『政治診断学への招待』，136 頁参照。

　9)　*Dulce bellum inexpertis*, in *Adagia*, IV.i.1, ASD II-7, p. 36 / CWE 35, p. 428. 邦訳，331-32 頁；*Institutio principis christiani*, ASD IV-1, pp. 196-97 / CWE 27, pp. 266-67. 邦訳，345 頁；*De concordia*, ASD V-3, pp. 312-13 / CWE 65, p. 216 参照。

断しうる病理学的視点を見出すことができると思われる。そこで，本章では，『医術礼讃』，『暴君殺害』，『リングア』，『教会和合修繕論』といった著作に焦点を当て，従来，エラスムス研究においてほとんど顧みられることのなかった医術と統治の関係性という視点から，宗教改革以後の彼の政治思想の一側面を明らかにすることを試みる。そのことによって，エラスムスが統治において予防医学の観点を重視しながらも，作為による回復としての医術のメタファーを政治的・宗教的文脈に適用していたことが明らかになるだろう。

　議論の手順としては，第一に，古代・中世やエラスムス自身の医学的メタファーを概観し，『医術礼讃』における予防医学的態度を明らかにする。第二に，ソールズベリーのヨハネス，トマス・アクィナス，エラスムスの暴君放伐論を概観したうえで，1510年代半ばの戦争平和論では暴君への抵抗の可能性を示唆していたエラスムスが，その後の著作においてより慎重な立場を示していたことを明らかにする。そうすることによって，彼の暴君放伐論が，医学的メタファーによって統治の本質を法の権威と民衆の自由に見出している点に光が当てられるであろう。第三に，『リングア』や『教会和合修繕論』を扱うことで，医学的メタファーが君主統治や圧政の問題のみならず，宗教改革という具体的事例における社会的混乱に対しても反映されていたことを根拠づけ，最終的にエラスムスが宗教改革の進展過程においてもなお教会統一への治療可能性を見出そうとしていたことに触れてむすびとしたい。

2　「医術」としての統治

　医学と政治思想とのあいだには歴史的に相互関係が存在していた[10]。中世や初期近代の学問は，基本的にその枠組みが流動的で十分な専門分化を遂げていなかった。医学や政治学もそうした学問分野の一例であり，この時期の政治思想家は医学者と交流するのみならず，多様な学問のなかで医学的素養に習熟することも少なくなかった[11]。政治思想にお

---

10)　将基面『政治診断学への招待』，37頁参照。
11)　同書，37-43頁参照。

ける医学的メタファーには，政治社会をひとつの有機体としてみる場合[12]と，為政者を医者になぞらえる場合が存在する[13]。エラスムス統治論に予防医学的態度を見出しうるのは後者の場合であり，本章では後者についておもに見ていくことにする。

(1) 古代・中世における医学的メタファー

統治者が共同体の医者と見なされる事例は歴史的に古くから存在する。治療としての懲罰という発想は，古典古代に遡るものである。アリストテレス『ニコマコス倫理学』第2巻第3章における「懲罰は一種の治療」という一節[14]は，教育論として展開されたものであるが，13世紀以降には政治的文脈での使用が目立つようになった。また，キケロ『義務について』は，指導者を医者と同様に見なし[15]，外科手術の比喩によって暴君放伐を論じる[16]。

中世においても，こうした共同体における医者という比喩は存在していた。政治における「治療」のメタファーは，外科手術と投薬に大別される[17]。その目的は，外科手術でも投薬でも，患部を病的状態の発生後に否応なく取り除くことにある[18]。共同体にとっての医者というキケロのメタファーは，ソールズベリーのヨハネス『ポリクラティクス』第4巻第8章でも用いられる[19]。

> 少なくとも医者は，湿布といった穏やかな治療法で治せない病〔だけ〕を火や鉄といった激しい治療法で治すこと，〔言い換えれば〕穏やかな治療法によっては望まれる健康状態が絶望的であるとき以

---

12) 有機体の比喩に関しては，甚野『中世ヨーロッパの社会観』，第3章，132-92頁に詳しい。
13) 将基面『政治診断学への招待』，47頁参照。
14) Aristoteles, *Ethica Nicomachea*. 邦訳，61-62頁；将基面『政治診断学への招待』，73-74頁参照。訳文は，高田訳によるものである。
15) キケロ『義務について』邦訳，174頁；将基面『政治診断学への招待』，74, 160頁参照。
16) 将基面『政治診断学への招待』，160頁参照。
17) 同書，157頁参照。
18) 同書，162頁参照。
19) 同書，75頁。

外は決して激しい治療法を用いないということを習いとしている。同様に，権力もまた，穏やかな手段では下位にあるものたちの悪行（vitia）を正すのに十分でないときに，悲しみながら，善人たちの安寧が確保されるに至るまで，〔そうした悪行によってもたらされた損害に〕厳罰を注ぎ込み，敬虔な過酷さをもって悪に対して振る舞うのである[20]。

このように，ヨハネスは，支配権力による厳罰を医者による穏やかでない治療法と同様に考え，その目的を善人への損害の防止に見る。また，アリストテレスに依拠しながら，トマス・アクィナスやマルシリウス・パドヴァも，強制的懲罰に治療のメタファーを用いていた[21]。

こうしたメタファーは世俗国家だけでなく教会にも使用された。中世ヨーロッパにおける罪には宗教的なものも含まれる。ローマ教皇庁は，伝染病にも喩えられる異端の捜索と殲滅を目論んだ。トマス・アクィナス『神学大全』では，信仰上の罪人の殺害は正当かという問題で，切断による治療という比喩が適用される[22]。

さらに16世紀から17世紀の少なからぬ政治的著作では為政者が医者と見なされている。こうした著作では，国の医者たる為政者には的確な診断や処置が必要とされた[23]。エラスムスもこうした医学的イメージを用いた思想家の例外ではない。というのも，彼はガレノスの著作の翻

---

20) Medicorum utique consuetudo est ut morbos quos fomentis et leuioribus medicinis curare nequeunt, grauioribus adhibitis, igne puta uel ferro, curent, nec umquam utuntur grauibus, nisi cum leuium beneficio desiderata sanitas desperatur. Sic et potestas, cum inferiorum uitia mansueta manu curare non sufficit, poenarum acrimoniam dolens recte uulneribus infundit, et pia crudelitate saeuit in malos, dum bonorum incolumitas procuratur (Ioannis Saresberiensis, *Policraticus*, IV.8, p. 258); 将基面『政治診断学への招待』，75頁。将基面訳を参照したが，訳語は一部変更した。

21) 将基面『政治診断学への招待』，74-75頁参照。

22) Thomas Aquinas, *Summa theologiae*, 2a. 2ae. q.64, a.2. 邦訳，『神学大全18』稲垣良典訳，創文社，1985年，162頁；将基面『政治診断学への招待』，158-59頁参照。こうした異端に対する断罪については，本書第5章参照。医学的メタファーの使用の背景には，中世ヨーロッパ世界におけるガレノス『治療法について』（*De methodo medendi*）の本格的受容があった。養生法を重視するヒポクラテス（Hippocrates, 460-370 B.C.）医学は自然治癒力に委ねる傾向を持つ。これに対して，薬剤療法を特徴とするガレノス医学はより人為的な治療であった（将基面『政治診断学への招待』，162頁参照）。

23) 同書，75頁参照。

訳を行い[24]，パラケルスス（Paracelsus, 1493-1541）との交流もあり[25]，『医術礼讃』で医学について直接論じているからである。以下の議論で明らかになるように，エラスムスはこうした医学的知見を統治論のなかで積極的に用いたのである。その点を示すために，次項において，『医術礼讃』について概観しておきたい。

(2) 『医術礼讃』

『医術礼讃』および『結婚礼讃』（Encomium matrimonii）は，1517年にルターによって宗教改革の口火が切られた直後の1518年3月30日に『平和の訴え』との合本でルーヴァンのマールテンス書店より上梓された。単行本としては同年8月バーゼルのフローベン版が最初である[26]。

それでは，『医術礼讃』の中身を実際に見ていきたい。エラスムスは学問分野としての医学をどのように捉えていたのか。基礎技術は金銭的利益の追求に走らないのが特徴であり，医学もその例外ではない[27]。彼は医学が修辞学など他の学問分野を貶める必要がないほど偉大で[28]，その発明が神々に帰されるほどすばらしいと評価する[29]。

また，エラスムスは，医者を神的存在に近いものとして捉え[30]，キリストも「医者」と見なす。癒しの力を持つ神が意のままにできるものを，医者はその人間の力が許す限り模倣するよう努力することで，癒しの神の本性に参与する[31]。医術それ自体を激賞する彼は，キリ

---

24) 『自由学芸，特に医学の勉強への勧め』（Exhortatio ad bonas artes, praesertim medicinae），『最善の教え』（De optimo docendi genere），『適切な医者』（Qualem oporteat esse medicum）。三作品の概要については，Ebels-Hoving and Ebels, pp. 135-37 参照。

25) エラスムスとパラケルススの関係については，Epp. 1808, 1809, Allen VII, pp. 26-28 / CWE 13, pp. 55-59; CEBR, vol. 3, p. 50 を参照。

26) 二宮『エラスムス』，72頁。ただし，執筆時期は1498年頃。

27) 自由学芸については，P. O. Kristeller, 'The Modern System of the Arts', in Renaissance Thought II (New York: Harper Torchbooks, 1965), pp. 163-227 を参照。

28) Encomium medicinae, ASD I-4, p. 164 / CWE 29, p. 36. トマス・モア『ユートピア』第2巻でも，医術の知識は「哲学の最も美しく最も役に立つ部門」（pulcherrimas atque utilissimas pars philosophiae）に数えられている（Utopia, pp. 182-83. 邦訳，185頁）。

29) Encomium medicinae, ASD I-4, pp. 164-65 / CWE 29, pp. 36-37.

30) Encomium medicinae, ASD I-4, p. 184 / CWE 29, p. 47.

31) 「マタイによる福音書」10章1節；「マルコによる福音書」6章13節；「ルカによる

ST者にとっての神と同様の役割を医術が古代人のあいだで担っていたとして[32]、「人間は人間に対して神である」（ἄνθρωπος ἀνθρώπου δαιμόνιον）[33]という諺の真の模範は，信頼できて有徳な医者だと見なしている[34]。エラスムスは，医者の関心が身体のみならず人間全体にあることを指摘し，神学者と医者を類比的に捉え，人間全体への関心と情念の抑制への説得において両者が同様の役割を果たす事実に注意を喚起する[35]。

　エラスムスは，神それ自体や神学者と医者を類比的に捉えていただけではなく，君主にも癒しの術を見出していた[36]。また，人間がその生を負う対象として神，親，統治者，医者があげられ，統治者と医者は人間の生殺与奪を握る者として類比的に捉えられる[37]。そして，彼は統治者に医者の配慮の役割を見出し，統治者も医術を学ぶべきことを説き，医学の助けなくして適切に行われうる生の領域はないと見る。その際に，エラスムスは人間の幸福の頂点に健康を位置づけた古代人の法をあげている。こうした古代人の法は市民のあいだの強さ，頑丈さ，身体の鍛錬を目的としていた[38]。そしてここには，古代の統治における「養生」（δίαιτα）[39]の観点が見出される。

　こうした平時における「養生」の観点について，将基面は，「政治論におけるメタファーではこうした〔予防医学，日常的な健康管理の〕側面が脱落したのはなぜか。これは追求に価する思想史的課題」[40]だと述

福音書」9章1-2節参照。*Encomium medicinae*, ASD I-4, p. 178 / CWE 29, p. 45.
　32)　*Encomium medicinae*, ASD I-4, p. 166 / CWE 29, p. 38.
　33)　*Adagia*, I.i.69, ASD II-1, pp. 180-82 / CWE 31, pp. 112-15. 邦訳，7-13頁。
　34)　*Encomium medicinae*, ASD I-4, p. 168 / CWE 29, p. 39.
　35)　*Encomium medicinae*, ASD I-4, p. 170 / CWE 29, pp. 39-40.
　36)　*Encomium medicinae*, ASD I-4, p. 176 / CWE 29, pp. 43-44.
　37)　君主が生殺与奪を握ることに関しては，*Panegyricus*, ASD IV-1, p. 63 / CWE 27, p. 43 参照。
　38)　*Encomium medicinae*, ASD I-4, p. 182 / CWE 29, pp. 46-47.
　39)　δίαιτα には，生活様式，暮らし方，食生活，飲食物，生活の場所，住居などの意味があり，狭義の「食餌法」のみならず，「摂生法」，「養生法」，「生活法」といった意味を表す（斉藤博「ヒポクラテスの医学教育」『埼玉医科大学雑誌』第31号，2004年，137-46頁，特に144頁参照）。
　40)　将基面『政治診断学への招待』，209頁，第4章注18。

べ,西洋的統治イメージの問題点として指摘する[41]。しかしながら,先述のように,エラスムス『医術礼讃』における市民の義務形成への統治者の配慮には予防医学的観点が見出され,ベイントンは当該箇所を「予防は医療にまさる」と概括している[42]。また,『キリスト教君主の教育』第10章「平時の務め」[43]では,「キリスト教君主にとっての哲学」(Christiani principis philosophia) とは,「公正な法や徳に向かうふさわしい学問による,裁判官や役人の誠実さ,司祭の神聖さ,学校教師の選択」といった務めに向けての能力と意志を持つことだとされる[44]。ここでは「それらを通して国が安定させられ輝かされるものを〔君主は〕最大限に配慮し,他方では国情をより悪くするものを排除して遠ざける」[45]と述べられ,君主のあらかじめの配慮が重要だという観点から,法の改廃による悪しき習慣の矯正,官吏任用法,処罰,貧救法,治安維持といった手段による領国安定が説かれる[46]。また,「〔君主が〕諸都市を訪問するのは,すべてを改善し,不十分であるすべてを強化するようなこの精神によって」[47]であると述べ,エラスムスは各地の視察や公共事業の必要性を説く。このように,平時における君主の心掛けで問題を未然に防ごうとするエラスムスは,統治において予防医学的観点を重視していたのである。

ただし,こうした予防医学的統治が十全に機能するのは,君主自身がまっとうな判断を有するときである。これに対して,統治者自身の判断が損なわれることになれば,動乱がもたらされることになる。

　　プラトンが認めるには哲学の要点(philosophiae summam)はこの

---

41) 同書,172-73, 175 頁。
42) Bainton, p. 240. 邦訳,293 頁。
43) *Institutio principis christiani*, ASD IV-1, pp. 208-13 / CWE 27, pp. 279-82. 邦訳,362-67 頁。
44) *Institutio principis christiani*, ASD IV-1, p. 212 / CWE 27, p. 281. 邦訳,367 頁。
45) ⋯ eas res curet maxime, per quas respublica stabilitur et illustratur, eas rursus excludat et arceat, quae reipublicae statum reddunt deteriorem (*Institutio principis christiani*, ASD IV-1, p. 212 / CWE 27, p. 281. 邦訳,367 頁).
46) *Institutio principis christiani*, ASD IV-1, p. 211 / CWE 27, p. 280. 邦訳,365 頁。
47) lustrare ciuitates, sed hoc animo, vt omnia reddat meliora, quae parum tuta sunt communiat, ⋯ (*Institutio principis christiani*, ASD IV-1, p. 211 / CWE 27, p. 280. 邦訳,365 頁).

場所に，すなわち情念（affectus）は理性（ratio）に服従するかどうかにある。そしてそのことに対して顕著な助力者は医者（medicus）である……それ〔威厳〕が君主において示されるとき，善行はどれほど輝かしいのか！ 如何なる運命（fortuna）もむしろ最も幸運な王よりこの種の悪に耽溺しない。しかし，ひとりの小人物の損なわれた脳が国のどんな動乱を引き起こすのか！[48]

このように，為政者が暴君と化し，いわば病的状態となるときには，共同体には自己治癒能力が必要となる[49]。そこで，次節では圧政への対処として政治社会の自己治癒能力と見なされる暴君放伐論を概観する。

3　暴君放伐論と民衆の抵抗

前節で見たように，通常時は医者の役目を果たす為政者による予防医学的な配慮が統治において重要であるものの，為政者自身も圧政という「病」を作り出してしまうことがある。そのときにはあくまで例外的かつ最終的な手段として共同体による暴君への「治療」が必要になる。それが暴君放伐論である。本節では，まず中世のソールズベリーのヨハネスとトマス・アクィナスにおける暴君放伐論の概要を述べることから始めたい。そのあと，エラスムスも『暴君殺害』や『平和の訴え』において暴君への抵抗を認めながらも，『リングア』では積極的な抵抗は認めていない点を明らかにしつつ，暴君放伐論においても彼が医学的メタファーを用いていたことを確認する。

(1)　中世における暴君放伐論

古典古代以来，長い系譜を持つ暴君放伐論において，医学的メタ

---

[48]　Philosophiae summam in hoc sitam esse fatetur Plato, si rationi pareant affectus; atque ad eam rem praecipuus est adiutor medicus, … quanto praeclarius est beneficium, cum id praestatur in principe! Nulla fortuna magis est obnoxia malis huiusmodi quam felicissimorum regum. Quos autem rerum tumultus ciet vnius homunculi vitiatum cerebrum !（*Encomium medicinae*, ASD I-4, p. 172 / CWE 29, p. 40）

[49]　将基面『政治診断学への招待』，176 頁参照。

ファーを用いて抵抗を論じたのは 12 世紀のソールズベリーのヨハネスであり[50]、トマス・アクィナスがこの理論を精緻にしたと言われている[51]。こうした系譜のなかで、エラスムスの主張がどう位置づけられるかを明らかにするために、ヨハネスとトマスにおける暴君放伐論を瞥見しておきたい。

ヨハネスの暴君論は、ローマ法の「王法」(lex regia) の中世的解釈であるラウテンバハのマネゴルト（Manegold von Lautenbach, c.1030-1103 以降）の抵抗についての議論や、君主の私益よりも共同体の共通善を優先させ、それに違背する君主を暴君と見なす当時の知識人の議論の影響を受けている[52]。彼の議論は、12 世紀における集権化という現実や、古典やローマ法の再生という知的世界の革新に対応するものであった[53]。

ただし、ヨハネスによる暴君放伐論にはその解釈をめぐる対立が存在する[54]。すなわち、『ポリクラティクス』第 3 巻第 15 章などは暴君が聖書的、神学的根拠から殺害されるべきという主張に見え[55]、そこからネーダーマンはヨハネスが暴君殺害を積極的に正当化したと主張する[56]。他方、支配者の理想像が示された第 4 巻第 1 章[57]での議論と符合する第 8 巻第 20 章では、抑圧されている人々は祈りによって暴君への神の裁きを待つことが期待されており、ヨハネスは暴君殺害を是認しているわけではなく、歴史的教訓を示しただけだとする論者もいる[58]。もっとも、現在の研究水準ではヨハネスは暴君殺害を明確に語った中世最初の思想家であるものの、暴君殺害を無条件に認めていたわけではないとされて

---

50) 同書、176-77 頁参照。

51) 柴田『トマス・アクィナスの政治思想』、237 頁参照。

52) 同書、256-57 頁参照。

53) 甚野『十二世紀ルネサンスの精神』、200, 218 頁；柴田『トマス・アクィナスの政治思想』、258 頁参照。

54) 甚野『十二世紀ルネサンスの精神』、201 頁；将基面貴巳『ヨーロッパ政治思想の誕生』名古屋大学出版会、2013 年、37-38 頁参照。

55) Ioannis Saresberiensis, *Policraticusis*, III.15, pp. 229-30; 柴田『中世の春』、412-13 頁参照。

56) Cary Nederman, 'A Duty to Kill: John of Salisbury's Theory of Tyrannicide', in *Review of Politics*, Vol. 50 (1988), 365-89.

57) Ioannis Saresberiensis, *Policraticusis*, IV.1, pp. 231-33.

58) 将基面も「君主の鑑」論においてソールズベリーのヨハネスの暴君放伐論を評価する試みに無理があると見ている（将基面『ヨーロッパ政治思想の誕生』、38 頁）。

いる[59]。

ヨハネスの暴君論に,「正当な資格を欠く暴君」(tyranus absque titulo)と「権力行使による暴君」(tyranus quoad exercitio)との分類などを付加して当該理論の精緻化を図ったのがトマス・アクィナスである[60]。ただし,ヨハネスとトマスには次のような本質的違いも見られる。ヨハネスが私人による暴君殺害の正当性を認めたのに対し,トマスは初期には承認していたにもかかわらず後期には不承認へと移り変わったと捉えられている[61]。たとえば,「士師記」(第3章第14節以下)エフドの物語は,『ポリクラティクス』では暴君殺害を認めるものとして受け止められているのに対し[62],トマスの『君主の統治について』では服従義務を説くペトロの教えから暴君殺害を否定している[63]。こうしたトマスの立場は,『ペトルス・ロンバルドゥス命題集注解』(Scriptus super libros Sententiarum magistri Petri Lombardi, 1256)で,カエサル暗殺を正当化するキケロに触れながら,私人による暴君殺害を認めていた議論[64]から遠く隔たっていた[65]。

結局,『神学大全』において,トマスは暴君への服従義務の拒否と抵抗は人民の権利だとしながらも,殺害も含む暴君放伐の判断と実施は「公的権威」(auctoritas publica)に委ねられているのであって,いかなる「私人」(persona privata)にも許されないと考えている[66]。

(2) 『暴君殺害』

前項で見たように,ソールズベリーのヨハネスに代表される中世の

---

59) 柴田『中世の春』,417頁;甚野『十二世紀ルネサンスの精神』,207頁参照。
60) 柴田『トマス・アクィナスの政治思想』,237, 246頁参照。
61) R. W. and A. J. Carlyle, *A History of Mediæval Political Theory in the West*, 6 vols. (Edinburgh: William Blackwood & Sons, 1903-36), vol. V, pp. 92-96;柴田『トマス・アクィナスの政治思想』,277頁参照。
62) Ioannis Saresberiensis, *Policraticusis*, VIII.20.
63) Thomas Aquinas, *De regimine principum*, I.6.46. 邦訳,43頁;柴田『トマス・アクィナスの政治思想』,252-54頁参照。
64) Thomas Aquinas, *II Scripta libros Sententiarum*, d.44. q.2. a.2;柴田『トマス・アクィナスの政治思想』,240, 245頁参照。
65) 同書,253-54頁参照。
66) Thomas Aquinas, *Summa theologiae*, 2a. 2ae. q.64, a.3. 邦訳,『神学大全18』稲垣良典訳,創文社,1985年,164-66頁;柴田『トマス・アクィナスの政治思想』,270頁参照。

暴君放伐論は，トマスによって精密化されたのち，14, 15世紀のイタリアの法学者バルトルスやコルッチョ・サルターティ（Coluccio Saltati, 1331-1406），さらには16世紀のモナルコマキなどの抵抗権理論へと継承されることになる[67]。しかしながら，こうした議論がエラスムスをはじめとした北方ルネサンスにおいてどのように受けとられていたかは十分に明らかにされているわけではない。そこで，本項では彼の暴君放伐論や抵抗の問題を概観する。

エラスムスの『暴君殺害』は，ソールズベリーのヨハネスやトマスなどに直接依拠したものではなく，古代のルキアノス『暴君殺害』（*Tyrannicida*）を主題とした「デクラマティオ」（declamatio）[68]として書かれたものであり，中世の暴君放伐論とは思想的系譜が異なるものである。当該作品の巻頭の1506年5月1日付リチャード・ウィットフォード（Richard Whitford, d.c.1543）[69]宛書簡によれば，彼は同じ主題に取り組むトマス・モア[70]を凌駕することではなく，たんに知恵競べをすることを意図していると述べている。エラスムスは，子供時代からこうした練習をすれば表現の貧困はより少なくなると述べており，読者として子供を含む修辞学の生徒を想定している[71]。彼は感情に欠ける存在という点で暴君とストア派哲学者の類似性を指摘しながらも，暴君が自分の計画を測る尺度を利益に求める点で両者が異なるとし[72]，暴君の悪徳は加齢によって増すものだと捉える[73]。

ただし，エラスムスはソールズベリーのヨハネスと同様に，圧政には

---

67) 柴田『トマス・アクィナスの政治思想』，237, 243頁参照。

68) デクラマティオとは，学校教育における修辞学の練習弁論のことで，議会弁論の訓練で良心の問題を論じる「説得弁論」（suasoria）と，裁判における審問や告発の練習で個別事例への法文適用の是非などを論じる「反駁弁論」（controversia）の二種類があった（Marrou, p. 53. 邦訳，53頁）。エラスムスの『暴君殺害』は後者に属する。

69) ウィットフォードに関しては，CEBR, vol.1, pp. 441-42を参照。

70) モアによる『暴君殺害』における圧政という主題の背後にはヘンリー七世（1457-1509, 在位1484-1509）の恣意的支配があったと考えられる。当該作品については，Cathy Curtis, 'The Best State of the Commonwealth': Thomas More and Quentin Skinner', in *Rethinking the Foundation of Modern Political Thought*, ed. by Annabel Brett and James Tully (Cambridge: Cambridge University Press, 2006), pp. 93-112, esp. 104, n. 48を参照。

71) Ep. 191, Allen I, pp. 422-23 / CWE 2, pp. 112-13.

72) *Tyrannicida*, ASD I-1, p. 528 / CWE 29, pp. 92-93.

73) *Tyrannicida*, ASD I-1, p. 538 / CWE 29, p. 107.

多数の関与があると認識していた[74]。というのも，エラスムスは，犯罪における仲間のような助力者から成り立っている有機体として「暴君」を捉え，その概念のもとに卑しい暴徒全体が隠れていると見るからである。にもかかわらず，彼は暴君の手足たる暴徒への加害は法によって許されていないとして[75]，あくまで殺害対象を暴君に限定する[76]。エラスムスは「私的個人は暴君に対してのみ自分の剣を抜く権利を与えられている」[77]としながらも，「法はある人から命を奪うための権力を与えるのに気が進まない」[78]と述べて，暴君殺害に対して法が積極的ではないことを示唆している。というのも，「一方の悪を他方の悪で治療する」[79]ことになるからである。また，彼は暴君殺害が共同体にとって危険であると見なし，その行為の特殊性を指摘する[80]。

また彼ら〔我々の父祖〕は暴君殺害の試みが共同体の最大の危険なくして企てられえないと理解していた。もし試みの報酬が定められるなら，無謀に試みる者によって国は回復されるよりもむしろ破壊されるように，彼らは未来を予見していた。というのも，圧政は共同体の重大で致命的な潰瘍以外の何なのか？[81]

---

74)　将基面『政治診断学への招待』，177-78 頁参照。
75)　*Tyrannicida*, ASD I-1, p. 540 / CWE 29, p. 109. エラスムスは，法の恣意的解釈は有害としながらも，法の文言よりも必要それ自体が強いる場合があることを指摘している（*Tyrannicida*, ASD I-1, p. 541 / CWE 29, p. 111）。こうした「必要」を優先するエラスムスの立場は，法に対してのみならず宗教に対しても見られる。彼はとりわけ後期著作において，突然の必要性や，より劣った悪としてキリスト教徒の平和を保つための軍事行動を認める。権力と宗教の相克の問題において，エラスムスは権力が不可欠だと認識しており，これが福音と不可避の要求のあいだの緊張を解消する方法であった。無秩序と圧政の比較衡量で，後者を「まし」と捉える見方については，「政治秩序を通して達成されうるものという感覚」がエラスムスに存在することをマンスフィールドが指摘している (Mansfield, *Erasmus in the Twentieth Century*, pp. 35, 201)。
76)　*Tyrannicida*, ASD I-1, p. 542 / CWE 29, p. 111.
77)　*Tyrannicida*, ASD I-1, p. 544 / CWE 29, p. 115.
78)　*Tyrannicida*, ASD I-1, p. 543 / CWE 29, p. 113.
79)　*Tyrannicida*, ASD I-1, p. 544 / CWE 29, p. 114.
80)　*Tyrannicida*, ASD I-1, p. 523 / CWE 29, p. 87.
81)　… verumetiam quod intelligerent tyrannicidii conatum non posse nisi summo ciuitatis periculo suscipi; vnde futurum prospiciebant vt, si conatui praemium statuissent, temeritate conantium respublica subuerteretur potiusquam restitueretur. Etenim tyrannis quid aliud est quam graue capitaleque ciuitatis hulcus? (*Tyrannicida*, ASD I-1, p. 524 / CWE 29, p. 87)

エラスムスは圧政を「潰瘍」(hulcus) と見なし，これに対する治療が必要だと捉える。そして彼は暴君を「ある種の国の致命的な病気」だと表現し，暴君殺害の限定理由を，私的な個人による無差別殺害の阻止，市民が圧政に耐える方が害は少ないということに求めている[82]。

　王は公共の利益 (publicum vtilitas) を，暴君は私的に自分自身の〔利益〕を考慮に入れる。そこから法の権威 (legis authoritas) を〔暴君が現われる〕以前の状態に，そして（もしなしうるなら）ひとつの頭の損失で回復するのに適したある復讐者が現われるまで，公然とあたかも正当な君主の如く暴君に市民が従うのが好都合である。というのも，身体のように国全体を襲うそれらの致命的な疫病では，こうした慎み深さによって，認められた同害報復よりもむしろ模範〔を維持すること〕によって病気を治療するように，いわんや共同体を治療しようとして，共同体の大部分を取り除かないように，知恵は法を利用するのが常だからである[83]。

　このように，エラスムスは，法の目的は病気の治療であり，法の権威の回復まで暴君に従うのが市民の利益になると見る。ただし，姦通者，正当防衛，暴君殺害の三例においてのみ裁判なしの殺害が許され，戦闘における殺害も暴君殺害と関係している[84]。
　そのうえでなお，エラスムスは暴君殺害への主張の基礎として，精神 (animus)，方法 (via)，効果 (effectus) にかかわる基準が満たされなくてはならないとしており[85]，剣での殺害は法によって認められた行為態

---

82) *Tyrannicida*, ASD I-1, p. 545 / CWE 29, p. 115.
83) Rex publicam spectat vtilitatem, tyrannus priuatim suam, vnde publicitus expedit vt tyranno veluti principi legitimo ciuitas pareat, donec idoneus aliquis vindex extiterit qui legum authoritatem in pristinum statum restituat atque id vnius (si fieri potest) capitis iactura. Nam hac moderatione in fatalibus illis pestibus quae totum reipublicae quasi corpus corripiunt, legum prudentia consueuit vti, vt exemplo magis quam admissi talione morbo medeatur, ne dum ciuitatem sanare studet, magnam ciuitatis partem interimat (*Tyrannicida*, ASD I-1, p. 545 / CWE 29, pp. 115-16).
84) *Tyrannicida*, ASD I-1, p. 543 / CWE 29, pp. 112-13.
85) *Tyrannicida*, ASD I-1, p. 546 / CWE 29, p. 117.

様でなければならないと説く[86)]。彼にとって，暴君殺害の目的はあくまで共同体の自由の回復（libertatis restitutio）であり，健康（salus）はあくまで安全で効果的な方法によって回復されるものである[87)]。それゆえ，法の侵犯による殺人という犯罪的行為は，国に危険をもたらすものだと捉えられている[88)]。

(3) エラスムスにおける民衆の抵抗と君主政

前項で見たように，エラスムスは『暴君殺害』において私人による剣による暴君殺害を認めていた。しかし，のちのカール五世たるブルゴーニュ公カールが，父祖の時代から繰り返されてきた対仏戦争[89)]やイスパニア外交政策にネーデルラントを巻き込むことへの懸念[90)]から，1510年代の戦争平和論では民衆の抵抗の問題を扱うようになり，その後の著作においては暴君に対してより受動的な態度になっている様子が窺える。

エラスムスは，『戦争は体験せぬ者にこそ快し』において，王侯の権利とは，民衆の同意によって付託されたものだと考えている。

> そのうえ我々が支配（dominium）と呼ぶもの，それは管理（administratio）である。自然によって自由な人間における権利と，家畜の群れにおけるそれは同じではない。〔王侯たる〕あなたが持っているこの権利自体を，民衆の同意（populi consensus）が与えたのである。しかし同様に，私が間違っていないなら，それを取り除くのは委託した人である[91)]。

---

86)　*Tyrannicida*, ASD I-1, p. 547 / CWE 29, p. 119.

87)　ここでの共同体の自由や健康とは，法の権威が保たれた合法的状態のことである。

88)　*Tyrannicida*, ASD I-1, pp. 547-49 / CWE 29, pp. 119-21.

89)　*Panegyricus*, ASD IV-1, p. 40 / CWE 27, p. 22 参照。ブルゴーニュ公や皇帝マクシミリアンはサンリスの和約（1493）までフランスとネーデルラントの国境でフランスと繰り返し戦争状態にあった。マクシミリアンとフィリップ端麗公は，フランスのイタリア侵攻に対して 1495 年にヴェネツィアで調印された神聖同盟の構成員であった。

90)　二宮『フランス・ルネサンスの世界』，246 頁参照。

91)　Ad haec dominium vocamus quod est administratio; non est idem ius in homines natura liberos et in pecudes. Hoc ipsum ius quod habes, populi consensus dedit; eiusdem autem, ni fallor, est tollere qui contulit (*Dulce bellum inexpertis*, in *Adagia*, IV.i.1, ASD II-7, p. 36 / CWE 35, p. 428. 邦訳，333 頁).

このように家畜とは異なる人間の自然的自由を重視するエラスムスにとって，民衆の同意によって王に付託された権力[92]は，民衆自身によって停止されうる。また，彼は民衆の同意を君主専制に対する歯止めとして考えており，具体的態様を論じているわけではないが，『平和の訴え』においてキリスト教徒の抵抗を示唆している[93]。ただし，『エンキリディオン』において，民衆が引き起こすかもしれない暴動や内乱に対する警戒を示し[94]，宗教改革においては漸進的な体制内改革を志向していたことに鑑みるならば，暴動や内乱を伴って体制秩序それ自体の転覆を図るような抵抗はエラスムスの想定の範囲外であろう[95]。

このように，彼は1510年代半ばの戦争平和論においては，王権の停止や抵抗の可能性を示唆し，『キリスト教君主の教育』では，君主がその任に堪えないときは辞任すべきだと勧奨しており，第1章で確認したように，古代のアテナイやローマの例から君主政も絶対的なものではないと考えていた[96]。それにもかかわらず，彼は『医術礼讃』において，暴君が存在したとしても，制度としての君主政は非難されるべきではないとして，あくまで人と制度を区別して君主政を擁護している[97]。

こうしたエラスムスによる君主政擁護の姿勢は，1525年の『リングア』においても顕著である。というのも，彼はパウロに従って上位者

---

92) 第1章で確認したように，エラスムスは王権のレジティマシーを民衆の同意に求めている (*Institutio principis christiani*, ASD IV-1, pp. 162, 167, 216 / CWE 27, pp. 231, 236, 284. 邦訳，299, 306, 371頁)。

93) エラスムスは，「市民の同意は悪しき人々の野心を鈍くする」(*Querela pacis*, ASD IV-2, p. 87 / CWE 27, p. 312. 邦訳，70頁) と述べ，「あなた方に無差別に私は呼びかける，キリストの名によって，これにおいて心の一致した調和によって認められる人は誰でも。圧政的な力に対して多数の調和がどれほど力があるかこのように示すがいい」(*Querela pacis*, ASD IV-2, p. 98 / CWE 27, p. 321. 邦訳，95頁) と抵抗の可能性を示している。

94) *Enchiridion*, LB V, 13B-C / CWE 66, p. 42. 邦訳，37-38頁。

95) ホイジンガは，エラスムス政治思想について，「革命的な意図は『ユートピア』を書くときのモアと同じく，縁遠いものである」と述べている（ホイジンガ，前掲訳書，253頁参照）。

96) 菊池，前掲書，62頁。

97) *Encomium medicinae*, ASD I-4, p. 184 / CWE 29, p. 49. 制度と専門的職業人のあいだの区別はエラスムス思想の特徴である。Rudolf Pfeiffer, *Humanitas Erasmiana* (Leipzig: Teubner, 1931) 参照。また，ものそのものとその悪用の区別に関しては，澤田訳『ユートピア』，266頁，注六二・1「ものの悪用のゆえにその正用を禁じたり，ものそのものを廃止してはいけないというのがモア，エラスムスの改革論の根本原則であった」を参照。

に対する服従を説き[98]，為政者の改善可能性がない場合においても，神罰がくだるまで我慢するか，あるいは市民や議会の同意によって抑制しなければならないとして，キリスト者による悪しき手段での悪への報復を否定しているからである[99]。ただし，『平和の訴え』で見られた市民の同意のみならず議会の同意を加えている点で，『リングア』は，制度的な合議体によって君主権力の突出を抑えようとする議会主義的側面の一端を示しており，『トルコ戦争論』においても議会の権威（senatus auctoritas）が強調されている[100]。エラスムス自身は議会についての具体的詳細に言及していないが，ケーニヒスベルガーによれば，「同意に基づく支配」における「同意」とは，ヨーロッパ君主国で代表制議会によって君主の政策決定に対して与えられたものを意味しており，こうした同意は，たとえば祖国ブルゴーニュ公国では，課税や身分制議会の権利や特権に求められるものであった[101]。

　まとめるならば，エラスムスは 1506 年の『暴君殺害』においては私人の剣による暴君殺害を認めていた。そこでの医学的メタファーは，暴君による圧政を「病」と見なし，こうした病が法の権威や民衆の自由の回復によって治療されることを示す役割を果たしていた。こうした統治者の専制化という問題に対する共同体による自己対処としての暴君放伐論において，エラスムスは統治の本質を法の権威と民衆の自由の双方に見ていた。1510 年代半ばの戦争平和論においては民衆の同意による王権の停止や抵抗の可能性が示唆されるものの，その後，より慎重な立場へと変化することになった。

---

98) *Lingua*, ASD IV-1A, p. 102 / CWE 29, p. 334;「ローマの信徒への手紙」13 章 1-7 節参照。

99) *Lingua*, ASD IV-1A, p. 103 / CWE 29, p. 335. ただし，エラスムスは国内統治における死刑や国際関係における戦争を否定しているわけではない。本書第 5 章参照。

100) *De bello Turcico*, ASD V-3, pp. 76, 78, 80 / CWE 64, pp. 258, 261, 263.

101) Koenigsberger, p. 176. 邦訳，239 頁参照。第 1 章で見たように，エラスムスは『トルコ戦争論』において，こうした議会の権威や民衆の自由の衰退と君主権力の増大との相関を示している (*De bello Turcico*, ASD V-3, p. 78 / CWE 64, p. 261)。

4 治療法としてのキリスト教の精神

　エラスムスが『リングア』において君主への服従をより強く説くようになった背景には，当該著作の前年からのドイツ農民戦争での農民の暴徒化という事態があった。彼はこれを君主の失政よりも悪い「無秩序」として非難し，鎮圧への厳しい手段が「病を癒す」ために必要であったことを示唆している[102]。こうした事態がルターによる宗教改革の進展に伴って引き起こされたことから，エラスムスは『リングア』において民衆を煽動する悪しき弁舌を批判する[103]。そこで本節では，『リングア』におけるキリスト教社会の混乱とその治療法を確認したうえで，『教会和合修繕論』において彼がなお調和への希望を捨てていなかったことを明らかにする。

(1) 『リングア』におけるキリスト教社会の分裂

　中世・ルネサンスにおける政治的議論では，治療前の診断への言及はほとんど見出されない[104]。しかしながら，エラスムス『リングア』では，まさしくこうした診断への側面に光が当てられている。というのも，彼は病気の原因と起源を探求することもまた治癒の技術と関係があるとして[105]，精神の病においても悪の程度を知ることが重要だと考えるからである。弁舌は精神の外形（mentis facies）と捉える彼は，医者が人の外見からのみならずその言葉からもまた病気の兆候（signa morbi）を推察しうると考える[106]。

　ただし，エラスムスは治療における手続きや人間の悪質さへの対処を

---

[102] Ep. 1686, Allen VI, pp. 300-02 / CWE 12, pp. 120-24; *De bello Turcico*, ASD V-3, p. 32 / CWE 64, p. 213. エラスムスは，格言「眼のイボが圧迫するように」（Ut fici oculis incumbent）（*Adagia*, II.viii.65, CWE 34, p. 75）において，1524-25 年の農民戦争について，君主たちの失政よりも限りなく悪い「無秩序」として非難した。彼は 10 万人の農民が殺されたと推測している（Ep. 1633, Allen VI, pp. 197-99 / CWE 11, pp. 323-26）。

[103] *Lingua*, ASD IV-1A, pp. 81-82 / CWE 29, p. 314; Chomarat, vol. 2, p. 1119.

[104] 将基面『政治診断学への招待』，77 頁参照。

[105] *Lingua*, ASD IV-1A, p. 144 / CWE 29, p. 377.

[106] *Lingua*, ASD IV-1A, p. 93 / CWE 29, p. 326.

4 治療法としてのキリスト教の精神

二段階で考える[107]。彼は精神の悪が肉体の悪よりも感染性が強いことを示唆し，悪影響を受ける仲間との交際を避けるべきだという医者の一般的勧告を示している[108]。このことは，『キリスト教君主の教育』において，君主が幼児の際に，その乳母や教育者や遊び相手といった取り巻きからの悪影響を避けるべきだという忠告を反映するものである[109]。

人間関係におけるよい影響と悪影響の二面性に気づいていたエラスムスは，毒と薬が紙一重であることも理解している[110]。彼はこうした表裏一体の関係を弁舌の二面性にも見出し[111]，「シラ書」の「悪しき言葉は心を変えるだろう，そこから物事の四つの様態，善と悪，生と死が生じるが，弁舌はたえずそれらの統治者である」[112]を引いて，悪しき弁舌の毒に対する解毒剤も，弁舌それ自体に存在すると考える。エラスムスにとってその解毒剤とはキリスト教であり[113]，それは触れる人々の健康を回復する「癒しの手」（medicae manus）であり，約束すべてを満たすための「新しい弁舌」（noua lingua）である[114]。そして，彼はパウロの本当の子孫は神聖な呪文で人々の魂を癒すことができると考える[115]。

このようにエラスムスはキリスト教徒に魂の癒しの力を見出す。それにもかかわらず，同時代のキリスト教社会には党派性を伴った分裂状態が存在していた。『キリスト教君主の教育』や『平和の訴え』において，中世神学の様々な学派や諸国の諍いが列挙されていることからすれば，キリスト教社会の分裂状態は，宗教改革だけによって始まったものではなく，それ以前の後期中世の学問的，政治的分裂状況においてすでに準備されていたと考えられる[116]。しかし，こうした分裂状態のなかで，教

---

107) *Lingua*, ASD IV-1A, pp. 123, 136 / CWE 29, pp. 355, 368. この世の悪行に対する批判は，治療可能な悪人には攻撃ではなく警告に過ぎないというエラスムスの強調は，『痴愚神礼讃』冒頭のモア宛献呈書簡にも見られる。
108) *Lingua*, ASD IV-1A, p. 148 / CWE 29, p. 381.
109) *Institutio principis christiani*, ASD IV-1, pp. 175-76 / CWE 27, pp. 245-46. 邦訳, 318-19 頁。
110) *Lingua*, ASD IV-1A, p. 130 / CWE 29, p. 363.
111) *Lingua*, ASD IV-1A, p. 25 / CWE 29, p. 262.
112) 「シラ書」37 章 21 節 ; *Lingua*, ASD IV-1A, p. 133 / CWE 29, p. 365.
113) *Lingua*, ASD IV-1A, p. 169 / CWE 29, p. 402.
114) *Lingua*, ASD IV-1A, pp. 170-71 / CWE 29, p. 404.
115) *Lingua*, ASD IV-1A, p. 171 / CWE 29, p. 405.
116) エラスムスは，学問的分裂状況のみならず地域的対立も描写しており，ヨー

会を身体メタファーで捉えるエラスムスにとって，ひとつの身体である教会には部分の分離は望ましいものではない[117]。それでは，同時代のキリスト教社会の混乱状態を収束させる方法を彼はどのように考えていたのか。

　　それでは弁舌を変える治療法は何か？　福音書の冒頭に我々は戻るが，それは言う，「悔い改めよ，さあ，神の王国は近づいた」(*Poenitentiam, ... agite, appropinquat regnum Dei*)[118]。各人が自分の罪を認め，生をよりよく向け換え，そして我々によって主は宥められる。主の怒りは我々において功罪に応じて荒れ狂う。「足の裏から頭頂まで我々には健康がない」(A planta pedis vsque ad verticem non est in nobis sanitas)。この民衆にして，この司祭あり，そしてこの君主にして，この裁判官や管理者あり。「みながイエス・キリストのものではなく，自分のものを求める」[119]。

　このように各人が私益を追求する時代状況において，エラスムスはキリスト教に基づいて各人が悔い改めることが弁舌を変える治療法だと考

ロッパ各国が中央集権化に向かう途上の党派性や地域性を示している（*Institutio principis christiani*, ASD IV-1, p. 218 / CWE 27, p. 286. 邦訳，374頁 ; *Querela pacis*, ASD IV-2, pp. 91-92 / CWE 27, p. 315. 邦訳，78-79頁）。

　117）　キリストの体としての教会に関しては，「ローマの信徒への手紙」12章4-5節，「コリントの信徒への手紙一」12章12-31節，「エフェソの信徒への手紙」4章15-16節，「コロサイの信徒への手紙」3章15節 ; *Lingua*, ASD IV-1A, p. 174 / CWE 29, p. 407を参照。エラスムスは，教会 (ecclesia) という名前が集まりを意味しているという教会観を『平和の訴え』においても示している。ショッテンローアーは，エラスムスにとっての教会を法的なものではなく教育的構造として解釈している。また，教会論において，彼は制度的，官僚的，権威的な教会理解について深い疑念があった（Otto Schottenloher, 'Erasmus und Respublica Christiana', in *Historische Zeitschrift* 210 (1970), S. 295-320, esp. 296-302; Mansfield, *Erasmus in the Twentieth Century*, pp. 132, 225）。エラスムスの教会概念に関しては，*Explanatio symboli*, ASD V-1, pp. 272-74 / CWE 70, pp. 325-28; CWE 39, p. 442, n. 93を参照。

　118）　「マタイによる福音書」3章2節，バプテスマのヨハネの言葉。

　119）　Quod igitur commutandae linguae remedium? Redeamus ad exordium euangelii: *Poenitentiam*, inquit, *agite, appropinquat regnum Dei*. Agnoscat suum quisque peccatum, vertat vitam in melius, et propiciabitur nobis Dominus, cuius ira merito saeuit in nos. *A planta pedis vsque ad verticem non est in nobis sanitas*. Qualis populus, talis sacerdos, et quales principes, tales magistratus ac praefecti. *Omnes quae sua sunt quaerunt, non quae Iesu Christi* (*Lingua*, ASD IV-1A, p. 174 / CWE 29, p. 408) .

4 治療法としてのキリスト教の精神

えていた。そうすれば，主の怒りを宥めて神の変心も期待できることを，彼はダヴィデの例から示唆している[120]。

エラスムスは，同時代の本末転倒の状況をバベルの塔に見立て，この塔を破壊すれば精神と弁舌の混乱の終わりが到来すると考え[121]，社会的混乱への対処に医学的治療のメタファーを用いて以下のように述べる。

> どんな配慮で弱き成員を我々は抱きしめ，どんな熱意で害されたか傷つけられたかした部分を除き，どんな技術で脱臼をそれ自体の場所に戻すのか？ 切断や焼灼（sectio aut vstio）を我々が適用するとき，どれほど嫌々ながら，どれほど忌避して最も重大な治療に我々は屈するのか？ 虚しくすべてが試みられ，治療の希望（sanandi spes）がないものを，最後にどんな悲しみで我々は切断するのか？ どうして隣人を治療することにおいて同じ愛や寛恕（charitas ac mansuetudo）を我々は示さないのか？ どんなに辛辣に人間の過失を我々は嘲弄するのか？[122]

このように，エラスムスは「癒しの希望」がある限り治療の試みを諦めないが，その希望さえ失われたときに悲しみのなかでの切断というある種の力による分離を伴う政治的選択をせざるをえないことを示唆している[123]。

---

120) これはおそらく「列王記下」24章10-25節；*Lingua*, ASD IV-1A, pp. 174-75 / CWE 29, p. 408.

121) *Lingua*, ASD IV-1A, p. 176 / CWE 29, p. 409.

122) Quanta cura fouemus membrum imbecille, quanto studio succurrimus membro vitiato aut vulnerato, quanta arte luxatum in suum locum reponimus? Quam aegre, quam detrectantes ad extrema remedia descendimus, vt sectionem, aut vsturam adhibeamus? Postremo frustra tentatis omnibus, quam dolentes amputamus cuius sanandi spes non est? Quur non eandem charitatem ac mansuetudinem in sanando proximo praestamus? Quanta amarulentia lapsus humanos insectamur？(*Lingua*, ASD IV-1A, p. 177 / CWE 29, p. 410).

123)「悲しみ」のなかでの切断という表現は，先に引用したソールズベリーのヨハネス『ポリクラティクス』第4巻8章における「悲しみながら」という表現を想起させる（Ioannis Saresberiensis, *Policraticus*, 4.8, p. 258; 拙基面『政治診断学への招待』, 74-75頁参照）。こうした切断や焼灼といった手術法を，古代では特にピュタゴラス派はほとんど認めなかった（イアンブリコス『ピタゴラス的生き方』水地宗明訳，京都大学学術出版会，西洋古典叢書，2011年，182, 244頁）。エラスムスは，『エクレシアステス』第2巻で，イタリアとドイツにおける治療法の違いに触れ，イタリアでは断食，ドイツでは静脈の切開が行われる傾向にあ

ではなぜ，彼は「癒しの希望」のもとでの治療に期待しようとするのか。エラスムスは人間が可謬的存在であることに誰よりも自覚的であり，社会各層の愚行への深い洞察に基づいて『痴愚神礼讃』を描いた。と同時に，彼はそうした愚行こそが翻って生の活力であることさえ看破していた[124]。エラスムスは，人間の作り出した精神の病気は人間の手で解決する治療法があると考える。「彼〔自分自身にふさわしい弁舌を持つ祭司（sacerdos qui linguam habet ipso dignam）〕は精神の病すべてに対する薬，すべての毒に対する速効性の解毒剤，霊の剣を持っているが，それによってすべての害を切り取るのである」[125]。ここでの「霊の剣」（gladius spiritus）とは，『痴愚神礼讃』におけるキリストの教えに基づいた「霊の剣」，「心の奥底まで貫き通し，あらゆる情念を断ち切って，心にはただ敬虔さのみが残る剣」である[126]。エラスムスは，キリストの教えに基づいた「霊の剣」に「癒しの希望」を見出しているが，これを「薬」（pharmacum）や「解毒剤」（antidotum）と表現しているのは，彼の思想世界の根底に改善可能性を前提とする人間観が存在するからである。そのことを次項の『教会和合修繕論』で確認する。

(2) 『教会和合修繕論』における希望

エラスムスは『教会和合修繕論』においても，利己的な党派心が調和の回復を妨げていることを示唆している[127]。キリストに希望を置くよう

ると述べている（*Ecclesiastes*, II, ASD V-4, p. 307 / CWE 68, p. 541）。
124) 菊池，前掲書，59頁参照。
125) *Lingua*, ASD IV-1A, p. 178 / CWE 29, p. 411.
126) *Moria*, ASD IV-3, p. 184 / CWE 27, p. 146. 邦訳，202頁。エラスムスは，ドルプ宛書簡で『エンキリディオン』や『痴愚神礼讃』の執筆意図が同じであることを以下のように述べている。「『エンキリディオン』において行われるのと異なるものが『痴愚神礼讃』において遊びの外観のもとで行われるわけでもありません。我々が欲したのは，噛み付くことではなく勧告すること，傷付けることではなく役に立つこと，人間の習俗にとって妨げとなることではなく手段を講じることでした」（Ep. 337, Allen II, p. 93 / CWE 3, p. 115 / CWE 71, p. 9. 邦訳，217頁）。『エンキリディオン』は「手引き」のみならず「短剣」も意味することからすれば，『痴愚神礼讃』における「霊の剣」は『エンキリディオン』それ自体と符合すると解される。エラスムスは「霊の剣」について同様の考えを格言「アルキビアデスのシレノス」でも示している（*Sileni Alcibiadisi*, in *Adagia*, III.iii.1, ASD II-5, p. 176 / CWE 34, p. 272. 邦訳，145頁）。「霊の剣」という表現自体は，「エフェソの信徒への手紙」6章7節に見出される（金子『エラスムス『格言選集』』，145頁，注30参照）。
127) *De concordia*, ASD V-3, pp. 300-01 / CWE 65, p. 197.

4 治療法としてのキリスト教の精神

に説いたうえで，自分自身を顧みずに他者を批判する態度を不正の極みであるとして，教皇や司祭や修道士を批判する宗教改革側の人々が，自分自身のことを棚に上げてカトリック側を批判するおこがましさを彼は指摘する。もちろん，エラスムスは，『痴愚神礼讃』であれほど痛烈な批判を浴びせていたことからすれば，カトリック側の悪徳に気づかなかったわけではない。『痴愚神礼讃』の真骨頂を対象への攻撃や揶揄に見出す見解があるが[128]，その眼目は攻撃や揶揄にあるわけではない。というのも，彼自身は『痴愚神礼讃』冒頭のトマス・モアへの献呈書簡において述べているように，自己目的化した批判のための批判ではなく，教訓的目的を背景に従えた批判を展開しているからである[129]。

　エラスムスは，むしろそうした自己目的化した批判のための批判をアンフェアと見なし，落度のみならず功績も加味したうえで，メリットとデメリットの比較衡量が必要だと感じる精神の持ち主である。彼は一般人が見落としがちな聖職者の徳を正当に評価すると同時に，一般人が彼らの悪徳しか見ないという落度をも正確に見抜いている[130]。そして公的なものが軽蔑され，私的なものが放縦を極める同時代の状況を見て取るエラスムスは[131]，人間本性の可謬性を指摘して，宗教的混乱への対処に医学的治療のメタファーを用いる。

> 荒療治（asper medicina）を利用するのが役に立つよりも，もっと軽いある種の疾患が存在する。……さらに看過されるのが当然であるよりも，もっと重大なある種の疾患が存在し，熟練した巧みな手を必要とする。さもなければ我々に生じるのは，未熟な医者（imperitus medicus）に生じる習わしであるが，彼はまだ充分に器用でないまま治療法を利用し，病気の代わりに人間を殺して，軽い病気から治療不能（immedicabile）にする。大部分は段階的に好機

---

128) 沓掛，前掲書，82-84頁。
129) *Moria*, ASD IV-3, p. 68 / CWE 27, p. 84. 邦訳，18頁。エラスムスは『エクレシアステス』第2巻でも，傷つけるよりもむしろ癒すという目的で，良心の痛いところ（hulcus conscientiarum）に触れると憤慨する人々の心の倒錯を示唆するために医術のメタファーを用いている（*Ecclesiastes*, II, ASD V-4, p. 300 / CWE 68, p. 532）。
130) *De concordia*, ASD V-3, pp. 301-02 / CWE 65, p. 198.
131) *De concordia*, ASD V-3, p. 308 / CWE 65, p. 207.

を通して忍び込んできたが，もし重大な混乱なくしてなしうるなら，それは段階的に好機を通して取り除かれる。しかしそうでなければ，看過されて，その日まで適切な機会を延ばす。同じ器用さは教義に使われるべきである。ある人はまだ「異端，異端，火へ，火へ」（haeresis, haeresis, ad ignem, ad ignem）と自制心なく絶叫し，その言説が曖昧であるものをより悪い部分において説明し，言説が敬虔であるものを中傷を通して歪める[132]。

エラスムスは，拙速な荒療治によって事態を悪化させるよりは，時の経過でよりよい機会が現われるまで待つ漸進的治療の方が望ましいと考える[133]。彼は『現世の蔑視』において，時代の必要に従って設立された諸制度に縛られるのは変化が有益である限り当を得ていないとして変化への柔軟な態度を示す一方[134]，漸進的改善を目指す彼の態度は法的安定性[135]のみならず宗教的教義の問題にも適用されるべきものであった。

---

132) Quaedam vitia leuiora sunt, quam vt expediat asperam admouere medicinam. Quaedam minore religionis incommodo dissimulantur quam exagitantur. Porro quae grauiora sunt, quam vt oporteat dissimulare, manum doctam et artificem requirunt, ne nobis eueniat, quod solet imperitis medicis, qui, dum parum dextre admouent remedia, pro morbo extinguunt hominem, aut ex leuiore malo reddunt immedicabile. Pleraque paulatim ac per occasionem irrepserunt, ea paulatim ac per occasionem tollenda sunt, si fieri queat absque grauitumultu; sin minus, dissimulanda, donec ipsa dies porrigat occasionem commodiorem. Eadem dexteritate vtendum est in dogmatibus. Quidam dum impotenter vociferantur, haeresis, haeresis, ad ignem, ad ignem, in peiorem partem interpretantes quae dicta sunt ambigue, per calumniam deprauantes et quae pie dicta sunt, … (*De concordia*, ASD V-3, pp. 302-03 / CWE 65, p. 199) .

133) こうしたエラスムスの立場は，『君主論』第3章において，時の経過によって治療が難しくなると見るマキアヴェッリの立場と対照的である（Machiavelli, *Il principe*. 邦訳，41頁）。

134) Caeterum in reliquis vitae institutis, quae pro tempore reppererunt homines, quando tanta est corporum atque animorum varietas, tanta rerum humanarum omnium mutatio, fortassis non expedit quenquam sic astringi vt referre pedem non lieeat, modo quod mutatur magis faciat ad illius qui mutat salutem（*De contemptu mundi*, ASD V-1, p. 82 / CWE 66, p. 172）．

135) エラスムスは，法の制定や改廃の際にも医学的メタファーを用いる。「もし古いもので悪を除きうるなら，病気において新たな治療法が試みられるべきではないように，もし古いものがいくらか役立つなら，それによって国の悪をあなたは癒すのだが，新たな法は制定されるべきではない。もし大害なくして廃止できないなら，役に立たない法は段階的に斥けられるか，あるいは確実に修正されるべきである。向こう見ずに法を新しくすることが危険であるように，体の状態に応じた世話のように，法を国の現状に適応させることが必要である。健康的に定められたあるものはより健康的に廃止される」（*Institutio Principis*

教会が倒れるということはない。それは動かざるキリストの岩に支えられ，どんな嵐にも揺り動かされない。しかし，ある人々について私は話しているのだが，彼らはたしかに大いなる熱意によって，教会の大義（causa ecclesiae）を守っている。もちろん，私は〔その熱意を〕悪く言うのではなく知らないのである。まだこの病気は治療不能（immedicabile）になるようには達していない。もし燃料を我々が引き抜くなら，この炎を消すことができる。ところでこの騒動の主源泉は人間の不敬な習俗（impii mores hominum）である[136]。

　このように，エラスムスは，キリスト教会の崩壊はありえず，その病気はまだ治療不能の段階には達していないと見る。そして，彼はこの無秩序の主源泉たる人間の悪しき振舞いを取り除くなら，この病気はまだ消失する可能性があると考えて希望を捨ててはいない。というのも，エラスムスにとって人間はあくまで発展途上の成長過程にあるからである[137]。

　そのあいだに野心や，勝利への頑固な熱意は捨てられ，私的な憎しみとともに党派心は遠ざかり，狂った争いの音の聞こえない喧騒は静まり，このようについにあの平和をもたらす真実が輝き始める。両方の側が他方に自分を多少合わせるように，あの「謙譲」（συγκατάβασις）が与えられ，それなくしてどのような調和も存続しない。しかし「不動のもの」（τὰ ἀκίνητα）が動かされないところまで同意されて，より完成されたもの（perfectiora）へと段階的に招かれるところまで人間の無力（hominum infirmitas）は辛抱

Christiani, ASD IV-1, p. 200 / CWE 27, p. 269. 邦訳，349 頁）．

[136]　Non quod ecclesia concidat, quae nixa saxo immobili Christo, nullis turbinibus concutitur, sed de quibusdam hominibus loquor, qui causam ecclesiae tuentur, magno quidem zelo, non enim dicam malo, sed non secundum scientiam. Nondum eo processit hoc morbi, vt sit immedicabile. Extingui potest hoc incendium, si materiam igni subtrahamus. Praecipuus autem huius tumultus fons sunt impii mores hominum (*De concordia*, ASD V-3, p. 303 / CWE 65, p. 200).

[137]　*De concordia*, ASD V-3, p. 280 / CWE 65, p. 167.

される[138]。

　このように，エラスムスは「謙譲」（συγκατάβασις）[139]による双方の譲歩で調和がもたらされ，人間の弱さは完成へと段階的に招かれると考える。そして，そうした人間の弱さを認めて，キリストの贖罪による神の慈悲が救済には必要だと讃える真の信仰によって信者の心は純化され，そうした信仰がよき働きすべての源泉になると彼は考えていた。

　結局，エラスムスは宗教改革という社会的動乱の過程においても，人間の弱さを認めながらなおそこに治療可能性と完成に向かう希望を見出そうとしていた。彼は『リングア』において「人間だけが人間に対して有害である」[140]と述べる一方，先に見たように，『医術礼讃』では「人間は人間に対して神である」[141]という諺に言及していた。このことは一見矛盾しているように思われるが，人間それ自体が矛盾した側面を抱える存在であることをエラスムスが深い次元で把握していたことを示唆している。このように，人間に可謬性と改善可能性の双方を見出すエラスムスにとって，医術とは，予防医学的なものだけではなく，人間が作り出したものは人間の手で解決しうるという作為による回復を示すものでもあったのである[142]。

---

138) Interim ponatur ambitio, et pertinax vincendi stadium, facessant fauores cum priuatis odiis, consilescat dementis rixae surda vociferatio, ita demum elucescet veritas illa pacifica. Accedat illa συγκατάβασις, vt vtraque pars alteri sese nonnihil accommodet, sine qua nulla constat concordia. Sed hactenus obsecundetur, vt ne moueantur τὰ ἀκίνητα, et hactenus feratur hominum infirmitas, vt paulatim inuitentur ad perfectiora (*De concordia*, ASD V-3, p. 304 / CWE 65, p. 201).

139) 当該修辞学的概念をキリスト教化したのはヨアンネス・クリュソストモスであった（Jacques Chomarat, ASD V-5, p. 375, n. 247-48; CWE 68, p. 1086, n. 430）。

140) *Lingua*, ASD IV-1A, p. 89 / CWE 29, p. 322. エラスムスは『戦争は体験せぬ者にこそ快し』においても「人間にとって，人間以上にもっと危険な野獣はいない」（*Dulce bellum inexpertis*, LB II, 954A, in *Adagia*, IV.i.1, ASD II-7, p. 16 / CWE 35, p. 405. 邦訳，331-32頁）と述べていた。

141) 『格言集』では，当該格言の直後に「人間は人間にとって狼である」（Homo homini lupus）という格言が続く（*Adagia*, I.i.70, ASD II-1, p. 183 / CWE 31, p. 115. 邦訳，14頁）。

142) エラスムスは，人間の改善可能性と治療に関して，『キリスト教君主の教育』でも以下のように述べている。「より善くなるように熱烈に求める人は，より善くされるところを容易に見つける。善の大部分は善になるのを欲することである。たとえば野心や短気や情欲の病状を認識して憎みこれを本に探す人は，それによって自身の悪を癒す。彼が容易に発見

5　おわりに

　医学的メタファーは，正常な統治を損なう異常事態を病気と捉えることで，異常事態に対して積極的に取り組む姿勢という強みをヨーロッパ政治思想史の伝統にもたらすことになった[143]。と同時に，当該メタファーは，それを使用する側が自身の立場を正当化するために濫用されることもあり，中世においては宗教的異端の排除，近代にいたっては優生学に基づく人種差別など負の遺産をもたらす場合もあった。このようなヨーロッパ政治思想史の伝統のなかで，エラスムスは作為による治療を否定することはないものの，最終手段としてのそれが悲しみを伴うことを示唆している。また，『医術礼讃』における市民の義務形成への統治者の配慮には，中世政治思想には見られない予防医学的観点が見出され，ここにエラスムスの医術論の思想史的意義が存在すると思われる。

　もちろん，後世の我々が知っているように，実際の歴史の展開において，『教会和合修繕論』におけるエラスムスの希望は虚しく蹂躙され，宗教改革は彼の友人トマス・モアやジョン・フィッシャーの死ばかりではなく，最終的に新教と旧教の分裂，そして猖獗を極めた血腥い宗教戦争という結果を招くことにもなった。その意味で，エラスムスの思想はオプティミスムとしての誹りを免れるわけではなく，同時代のマキアヴェッリをはじめとした政治思想家たちと対比されて重要性が少ないと評価されることにもなった。たしかに道徳を切り離した冷徹なリアリズムを前提とした政治学という観点から彼の思想を裁断するならば，そうした否定的評価に首肯しうる一面がないわけではない。

　しかし，エラスムス自身は『エクレシアステス』第4巻で政治的なものを法（lex），民衆投票（plebiscitum），慣習（consuetudo），役人の権威（autoritas magistratuum）で人々の財産（facultas）や身体的安全

するのは，煩いを追い出すか和らげる方法である」（*Institutio principis christiani*, ASD IV-1, p. 182 / CWE 27, p. 253. 邦訳，328 頁）．

　143)　将基面『政治診断学への招待』，163 頁参照．

（corporum incolumitas）を保護するものと捉える一方[144]，法や宗教の原理よりも必要を優先させる議論を展開していた。そして，彼の思想において矛盾と思われてきたものは，エラスムス自身の首尾一貫性のなさにあったのではなく，彼が人間を両義的な存在，つまり危うさとともに改善可能性をも備えた存在として描写しようと努めてきたことの帰結であった。彼の論争相手をはじめとした同時代人および後代の人が，人間の両義性を彼ほど深く理解しえず，したがって人間を矛盾した存在として描く彼自身をも，意識的あるいは無意識的に曲解した側面もあるだろう。こうした曲解も手伝ってエラスムスの著作は度重なる禁書扱いを受けたにもかかわらず，彼の不朽の名作『痴愚神礼讃』は世紀を超えて連綿と読み継がれてきた[145]。モア宛献呈書簡で述べられているように，エラスムスによる当該著作の執筆意図は，自己目的化した批判などではなく，あくまで当時のキリスト教社会全体をおもしろおかしく描いた諷刺的警告によって改善を促すことにあった[146]。彼自身が当時のキリスト教社会において，いわば，社会各層の病理を診断して人間の可謬性を剔抉した医者としての役割を果たしたともいえよう。『医術礼讃』において「よき働きをなして悪しき評判を被る」と述べていたように[147]，エラスムス自身がいわば人間社会の医者として人間の可謬性を剔抉して処方箋を示したにもかかわらず，かえって悪評をこうむり，長らく不当な扱いを甘受する破目に陥ったのは，まさに意図せざる結果としての歴史の皮肉なのであった[148]。

---

144) *Ecclesiastes*, IV, ASD V-5, p. 312 / CWE 68, p. 1023.

145) 二宮『フランス・ルネサンスの世界』，165-66 頁参照。

146) ただし，エラスムスは，聴衆に宗教心を喚起するよう言葉で説得する説教という場面での笑い（risus）や冗談（iocus）については否定的か懐疑的な見方を示し（*Moria*, ASD IV-3, p. 166 / CWE 27, p. 134. 邦訳，167 頁; *Ecclesiastes*, II, ASD V-4, p. 276 / CWE 68, p. 505），おどけはキリスト教徒の生活すべてから徹底的に遠ざけられるべきだと述べている（*Ecclesiastes*, II, ASD V-4, p. 282 / CWE 68, p. 514）。

147) Ep. 1334, Allen V, pp. 172-92 / CWE 9, pp. 245-75 参照。エラスムスは『リングア』でも「人々をよく扱うことで悪し様に言われるのは統治者の宿命である」（Regium est male audire, quum bene feceris, Diogenes Laertius 6. 2. 3）と述べている（*Lingua*, ASD IV-1A, p. 165 / CWE 29, p. 398）。

148) ただし，ホイジンガも「闘争に熱中していた当時において，カトリックは彼をもって教会を甚だしく腐敗させるものと考え，プロテスタントは福音の裏切者としたかも知れないが，彼の穏和と和解の言葉が両方で無視され，放置されていたわけではない。結局は

結　　論

　　エラスムスとトマス・モアは，1516年に各々の著作，前者は『キリスト教君主の教育』や『校訂版新約聖書』，後者は『ユートピア』によって北方ルネサンスの黄金期を現出させた。その翌年にはルターによる宗教改革が開始され，彼らの輝きは暗い影で覆われ始めることになるが，そうした転換期からまもなく500年である。エラスムスはとりわけ1520年代に新旧両派から挟撃される憂き目に遭うことになったのみならず，ラテン語表現に関してキケロ主義者から個人攻撃を受けることにもなった。彼は様々な論敵に応答するなかで，同時代人の精神の病が抑えの利かない弁舌によって惹起され，そこから破滅が生まれると考え，諸悪の根源を言葉の問題に見出すようになった。

　　たしかにエラスムスは，『リングア』において言語の弊害を大きく取り上げてその具体例を詳述し，キリスト教徒の党派的分裂という混迷する同時代的状況も描いた。しかし，同時に彼は『リングア』末尾や『キケロ主義者』において言語の治療的側面を取り上げて言語そのものが精神に作用することを認識し，言語と精神の相互作用の循環のなかで理性による情念の制御という精神的規律のみならず言語の規律をも決定的に重要な問題だと考えていた。だからこそエラスムスは，権力作用たる力による強制よりも困難で複雑であるにもかかわらず，哲学的叡智と結びついた修辞学的雄弁によって名誉ある行いへと人々を説得し，精神を美徳へと変えさせることを自らの課題としており，これは教育的・政治的実践への契機を孕むものであった。

　　というのも，プラトン主義的伝統に根差したこのような「魂の向け換

両陣営ともエラスムスを排斥はしなかった」と述べているように，エラスムスに対する尊敬は党派に関わらず持続していた（ホイジンガ，前掲訳書，316頁）。

え」は，エラスムスの個人的課題であるのみならず，よき市民の涵養という為政者の統治における配慮でも重視されるものだからである。彼は峻厳な権力作用の発動を最終手段として担保し，あくまで教育学的にも政治学的にも，そして神学的にも重要な信賞必罰という人間形成，秩序維持の要諦をけっして忘れることはない。それにもかかわらず，「寛恕」の臨界点に達するまで時間的猶予のなかで人間自身の悔い改めによる道徳的改善の潜在的希望を秘めた思想こそがエラスムスの「寛恕」論であり，それは神の全能に対してそもそも人間が情念にとらわれやすく理性を誤用することもありうるという可謬的人間観に基づいたものであった。

　誰よりも人間の可謬性に自覚的であったエラスムスは，宗教改革や「トルコの脅威」といった世界の変動過程を利用して世俗君主が中央集権化を図る過程において，都市や地方が略奪され，国の自由が消え，議会の権威が追い払われ，教会の位階の尊厳が蹂躙される一方，ドイツ農民戦争によって無秩序がもたらされる現実も眼の当たりにしていた。公的権威が軽蔑されて私的放縦が幅を利かせる本末転倒な状況から，圧政と無秩序が相互可逆的な表裏一体の関係にあることも彼は把握しており，「人間が見るものを見ないように，あるいは知るものを知らないように強制することや，言語道断に価するものを称讃することはたしかに暴君の行為よりももっと悪い」[1]という情報操作の悪辣さをも糾弾した。圧政と無秩序だけではなく，薬にも毒にもなる言葉，人間の善悪や運命にも可逆性を見出すエラスムスは，その帰結が人間の自由意志次第であり，したがってその結果には責任が伴うことにも自覚的であった。

　しかし，エラスムスがヨーロッパの精神の再生への希望を託した学問研究は，ルターによる宗教改革の進展の過程で荒廃し，カトリックとプロテスタントの双方が，信条の争いによって処刑を繰り返すことになった[2]。トマス・モアやジョン・フィッシャーは，イングランド宗教改革の過程で1535年に刑死し，翌年，エラスムス自身も友人たちのあとを追うようにこの世を去ることになる。わが国が西洋世界との邂逅を果たすのは，ポルトガル人によって種子島に鉄砲が伝来した1543年，エラ

---

1)　*Lingua*, ASD IV-1A, p. 118 / CWE 29, p. 350.
2)　Bainton, 277, 邦訳，335頁参照。

結　論

スムスの死後わずか7年後のことであった。エラスムス自身の木像もオランダ船リーフデ号の船尾飾りとして1600年に豊後国に漂着し，20世紀に至るまで貨狄尊者として祀られてきた[3]。

　エラスムスの影響は国や時代によって状況が異なるものであったが，ヨーロッパ各国で確認されている。ネーデルラントでは，アルミニウス（Jacobus Arminius, 1560-1609）やグロティウスにも持続的な影響があり，18世紀の初頭にはソッツィーニ派のルクレール（Jean LeClerc, 1658-1736）がライデン版エラスムス全集を刊行した[4]。しかし，リチャード・シェック（Richard Schoeck）と論争したヤン・ファン・ドルステン（Jan van Dorsten）が，16世紀後半におけるネーデルラントの印刷業者の関心の低下からエラスムスの影響を疑問視しているように[5]，エラスムスとネーデルラントとの安直な結びつけに批判的な見解も存在する[6]。

　イングランドでは，エラスムスの作品がヘンリー八世からエリザベス一世の時代まで歓迎された。トマス・クロムウェル（Thomas Cromwell, 1485-1540）は，ローマとの分裂，キャサリン（Catherine of Aragon, 1485-1536）との離婚を正当化するようなエラスムスの作品を選んで翻訳を計画した。他方，カトリックは，ミサを論じたエラスムスの作品を訳出して彼の教理的正当性を示そうとした[7]。ヘンリー八世の最後の妻で，寡婦となったキャサリン・パー（Catherine Parr, 1512-

---

　3）　当該リーフデ号の大砲が関ヶ原の戦いで東軍によって使用されたことについては，河合祥一郎『シェイクスピア――人生劇場の達人』中公新書，2016年，71-72頁を参照。エラスムスとシェイクスピアの「世界劇場」については，同書188-91頁を参照。なお，エラスムスとシェイクスピアの道化については，同書129-42頁および高橋康也『道化の文学――ルネサンスの栄光』中公新書，1977年を参照。
　4）　Bainton, p. 280. 邦訳，339頁；ホイジンガ，前掲訳書，317頁；金子『エラスムスの人間学』，288頁参照。
　5）　Mansfield, *Erasmus in the Twentieth Century*, p. 227.
　6）　Ibid., p. 58.
　7）　キャサリンは本書第1章で触れたフィリップ端麗公の妻フアナの妹であり，カール五世の叔母にあたる。エラスムスは『キリスト教結婚教育』をキャサリンに捧げており，彼女はエラスムスの『自由意志論』に深い感銘を受けていた。キャサリンとの離婚問題の際にヘンリー八世の第二妃となったアン・ブーリン（Anne Boleyn, c.1507-36）の父トマス・ブーリン（Thomas Boleyn, 1477-1539）に，エラスムスは『死への準備について』などの著作を献呈している（Ep. 2884, Allen, X, p. 327）。クロムウェル，キャサリン，アン，トマス・ブーリンについては，CEBR, vol. 1, pp. 360-61, 282-84, 59-60, 161-62を参照。

48)は,福音書パラフレーズの翻訳を後援した[8]。16世紀後半には翻訳者が実質的に消え,エラスムスは過去の人になってしまっていたと評されることもあるが[9],彼の理性的神学は,チリングワース(William Chillingworth, 1602-44)やケンブリッジの広教会派,ティロトソン(John Tilotson, 1630-94),クラーク(Samuel Clarke, 1675-1729)等によって復活することになった[10]。エラスムスの作品は,17世紀は『対話集』が教科書として用いられたように教育的著作,18世紀は『痴愚神礼讃』や『対話集』のような諷刺的著作,19世紀は『平和の訴え』などが好んで英訳された[11]。

フランスでは,ベダとの論争に見られるように,ソルボンヌはエラスムス生前から敵対的であった。一方,セバスティアン・カステリヨン(Sébastien Châstillon, 1515-63)は,『異端者を処罰すべからざることについて』(De hæreticis non puniendis, 1554)で,意見を変えることについてエラスムスを非難してカルヴァンを擁護するテオドール・ド・ベーズ(Théodore de Bèze, 1519-1605)に対し,エラスムスは教会人に反対すると同時に偽りの福音主義者に対しても論駁したと述べて彼を擁護した[12]。エラスムスは,彼の生前に書簡を送ってきたラブレー(François Rabelais, c. 1483-1553)や,モンテーニュ(Michel de Montaigne, 1533-92)にも影響を与えたといわれる。しかし,スクリーチ(M. A. Screech)やマーガレット・マン・フィリップス(Margaret Mann Phillips)は,こうした影響について個人的影響と文学的影響を区別している[13]。啓蒙時代にはヴォルテール(Voltaire, 1694-1778)がエラスムスの諷刺を愛好

---

8) Mansfield, *Erasmus in the Twentieth Century*, p. 70.

9) Ibid., p. 227.

10) 金子『エラスムスの人間学』,288頁参照。

11) Bainton, p. 279. 邦訳,337-38頁。

12) Châstillon, *De hæreticis non puniendis*. 邦訳,『異端者を処罰すべからざるを論ず』フランス・ルネサンス研究チーム訳,〈中央大学人文科学研究所翻訳叢書〉9,中央大学出版部,2014年,64頁。カステリヨンについては,渡辺『フランス・ルネサンスの人々』,326-56頁も参照。

13) M. A. Screech, 'Folie Érasmienne et folie rabelaisienne', in *Colloquia Erasmiana Turonensia,* 2 vols (Paris: Toronto University Press, 1972), vol. 1, pp. 441-52; 'Comment Rabelais a expoité les travaux d' Érasme et Montaigne', in ibid., pp. 453-61; Margaret Mann Phillips, 'Érasme et Montaigne', in ibid., pp. 479-90; cf. Mansfield, *Erasmus in the Twentieth Century*, p. 99. ラブレーに関しては,CEBR, vol. 1, pp. 128-31を参照。

していた[14]。

　ドイツでは，メランヒトンが人文主義的教育をエラスムスの精神に沿うかたちで確立した。また，ヘルダー（Johann Gottfried Herder, 1744-1803）やゲーテ（Johann Wolfgang von Goethe, 1749-1832）はエラスムスに親しみ，カント（Immanuel Kant, 1724-1804）も若き日にエラスムスを読んでいた[15]。彼の信仰的な作品は，そのなかに敬虔主義者も自分たちと同じ精神を見出すことになった[16]。スイスでも，エラスムスはバーゼルの学生に敬愛され[17]，ツヴィングリ（Huldrych Zwingli, 1484-1531）やエコランパディウス（Johannes Oecolampadius, 1482-1531）なども彼を父のように見なした[18]。

　イタリアでは，1542年にローマに異端審問所が設置され，1559年には教皇パウルス四世（Paulus IV, 1476-1559, 在位1555-9）によってエラスムス全著作が禁書扱いを受けることになった[19]。エラスムスはソッツィーニ派に影響を与えただけではなく，彼の書籍を発見されたジョルダーノ・ブルーノは，三位一体論などその読書内容が異端の疑いをかけられるようになる[20]。

　スペインでは，フアン・デ・バルデス（Juan de Valdés, c. 1509/10-41）へのエラスムスの影響についてのバテイヨンの主張がニートによって疑問視された[21]。エラスムスの流行は1533年までに廃れ，アルフォンソ・

14）　Bainton, p. 278. 邦訳，336-37頁参照。
15）　福谷茂「カント」，〈哲学の歴史〉7，中央公論新社，2007年所収，75-176頁，特に91頁。
16）　Bainton, p. 279. 邦訳，337頁参照。
17）　Bainton, p. 278. 邦訳，336頁 ; Mansfield, *Erasmus in the Twentieth Century*, p. 75参照．
18）　Bainton, p. 282. 邦訳，343頁参照。ただし，エラスムスはエコランパディウスによる宗教改革の勢いが増すようになると，バーゼルを離れて一時フライブルクに移った。ツヴィングリやエコランパディウスに関しては，CEBR, vol. 1, pp. 481-86, 24-27を参照。
19）　Mansfield, *Phoenix of His Age*, pp. 26-27; Mansfield, cf. *Erasmus in the Twentieth Century*, p. 68. パウルス四世に関しては，CEBR, vol. 3, pp. 56-57を参照。
20）　加藤守通「ジョルダーノ・ブルーノ」，〈哲学の歴史〉4，中央公論新社，2007年，522頁参照。
21）　Marcel Bataillon, *Érasme et l'Espagne* (Genève: Droz, 1998), p. 229; José C. Nieto, *Juan de Valdés and the Origins of the Spanish and Italian Reformation* (Genève: Droz, 1970), pp. 29-31, 34-37, 94, 136-37; cf. Mansfield, *Erasmus in the Twentieth Century*, pp. 51-52. バルデスに関しては，CEBR, vol. 3, pp. 368-70を参照。

デ・カストロ（Alfonso de Castro, 1495-1558）の著作 *Adversus omnes haereses libri xiiii* (Paris, 1534) ではまだエラスムスがカトリックで敬虔と見なされているものの，1560年代に出版されたアントニウス・ルビオ（Antonius Ruvio）の著作にはカトリック宗教改革の影響が顕著になっていた[22]。

ポーランドでは，1520年代からエラスムスの教育学が影響を与えていたが[23]，1560年代の半ばすぎまでこの地にカトリックとプロテスタントの双方からの避難所が見出されていた。ハンガリーでも，エラスムスは当面のあいだ受容的であった[24]。こうした東欧とエラスムスとの関係は，近年のエラスムス研究において注目されつつある[25]。

このように，国や時代によって濃淡はあれ，ヨーロッパ各国にエラスムスの影響は見られる一方，そうした影響を疑問視する研究もなされるようになってきた。本研究は，後代への影響から近代の源流をエラスムスに求めるアナクロニスティックな方法論にあえて禁欲し，エラスムスをあくまで古代・中世の思想史との関連で同時代の歴史的文脈に位置づけるよう心掛けたことを付言しておきたい。

「教育と人間完成の信念，暖かい社会感情，人間性の善に対する信頼，平和な親愛と寛容とを同時にはじめて表明」[26]したと言われるエラスムスの希望は，現実の歴史のなかで結果的に敗北を見ることになった。とはいえ，それにもかかわらず，人間が時の流れのなかで人為的に作り出

---

22) Mansfield, *Phoenix of His Age*, p. 29; cf. Bainton, p. 277-78. 邦訳，336頁。

23) Mansfield, *Erasmus in the Twentieth Century*, p. 74.

24) Bainton, p. 278. 邦訳，336頁 ; cf. Mansfield, *Erasmus in the Twentieth Century*, p. 75 参照。

25) C. Crisan, 'Érasme en Roumanie', in *Colloquia Erasmiana Turonensia*, 2 vols., ed. by Jean-Claude Margolin (Paris: Toronto University Press, 1972), vol. 1, pp. 175-85; T. Kardos, 'L' esprit d' Érasme en Hongrie', in *Colloquia Erasmiana Turonensia*, 2 vols., ed. by Jean-Claude Margolin (Paris: Toronto University Press, 1972), vol. 1, pp. 187-214; Jacqueline Glomski, 'Erasmus and Cracow (1510-1530)', in ERSY 17 (1997), 1-18; Peter G. Bietenholz, 'Concordia christiana: Erasmus' Thought and the Polish Reality', in ERSY 21(2001), 44-70; Bratislav Lučin, 'Erasmus and the Croats in the Fifteenth and Sixteenth Centuries', in ERSY 24 (2004), 89-114; などを参照。

26) ホイジンガ，前掲訳書，315頁参照。エラスムスは，『エクレシアステス』第4巻の末尾，すなわち最晩年の著作の最後で，「友情よりも人間本性により従うものは何もない」（nihil magis secundum naturam hominis quam amicitia）と述べている（*Ecclesiastes*, IV, ASD V-5, p. 390 / CWE 68, p. 1104）。

したものは，法律であれ宗教であれ，固定的なものではなく，必要や時代の変化に応じて漸進的に改善されるべきであるという柔軟な批判精神を伴う彼の思想は，変幻の色彩を奏でながら時の翼が翔りゆく現代においてもなお耀える希望の残り陽として人々の心に響き続けるに違いない。

あとがき

　本書は，2015 年に慶應義塾大学大学院法学研究科に提出後，博士号を授与された学位請求論文「エラスムスの思想世界——可謬性・規律・改善可能性」に加筆修正を加えたものである。

　エラスムスには彼自身の膨大な著作と研究書が存在しているが，アムステルダム版ラテン語全集 ASD や英訳全集 CWE はその事業が半世紀近くまえに始められたにもかかわらず，いま現在もなお刊行中である。ASD や CWE のみならず，1980 年からはエラスムス協会の「年鑑」（ERSY, 現 *Erasmus studies*）の刊行によって，この半世紀のあいだにエラスムス研究は長足の進歩を遂げてきた。にもかかわらず，とりわけわが国では，半世紀以上まえのホイジンガやツヴァイクその他の文献に基づく旧態依然としたエラスムス像が，あるときは無自覚に，あるときは恣意的に再生産され続けてきた。本書では最新の学術的知見を用いて，誤解されたまま流布してきた従来のエラスムス像を覆すことを試みてきたが，一定の分析視角から北方ルネサンスの知の巨人について，彼の思想世界の輪郭を示したに過ぎず，本書で扱いきれなかった作品や論点も少なからず残されている。博士論文提出後に得られた新たな知見も，エラスムス最晩年の著作『エクレシアステス』に関するものも含めて可能な限り本書に盛り込むように努めたが，読者諸賢の忌憚なきご意見を乞う次第である。

　大学院入学以来，己の幸せなど顧みる余裕もないまま可処分時間のほとんどを費やして心血を注いできた研究が本書として結実するまでには，多くの方々から支援を賜ってきた。時は移ろい季節は過ぎて様々な想いが胸に去来し，心の泉には涙が溢れているが，これらの方々に謝意を表して結びにかえたい。

　慶應義塾大学での数多くの師との出会いは，学問研究生活における最大の僥倖であった。まず，大学院の指導教授で博士論文の主査である堤

林剣先生に感謝申し上げなければならない。堤林先生との出会い自体は学部生のときで，現オックスフォード大学教授ニール・マクリン先生のラテン語中級の授業であった。その折にはほとんどお話したこともなかったが，学部時代の倍以上もの長きにわたって大学院でご指導いただくことになるとは当時は思いもよらぬことであった。他学部からの大学院進学で，入学当初は文学研究と思想史研究の方法論の違いへの戸惑いもあったものの，博士論文完成まで研究を続けることができたのは，学問的には厳しくも誠実で優しい先生のご指導の賜物によるものである。堤林先生からは「もっとアンビシャスにやっていい」と発破をかけていただいた一方，「学問は長期戦だから」と心優しくフォローしていただくこともあった。爾来，「中長期的にアンビシャスに」というエートスを纏って翼ある言の葉で魂に憧れをインスパイアしながら，巷間の俗説のまどろみを醒ます異次元の切れ味を欣求し続けている。

　博士論文の副査を務めていただいた田上雅徳先生にも，修士課程時代から長らくお世話になってきた。ジャン・カルヴァンを専門とされる先生には，エラスムスと研究対象の時代が近いこともあって様々な有意義な助言を賜ってきた。大学院の授業や論文指導の際に，キリスト教への深い理解に基づく先生の視座に啓発されたばかりではなく，笑うことの比較的少ない大学院生活のなかでユーモア溢れる先生のご発言に心の癒しを覚えることも少なからずあった。

　また，現在はコミュニタリアニズム研究の第一人者でありながら，トマス・モアをはじめとした人文主義者の研究もされてきた菊池理夫先生に，博士論文審査の副査を務めていただけたことは筆舌に尽くしがたい喜びであった。著作を通して学問的感化を受けただけではなく，学会で面識を得てから三重中京大学と南山大学の研究室にお邪魔した際には，エラスムスの研究書を大量にご恵贈いただいた。そのすべてを消化吸収することはいまなおできていないが，菊池先生からお譲りいただいた数々の研究書なくして博士論文の完成はありえないものであった。博論審査後も，日本政治学会での公募企画「『ユートピア』出版500年――1516年と現代」にお誘いいただき，早稲田大学の厚見恵一郎先生とともに菊池先生と一緒に登壇できたことは身に余る光栄であった。

　2016年は『ユートピア』出版500周年と同時にシェイクスピア没後

400周年のメモリアルイヤーでもあったが，学部ゼミでエラスムスとシェイクスピアについての卒業論文を書いて以来，松田隆美先生には大学院以降も学会などでご一緒させていただいてきた。ゼミに入る前年の英文学演習のレポートでエラスムスに言及したところ，「エラスムスは若い人がやらないと」という先生の一言が，その後の人生を半ば方向づける遠因になろうとはこのときは知る由もなかったが，エラスムスを研究し尽くすには自分一人の人生だけではなお時間が足りないことを痛感しはじめている。

　納富信留先生や山内志朗先生には，学内の授業でお世話になっただけではなく，学会や研究会などでも学問の姿勢を学ばせていただいてきた。三田キャンパスで行われた国際プラトン学会でのお手伝いや，バロック・スコラ哲学研究会発足当初の発表も今では懐かしい想い出である。坂本達哉先生には，博士課程も終わりに近づいた頃に演習の授業に参加させていただき，授業後に刊行された社会思想史のご著書までご恵贈いただいた感激はひとかたならぬものがあった。白崎容子先生には，学部時代に初年度のイタリア文学演習の授業に参加しただけにもかかわらず，その後も食事会やイベントなどにお誘いいただいてお世話になってきた。本書でも繰り返し参照させていただいたように，中世政治思想史の専門家である柴田平三郎先生や将基面貴巳先生が同学の先輩にいらっしゃったことも大変心強かった。柴田先生には大学院の授業で，将基面先生にはクオ・ヴァディス研究会で一度ずつ直接その謦咳に接する機会があり，研究意欲をいっそう喚起されることになった。

　また，学内のみならず学外の方々から貴重な支援を賜ることも多かった。日下耕三先生には，姉の恩師であったにもかかわらず，『プラトン全集』や『プロティノス全集』のみならず，ご自身の恩師である安藤孝行氏の著書や訳書をご恵贈いただき，哲学的関心の継続の重要性を教えていただいてきた。また，学会発表の際にルターとエラスムス研究の先達である金子晴勇先生から直接頂戴した好意的なご意見は，自身の研究を進めるうえでおおいなる励みとなった。ここでお名前を挙げた先生以外にも，ふだん学部や大学院の授業でお世話になった方々や，西洋中世学会，新プラトン主義協会，日本ルター学会，中世哲学会，日本政治学会などの学会や，ブルゴーニュ公国史研究会，バロック・スコラ哲学研

あとがき 187

究会，ルネサンス研究会などの研究会，セミナーやカンファレンス等での報告の際に司会を務めて頂いたり，有意義な質問やコメントを頂戴したりした諸先生方にも感謝申し上げたい。

　大学院ゼミの先輩である川上洋平，原田健二朗の両氏には，論文や発表に対して多くの有益なコメントをいただいてきた。とりわけ川上さんには，堤林先生と同様に，各論文に対して詳細かつ的確なコメントを毎回のように頂戴した。学問研究の手続きとその厳しさを教わったのは，おもに堤林先生と川上さんのお二人からであった。学部ゼミの先輩である小川真里さんには，博士論文から本書への修正に際して誰よりも丁寧に論文を読んでいただき，ラテン語やビブリオの表記などで多くの貴重な示唆をいただいた。特筆大書して謝意を表したい。

　また，大学院の同期や後輩諸氏だけではなく，初年度の演習の授業に参加していただいた学生のみなさんからも様々な刺激を受けた。同期や後輩との自主的な勉強会や学会などでの地方への小旅行は，ともすれば孤独に陥りがちな大学院生活における救いでもあった。春学期の授業の最後に，学生のみなさんからサプライズでケーキをいただいた感動はいまでも忘れることができない。

　本書に収められた諸論文はすでに刊行されており，初出は以下のとおりである。

　第1章「ブルゴーニュ公国とエラスムスの君主論——中近世における「君主の鑑」」（藤井美男編／ブルゴーニュ公国史研究会『ブルゴーニュ国家の形成と変容——権力・制度・文化』九州大学出版会，2016年所収）

　第2章「中世の継承者としてのエラスムス——1520年代の論争を通して」（『西洋中世研究』第4号，2012年）

　第3章「エラスムス『リングア』における言語と統治——功罪と規律」（『中世思想研究』第57号，2015年）

　第4章「エラスムスにおける善悪・運命・自由意志」（『新プラトン主義研究』第14号，2015年）

　第5章「エラスムスにおける「寛恕」と限界——時間的猶予における改善可能性」（『法学政治学論究』第100号，2014年）

　第6章「エラスムス政治思想における「医術」」（『法学政治学論究』第

104 号，2015 年）

　また，本書は日本学術振興会の科学研究費助成事業研究成果公開促進費「学術図書」（課題番号 16HP5263）の支援を受けて刊行されるものである．記して関係諸氏に謝意を表する次第である．

　本書の出版に際しては，知泉書館の小山光夫氏と高野文子氏に大変お世話になった．博士課程入学後まもなくの出会いから長年にわたり，研究会や学会の懇親会などでお会いした際には小山社長から多くのアドバイスや励ましをいただいてきた．改めて御礼申し上げる次第である．

　最後に，母をはじめとした家族に，小学校での不登校以来，心配をかけ続けてきたことを深くお詫びすると同時に，見捨てることなく温かく見守り続けて物心両面での援助を惜しまなかったことに対して，心よりの厚い感謝の真情を伝えなければならない．そして，学位取得の報告を誰よりも喜んでくれたにもかかわらず，本書を眼にすることなく昨年の大晦日に急逝してしまった母方の祖母に本書を捧げたい．

　　2016 年 12 月

　　　　　　　　　　　　　　　　　　　　　　　　河野　雄一

参考文献

⟨Primary Sources⟩

1. Erasmus' Works

Antibarbari, ASD I-1 / CWE 23
Apologia adversus monachos, LB IX
Apologoa de loco 'Omnes quidem', LB IX / CWE 73
Apophthegmata, LB IV / ASD IV-4 / CWE 37-38
Ciceronianus, ASD I-2 / CWE 28
Colloquia, ASD I-3 / CWE 39-40. 邦訳、『対話集』二宮敬訳、『エラスムス・トマス・モア』〈世界の名著〉17、中央公論社、1969年所収
De bello Turcico, ASD V-3 / CWE 64
Declarationes ad censuras Lutetiae vulgatas, ASD IX-7
De concordia, ASD V-3 / CWE 65
De contemptu mundi, ASD V-1 / CWE 66
De libero arbitrio, LB IX / CWE 76. 邦訳、『評論「自由意志」』山内宣訳、聖文舎、1977年
De praeparatione ad mortem, ASD V-1 / CWE 70
De pueris instituendis, ASD I-2 / CWE 26. 邦訳、「子どもたちに良習と文学を惜しみなく教えることを出生から直ちに行うことについての主張」、『エラスムス教育論』中城進訳、二瓶社、1994年所収、1-144頁
De ratione studii, ASD I-2 / CWE 23. 邦訳、「学習計画」月村辰雄訳、二宮敬『エラスムス』〈人類の知的遺産〉23、講談社、1984年所収、200-46頁
De virtute amplectenda, LB V / CWE 29
Dulce bellum inexpertis, in *Adagia*, IV.i.1, ASD II-7 / CWE 35. 邦訳、「戦争は体験しない者にこそ快し」月村辰雄訳、二宮敬『エラスムス』〈人類の知的遺産〉23、講談社、1984年所収、282-357頁
Ecclesiastes, LB V / ASD V-4, V-5 / CWE 67-68
Enchiridion, LB V / CWE 66. 邦訳、『エンキリディオン──キリスト教戦士の手引き』、『エラスムス神学著作集』金子晴勇訳、教文館、2016年所収、9-194頁
Encomium medicinae, ASD I-4 / CWE 29
Explanatio symboli, ASD V-1 / CWE 70
Hyperaspistes, LB X / CWE 76-77

Institutio principis christiani, ASD IV-1 / CWE 27. 邦訳，『キリスト者の君主の教育』片山英男訳〈宗教改革著作集〉2，教文館，1989 年所収，263-376 頁

Institutio christiani matrimonii, ASD VI / CWE 69

[*Julius exclusus, Opuscula* / CWE 27. 邦訳，『天国から締め出されたローマ法王の話』木ノ脇悦郎編訳／解説，新教出版社，2010 年]

Lingua, ASD IV-1A / CWE 29

Moria, ASD IV-3 / CWE 27. 邦訳，『痴愚神礼讚』沓掛良彦訳，中公文庫，2014 年

Oratio funeribus, LB VII / CWE 29

Panegyricus, ASD IV-1 / CWE 27

Paraclesis, ASD V-7. 邦訳，『新約聖書の序文　敬虔なる読者への呼びかけ（パラクレーシス）』，『エラスムス神学著作集』金子晴勇訳，教文館，2016 年所収，227-63 頁

Paraphrasis in Matthaeum, LB VII / CWE 45

Querela pacis, ASD IV-2 / CWE 27. 邦訳，『平和の訴え』箕輪三郎訳，岩波文庫，1961 年

Sileni Alcibiadis, in *Adagia*, III.iii.1, ASD II-5, pp.159-90 / CWE 34, pp. 262-82. 邦訳，金子晴勇編訳『エラスムス『格言選集』』知泉書館，2015 年所収，123-64 頁

Supputatio, LB IX

Tyrannicida, ASD I-1 / CWE 29

『エラスムス＝トマス・モア往復書簡』沓掛良彦・高田康也訳，岩波文庫，2015 年

『エラスムス神学著作集』金子晴勇訳，教文館，2016 年

2. Others' Works

Aristotelis Ethica Nicomachea (Oxonii: e Typographeo Clarendoniano, 1894). 邦訳，『ニコマコス倫理学』高田三郎訳，岩波文庫，1971 年

――――― *Politica*, recognovit brevique adnotatione critica instruxit (Oxonii: e Typographeo Clarendoniano, 1957). 邦訳，『政治学』牛田徳子訳，京都大学学術出版会，2001 年

Augustinus, Aurelius, *De civitate Dei*, in *Aurelii Augustini opera*, pars XIV, 1, Corpus Christianorum. Series Latina 47 (Turnout: Brepols, 2003). 邦訳，『神の国（一）』服部英二郎訳，岩波文庫，1982 年

――――― *De doctrina christiana*, in *Aurelii Augustini opera*, pars 4, 1, Corpus Christianorum. Series Latina 32 (Turnout: Brepols, 1962). 邦訳，『キリスト教の教え』加藤武訳，〈アウグスティヌス著作集〉6，教文館，オンデマンド版，2011 年

Berlin, Isaiah, *Liberty*, ed. by Henry Hardy (Oxford: Oxford University Press, 2002). 邦訳，『自由論』小川晃一ほか訳，みすず書房，新装版，1997 年

Bodin, Jean, *De la Démonomanie des sorciers*. 邦訳，『魔女の悪魔狂について』平野隆文訳，〈フランス・ルネサンス文学集〉1，白水社，2015 年所収，203-32 頁

参考文献

Boethius, Ancius Manlius Severinus, *De consolatione philosophiae; Opuscula Theologica*, ed. by Claudio Moreschini, Bibliotheca scriptorium Graecorum et Romanorum Teubneriana (München: Saur, 2000). 邦訳,『哲学の慰め』畠中尚志訳, 岩波文庫, 1938 年

Budé, Guillaume, *De l'institution du Prince*, in *Le Prince dans la France des XVIe et XVIIe siècles*, par Claude Bontems et al. (Paris: Presses Universitaires de France, 1965), pp. 77-139

Châstillon, Sébastien, *De hæreticis non puniendis*. 邦訳,『異端者を処罰すべからざるを論ず』フランス・ルネサンス研究チーム訳,〈中央大学人文科学研究所翻訳叢書〉9, 中央大学出版部, 2014 年

Cicero, *De Fato*, in *De oratore*, trans. by E. W. Sutton with an introduction, by H. Rackham, The Loeb classical library (London: W. Heinemann, 1960-67). 邦訳,『運命について』五之治昌比呂訳,〈キケロー選集〉11, 岩波書店, 2000 年所収, 275-323 頁

────── *De inventione*, in *De inventione: De optimo genere oratorum: Topica*, ed. by H. M. Hubbell, The Loeb classical library (London: W. Heinemann, 1949). 邦訳,『発想論』片山英男訳,〈キケロー選集〉6, 岩波書店, 2000 年所収, 1-151 頁

────── *De officiis*, trans. by Walter Miller, The Loeb classical library (London: W. Heinemann, 1913). 邦訳,『義務について』高橋宏幸訳,〈キケロー選集〉8, 岩波書店, 1999 年所収, 125-352 頁

Ioannis Saresberiensis, *Metalogicon*, ed. by J. B. Hall, Corpus Christianorum. Continuatio Mediaevalis XCVIII (Turnhout: Brepols, 1991). 邦訳,『メタロギコン』甚野尚志・中澤務・E. ペレス訳,〈中世思想原典集成〉8, 平凡社, 2002 年所収, 581-844 頁

────── *Policraticusis*, ed. By K.S.B. Keats-Rohan, Corpus Christianorum. Continuatio Mediaevalis CXVIII (Turnhout: Brepols, 1991)

Isocrates, vol. I, trans. by George Norlin, The Loeb classical library (London: W. Heinemann, 1928-54). 邦訳,『弁論集 1』小池澄夫訳, 京都大学学術出版会, 1998 年

Luciani Opera. Tomus II, Oxford Classical Texts (Oxford: Oxford University Press, 1974). 邦訳,『偽預言者アレクサンドロス』内田次信・戸高和弘・渡辺浩司訳, 西洋古典叢書, 京都大学学術出版会, 2013 年

Luther, Martin, *De servo arbitrio*, *D. Martin Luthers Werke, Kritische Gesamtausgabe* (Weimar 1883-) 18 / *Luther's Works*, ed. by Jaroslav Pelikan, Helmut T. Lehmann, et al. (Philadelphia 1958-) 55 vols, vol. 33. 邦訳,『奴隷的意志について』山内宣訳,『ルター著作集』第一集第七巻, 聖文舎, 1966 年所収, 105-532 頁

──────『ルター神学討論集』金子晴勇訳, 教文館, 2010 年

Machiavelli, Niccolò, *Il principe*, in *Il principe e Discorsi Sopra la Prima Deca di Tito Livio*, ed. by Sergio Bertelli (Milano: Fertrinelli, 1960). 邦訳,『君主論』佐々木毅訳, 講談社学術文庫, 2004 年

Marsilius de Padua, *Defensor Pacis*. 邦訳,『平和の擁護者』稲垣良典訳,〈中世思想原典集成〉18, 平凡社, 1998 年所収, 499-545 頁

More, Thomas, *Utopia,* in *The Complete Works of St. Thomas More*, 15 vols, vol. 4, ed. by Edward Surtz and J. H. Hexter (New Haven: Yale University Press, 1963-86). 邦訳,『ユートピア』澤田昭夫訳, 中公文庫, 改版, 1993 年

Petrarca, Francesco, *De sui ipusius et multorum ignorantia*. 邦訳,『無知について』近藤恒一訳, 岩波文庫, 2010 年

Plato, *The Republic*, trans. by Paul Shorey, The Loeb classical library (London: Heinemann, 1963). 邦訳,『国家（上）・（下）』藤沢令夫訳, 岩波文庫, 改版, 2008-09 年

――― *Laws*, trans. by R.G. Bury, The Loeb classical library (Cambridge, MA: Harvard University Press, 1967-68). 邦訳,『法律（上）・（下）』森進一, 池田美恵, 加来彰俊訳, 岩波文庫, 1993 年

Plutarch, *Plutarch's Moralia*, vol. I, trans by F. C. Babbitt, Loeb classical library (London: W. Heinemann; New York: G.P. Putnam, 1927). 邦訳,『モラリア 1』瀬口昌久訳, 京都大学学術出版会, 西洋古典叢書, 2008 年

――― *De liberis educandis*. 邦訳,『子供の教育について』瀬口昌久訳,『モラリア 1』京都大学学術出版会, 西洋古典叢書, 2008 年所収, 4-43 頁

――― *De garrulitate*. 邦訳,『お喋りについて』戸塚七郎訳,『モラリア 6』京都大学学術出版会, 2000 年所収, 235-79 頁

Schmitt, Carl, *Der Begriff des Politischen* (München: Duncker & Humbolt, 1932). 邦訳,『政治的なものの概念』田中浩・原田武雄訳, 未來社, 1970 年

Seyssel, Claude de, *La monarchie de France et deux autres fragments politiques*, textes établis et présentés par Jacques Poujol (Paris: Librairie d'Argences, 1961)

Thomas Aquinas, *Summa theologiae, Sancti Thomae Aquinatis Doctoris Opera Omnia iussu edita Leonis XIII P. M.* (Rome: Ex Typographia Polyglotta S.C. de Propaganda Fide, 1882-). 邦訳,『神学大全』高田三郎, 山田晶, 稲垣良典ほか訳, 創文社, 1960-2012 年

―――*De regimine principum*. 邦訳,『君主の統治について――謹んでキプロス王に捧げる』柴田平三郎訳, 岩波文庫, 2009 年

Vives, Juan Luis, *De tradendis disciplinis*. 邦訳,『ルネッサンスの教育論』小林博英訳,〈世界教育学選集〉31, 明治図書出版, 1964 年

〈Secondary Sources〉

Adams, Robert T., *The Better Part of Valor: More, Erasmus, Colet, and Vives, on Humanism, War, and Peace, 1496-1535* (Seattle: University of Washington Press, 1962)

Auer, Alfons, *Die vollkommene Frömmigkeit des Christen: Nach dem Enchilidion militis christiani des Erasmus von Rotterdam* (Düsseldorf: Patmos, 1954)

Augustijn, Cornelis, *Erasmus: His Life, Works, and Influence*, trans. by J. C. Grayson (Toronto; Buffalo: University of Toronto Press, 1991)
─────── 'Erasmus as Apologist: The Hyperaspistes II', in ERSY 21 (2001), 1-13
─────── *Erasmus von Rotterdam*, in *Die Reformationszeit I*, ed. by Martin Greschat (Stuttgart: W. Kohlhammer, 1981), S. 53-75. 邦訳,「ロッテルダムのエラスムス」金子晴勇訳, 日本ルター学会編訳『宗教改革者の群像』知泉書館, 2011年
Bainton, Roland H., *Erasmus of Christendom* (New York: Scribner, 1969). 邦訳,『エラスムス』出村彰訳, 日本キリスト教団出版局, オンデマンド版, 2006年
Bataillon, Marcel, *Érasme et l'Espagne* (Genève: Droz, 1998)
Bedouelle, Guy, 'Attacks on the Biblical Humanism of Jacques Lèfevre d' Étaples', trans. by Anna Machado-Matheson, in *Biblical Humanism and Scholasticism in the Age of Erasmus*, ed. by Erika Rummel (Leiden: Brill, 2008), pp. 117-41
Bejczy, István, 'Tolerantia: A Medieval Concept', in *Journal of the History of Ideas*, Vol. 58, No. 3 (1997), 365-84
─────── *Erasmus and the Middle Ages: The Historical Consciousness of a Christian Humanist* (Leiden: Brill, 2001)
Béné, Charles, *Érasme et Saint Augustin ou influence de Saint Augustin sur l'humanisme d'Érasme* (Genève: Droz, 1969)
Bietenholz, Peter, *History and Biography in the Work of Erasmus of Rotterdam* (Genève: Droz, 1966)
─────── 'Concordia Christiana: Erasmus' Thought and the Polish Reality', in ERSY 21 (2001), 44-70
Bietenholz, Peter G. and Thomas Brian Deutscher, *Contemporaries of Erasmus: A Biblical Register of the Renaissance and Reformation*, 3 vols (Toronto: University of Toronto Press, 1985-87)
Borkenau, Franz, *Der Übergang bürgerlichen Weltbild: Studien zur Geschichte der Philosophie der Manufakturperiode* (Darmstadt: Wissenschftliche Buchgesellschaft, 1976). 邦訳,『封建的世界像から市民的世界像へ』水田洋ほか訳, みすず書房, 1965年
Born, Lester K. ed., *The Education of a Christian Prince* (New York: Columbia University Press, 1936; repr. New York: Octagon Books, 1965)
Bouwsma, William J., 'Liberty in the Renaissance and Reformation', in *The Origins of Modern Freedom in the West*, ed. by R. W. Davis (California: Stanford University Press, 1995) pp. 203-34. 邦訳,「ルネサンスと宗教改革における自由」田上雅徳訳, R. W. デイヴィス編『西洋における近代的自由の起源』鷲見誠一・田上雅徳監訳, 慶應義塾大学出版会, 2007年所収, 289-334頁
Bouyer, Louis, *Autour d' Érasme: études sur le christianisme des humanistes cathoriques* (Paris: Édition du Cerf, 1955)
Boyle, Marjorie O'Rourke, *Erasmus on Language and Method in Theology* (Buffalo, New York: University of Toronto Press, 1977)

Bradshaw, Brendan, 'Trans Alpine Humanism', in *The Cambridge History of Political Thought 1450-1700*, ed. by J. H. Burns (Cambridge: Cambridge University Press, 1991), pp. 95-131

Brett, Annabel, 'Scholastic Political Thought and the Modern Concept of the State', in *Rethinking the Foundation of Modern Political Thought*, ed by. Annabel Brett and James Tully (Cambridge: Cambridge University Press, 2006), pp. 130-48

Brunschwig, Jacques and David Sedley, 'Hellenistic Philosophy', in *The Cambridge Companion to Greek and Roman Philosophy*, ed. by David Sedley (Cambridge: Cambridge University Press, 2003) pp.151-83. 邦訳,「ヘレニズム哲学」大草輝政訳, D・セドレー編著『古代ギリシア・ローマの哲学』内山勝利監訳, 京都大学学術出版会, 2009 年所収, 223-67 頁

Burke, Harry R., 'Audience and Intention in Machiavelli's *The Prince* and Erasmus' *Education of a Christian Prince*', in ERSY 4 (1984), 84-93

Burke, Peter, *The Renaissance* (Basingstoke, Hampshire: Macmillan Education, 1987). 邦訳,『ルネサンス』亀長洋子訳, 岩波書店, 2005 年

—— *Languages and Communities in Eraly Modern Europe* (Cambridge: Cambridge University Press, 2004). 邦訳,『近世ヨーロッパの言語と社会』原聖訳, 岩波書店, 2009 年

Burns, J. H., ed., *The Cambridge History of Medieval Political Thought c.350-c.1450* (Cambridge: Cambridge University Press, 1988)

—— ed., *The Cambridge History of Medieval Political Thought 1450-1700* (Cambridge: Cambridge University Press, 1991)

Calmette, Joseph, *Les grands ducs de Bourgogne* (Paris: A. Michel, 1976). 邦訳,『ブルゴーニュ公国の大公たち』田辺保訳, 国書刊行会, 2000 年

Carrington, Laurel, 'ERASMUS' LINGUA: The Double-Edged Tongue', in ERSY 9 (1989), 106-18

—— 'The Writer and His Style: Erasmus' Clash with Guillaume Budé', in ERSY 10 (1990), 61-84

—— 'Impiety Compounded: Scaliger's Double-Edged Critique of Erasmus', in ERSY 22 (2002), 57-67

Caspari, Fritz, 'Erasmus on the Social Functions of Christian Humanism', in *Journal of the History of Ideas* 8 (1947), 78-106

Cassirer, Ernst, *Die Platonische Renaissance in England und die Schule von Cambridge* (Berlin: Teubner, 1932). 邦訳,『英国のプラトン・ルネッサンス──ケンブリッジ学派の思想潮流』三井礼子訳, 工作舎, 1993 年

—— *Individuum und Kosmos in der Philosophie der Renaissance* (Leipzig: B. G. Teubner, 1927). 邦訳,『個と宇宙──ルネサンス精神史』薗田坦訳, 名古屋大学出版会, 1991 年

Chantraine, George, *'Mystère et Philosophie du Christ' selon Érasme* (Gembloux: Duculot, 1971)

参考文献

───── *Érasme et Luther, libre et serf arbitre: étude historique et theologique* (Paris: Éditions Lethielleux; Namur: Presses Universitaires de Namur, 1981)
Chomarat, Jacques, *Grammaire et rhétorique chez Érasme*, 2 vols (Paris: Belles lettres, 1981)
Church, William Farr, *Constitutional Thought in Sixteenth Century France: A Study in the Evolution of Ideas* (Cambridge: Harvard University Press, 1941)
Collins, Stephen L., *From Divine Cosmos to Sovereign State: an Intellectual History of Consciousness and the Idea of Order in Renaissance England* (New York: Oxford University Press, 1989)
Coppens, J., ed., *Scrinium Erasmianum*, 2 vols (Leiden: Brill, 1969)
Coroleu, Alejandro, 'Anti Erasmianism in Spain', in *Biblical Humanism and Scholasticism in the Age of Erasmus*, ed. by Erika Rummel (Leiden: Brill, 2008), pp. 73-92
Crane, Mark, 'Competing Visions of Christian Reform: Noël Béda and Erasmus', in ERSY 25 (2005), 39-57
Crisan, C., 'Érasme en Roumanie', in *Colloquia Erasmiana Turonensia*, 2 vols., ed. by Jean-Claude Margolin (Paris: Toronto University Press, 1972), vol. 1, pp. 175-85
Curtis, Catherine, *The Social and Political Thought of Juan Luis Vives: Concord and Counsel in the Christian Commonwealth*, in *A Companion to Juan Luis Vives*, ed. by Charles Fantazzi (Leiden: Brill, 2008), pp. 113-76
Curtis, Cathy, 'The Best State of the Commonwealth': Thomas More and Quentin Skinner', in *Rethinking the Foundation of Modern Political Thought*, ed. by. Annabel Brett and James Tully (Cambridge: Cambridge University Press, 2006), pp. 93-112
Curtius, E. R., *Europäische Literatur und lateinisches Mittelalter* (Bern: A. Francke, 1954). 邦訳,『ヨーロッパ文学とラテン中世』南大路振一・岸本通夫・中村善也訳, みすず書房, 1971 年
Dealy, Ross, 'The Dynamics of Erasmus' Thought on War', in ERSY 4 (1984), 53-67
DeMolen, Richard, 'First Fruits: The Place of *Antibarbarorum Liber* and *De Compendium vitae*' in the Formulation of Erasmus' Philosophia Christi', in *Colloque Erasmien de Liège*, ed. by Jean-Pierre Massaut (Paris: Belle Lettres, 1987), pp. 177-96
Dickens, A. G., *The Age of Humanism and Reformation: Europe in 14th, 15th and 16th Centuries* (Englewood cliffs, N.J.: Prentice Hall, 1972). 邦訳,『ヨーロッパ近世史──ユマニスムと宗教改革の時代』橋本八男訳, 芸立出版, 1979 年
Dickens, A. G. and Whitney R. D. Jones, *Erasmus the Reformer* (London: Methuen, 1994)
Dolfen, Christian, *Die Stellung des Erasmus von Rotterdam zur scholastischen Methode* (Osnabrück, Druck von Meinders & Elstermann, 1936)
Dresden, Sem, *L'Humanisme et la Renaissance* (Paris: Hachette, 1967). 邦訳,『ルネサンス精神史』高田勇訳, 平凡社, 1970 年
Drysdall, Denis L., 'Erasmus on Tyranny and Terrorism: *Scarabaeus aquilam quaerit* and the *Institutio principis christiani*', in ERSY 29 (2009), 89-102.
Elias, Norbert, *Über den prozess der Zibilisation* (Bern: Francke, 1969). 邦訳,『文明化の

過程（上）・（下）』赤井慧爾・中村元保・吉田正勝訳，法政大学出版局，改装版，2010 年
Estes, James M., '*Officium principis christiani*: Erasmus and Origins of the Protestant State Church', *Archiv für Reformationsgeschichte* 83 (1992), 49-72
Fantazzi, Charles, 'Vives and the Pseudodialecticans,' in *Biblical Humanism and Scholasticism in the Age of Erasmus*, ed. by Erika Rummel (Leiden: Brill, 2008), pp. 93-114
Fantham, E, 'Erasmus and the Latin Classics', in CWE 29, pp. xxxiv-l
Farge, James K., 'Noël Béda and the Defence of the Tradition', in *Biblical Humanism and Scholasticism in the Age of Erasmus*, ed. by Erika Rummel (Leiden: Brill, 2008), pp. 143-64
Febvre, Lucien, *Le problème de l'incroyance au XVIe siècle: la religion de Rablais* (Paris: Albin Michel, 1942). 邦訳，『ラブレーの宗教――16 世紀における不信仰の問題』高橋薫訳，法政大学出版局，2003 年
Ferguson, W. K., 'The Attitude of Erasmus toward Toleration', in *Persecution and Liberty, Essays in Honor of G. L. Burr* (New York: The Century Co., 1931)
Fernandez, J. A., 'Erasmus on the Just War,' in *Journal of the History of Ideas*, Vol. 34, No.2 (1973), 209-26
―――― *Natural Law, Constitutionalism, Reason of State, and War: Counter-reformation Spanish Political Thought* (New York: Peter Lang, 2005-06)
Garin, Eugenio, *Astrology in the Renaissance: The Zodiac of Life*, trans. by Carolyn Jackson and June Allen (London; Boston: Routledge & Kegan Paul, 1983)
―――― *La cultra del Rinascimento* (Bari: Laterza, 1967). 邦訳，『ルネサンス文化史――ある史的肖像』澤井繁男訳，平凡社ライブラリー，2011 年
Geldner, Ferdinand, *Die Staatsauffassung und Fürstenlehre des Erasmus von Rotterdam* (Berlin: E. Ebering, 1930)
Gielis, Marcel, 'Leuven Theologians as Opponents of Erasmus and of Humanistic Theology', trans. by Paul Arblaster, in *Biblical Humanism and Scholasticism in the Age of Erasmus*, ed. by Erika Rummel (Leiden: Brill, 2008), pp. 197-223
Gilmore, Myron P., *Humanists and Jurists: Six Studies in the Renaissance* (Cambridge: The Belknap Press of Harvard University Press, 1963)
―――― 'Les limites de la tolérance dans l'œuvre polemique d'Érasme', in *Colloquia Erasmiana Turonensia*, 2 vols (Toronto: University of Toronto Press, 1972), pp. 713-36
Gilson, Étienne, *L'esprit de la philosophie medieval* (Paris: J. Vrin, 1944). 邦訳，『中世哲学の精神（上）・（下）』服部英次郎訳，筑摩書房，1975 年
Glomski, Jacqueline, 'Erasmus and Cracow (1510-1530)', in ERSY 17 (1997), 1-18
Godin, André, *Érasme: Lecteur d'Origène* (Genève: Droz, 1982)
Gogan, Brian, *The Common Corps of Christendom: Ecclesiological Themes in the Writings of Sir Thomas More* (Leiden: Brill, 1982)

Graham, Richard H., 'Erasmus and Stunica: A Chapter in the History of New Testament Scholarship', in ERSY 10 (1990), 9-60

Halkin, Léon-E., *Erasmus: A Critical Biography* (Oxford, UK; Cambridge, MA: Blackwell, 1993)

Hardin, Richard F., 'The Literary Conventions of Erasmus' *Education of a Christian Prince*: Advice and Aphorism', in *Renaissance Quarterly* Vol. 35, No. 2 (1982), 151-63

Heath, Michael J., 'Erasmus and the Infidel', in ERSY 16 (1996), 19-33

Heesakkers, Chris L., 'Erasmian Reaction to Italian Humanism', in ERSY 23 (2003), 58-66

Herding, Otto, 'Isocrates, Erasmus und die Institutio principis cristiani', in Rudolf Vierhaus and Manfred Botzenhart (eds) *Dauer und Wandel der Geschichte, Festgabe für Kurt von Raumer zum* 15 (1965), 101-43

Herwaarden, Jan van, 'Erasmus and the Non-Christian World', in ERSY 32 (2012), 69-83

Hexter, J. H., *The Vision of Politics on the Eve of the Reformation: More, Machiavelli, and Seyssel* (New York: Basic Books, Inc., Publishers, 1973)

Hoffmann, Manfred, *Erkenntis und Verwirklichung der wahren Theologie nach Erasmus von Rotterdam* (Tübingen: Mohr, 1972)

―――― 'Erasmus and Religious Toleration', in ERSY 2 (1982), 80-106

―――― 'Erasmus on Free Will: An Issue Revisited', in ERSY 10 (1990), 101-21

―――― *Rhetoric and Theology: The Hermeneutic of Erasmus* (Toronto: University of Toronto Press, 1994)

Housley, Norman, *Religious Warfare in Europe, 1400-1536* (New York; Oxford: Oxford University Press, 2002)

Huizinga, Johan, *Herfsttij der Middeleeuwen*. 邦訳,『中世の秋Ⅰ・Ⅱ』堀越孝一訳, 中公クラシックス, 2001年

―――― *Erasmus of Rotterdam*, trans. by F. Hopmann (New York: Scribner, 1924). 邦訳,『エラスムス』宮崎信彦訳, ちくま学芸文庫, 2001年

―――― 'Een praegothieke geest: Johannes van Salisbury', in *De taak der cultuurgeschiedenis*, 1929. 邦訳,「前ゴシック精神の人, ソールズベリーのジョン」『文化史の課題』里見元一郎訳, 東海大学出版会, 1965年所収, 117-49頁

Hyma, Albert, *Renaissance to Reformation* (Grand Rapids: Eerdmans, 1951)

Jaeger, Werner, *Early Christianity and Greek Paideia* (Cambridge, MA: Belknap Press of Harvard University Press, 1962). 邦訳,『初期キリスト教とパイデイア』野町啓訳, 筑摩叢書, 1964年

Jardine, Lisa, *Erasmus, Man of Letters* (Princeton, N.J.: Princeton University Press, 1993)

Kamen, Henry, *The Rise of Toleration* (London: Weidenfeld &Nicolson, 1967). 邦訳,『寛容思想の系譜』成瀬治訳, 平凡社, 1970年

Kantorowicz, Ernst H., *The King's Two Bodies: a Study in Mediaeval Political Theology* (Princeton: Princeton University Press, 1957). 邦訳,『王の二つの身体――中世政

治神学研究（上）・（下）』小林公訳，ちくま学芸文庫，2003 年
Kardos, T., 'L'esprit d' Érasme en Hongrie', in *Colloquia Erasmiana Turonensia*, 2 vols., ed. by Jean-Claude Margolin (Paris: Toronto University Press, 1972), vol. 1, pp. 187-214
Koenigsberger, H. G., 'Parliaments and Estates', in *The Origins of Modern Freedom in the West*, ed. by R. W. Davis (California: Stanford University Press, 1995) pp. 135-77. 邦訳，「議会および全国身分制会議」中村博行訳，R. W. デイヴィス編『西洋における近代的自由の起源』鷲見誠一・田上雅徳監訳，慶應義塾大学出版会，2007 年所収，189-245 頁
Koerber, Eberhard von, *Die Staatstheorie des Erasmus von Rotterdam*, Schriften zur Verfassungsgeschichte Bd. 4 (Berlin: Duncker & Humblot, 1967)
Kohls, Ernst-Wilhelm, *Die Theologie des Erasmus*, 2 vols (Basel: Friedrich Reinhardt, 1966)
Koyré, Alexandre, *From the Closed World to the Infinite Universe* (Baltimore: John Hopkins Press, 1957). 邦訳，『コスモスの崩壊――閉ざされた世界から無限の宇宙へ』野沢協訳，白水社，1999 年
Kraye, Jill, 'The Legacy of Ancient Philosophy', in *The Cambridge Companion to Greek and Roman Philosophy*, ed. by David Sedley (Cambridge: Cambridge University Press, 2003) pp. 323-52. 邦訳，「古代哲学の遺産」西尾浩二訳，D・セドレー編著『古代ギリシア・ローマの哲学』内山勝利監訳，京都大学学術出版会，2009 年所収，459-99 頁
――― 'Twenty-third Annual Margaret Mann Phillips Lecture: Pagan Philosophy and Patristics in Erasmus and His Contemporaries', in ERSY 31 (2011), 33-60
Kristeller, Paul Osker, *Eight Philosophers of Italian Renaissance* (Stanford, CA: Stanford University Press, 1964). 邦訳，『イタリア・ルネサンスの哲学者』佐藤三夫監訳，みすず書房，新装版，2006 年
――― 'The Modern System of the Arts', in *Renaissance Thought II* (New York, 1965), pp. 163-227
――― 'Erasmus from Italian Perspective', in *Renaissance Quarterly*, Vol. 23, No.1 (1970), 1-14
Krynen, J., *L'Empire du roi. Idées et croyences politiques en France, XIIIe-XVe siècle* (Paris: Gallimard, 1993), pp. 341-455
Lecler, Joseph, *Histoire de la tolérance au siècle de la Réforme* (Paris: A. Michel, 1994)
Lovejoy, Arthur O., *The Great Chain of Being: a Study of the History on an Idea: the William James lectures dilivered at Harverd University, 1933* (Cambridge, MA.: Harvard University Press, 1936). 邦訳，『存在の大いなる連鎖』内藤健二訳，ちくま学芸文庫，2013 年
Lubac, Henri de, *Exégèse médiéval. Les quatre sens de L'Ecriture IV.2* (Paris: Aubier, 1964)
Lučin, Bratislav, 'Erasmus and the Croats in the Fifteenth and Sixteenth Centuries', in

ERSY 24 (2004), 89-114

Mansfield, Bruce, *Phoenix of His Age: Interpretations of Erasmus c.1550-1750* (Toronto; Buffalo: University of Toronto Press, 1979)

────── *Interpretations of Erasmus c.1750-1920: Man on His Own* (Toronto: University of Toronto Press, 1992)

────── *Erasmus in the Twentieth Century: Interpretations c.1920-2000* (Toronto: University of Toronto Press, 2003)

Margolin, Jean-Claude, *Érasme: Declamatio De pueris statim ac liberaliter instituendis: Etude critique, tradition et commentaire* (Genève: Librairie Droz, 1966)

────── ed., *Colloquia Erasmiana Turonensia*, 2 vols (Paris: Toronto University Press, 1972)

────── *Guerre et paix dans la penseé d'Érasme* (Paris: Aubier-Montaigne, 1973)

Marrou, Hennri Irènèe, *Saint Augstin et la fin de la culture antique*, 2e edn (Paris: E. de Broccard, 1938). 邦訳, 『アウグスティヌスと古代教養の終焉』岩村清太訳, 知泉書館, 2008 年

Martin, Terence J., 'The Prospects for Holy War: A Reading of a "Consultation" from Erasmus', in *Erasumus Staudies*, Vol.36, No.2 (2016), 195-217

Massaut, Jean-Pierre, ed., *Colloque Erasmien de Liège: Commémoration du 450e anniversaire de la mort d'Érasme* (Paris: Belle Lettres, 1987)

Maurer, Wilhelm, *Das Verhältnis des Staates zur Kirche nach humanistischer Anschauung, vornehmlich bei Erasmus* (Giessen: Alfred Töpelman, 1930)

McCallum-Barry, Carmel, 'Why Did Erasmus Translate Greek Tragedy?', in ERSY 24 (2004), 52-70

McConica, James, *Erasmus* (Oxford; New York: Oxford University Press, 1991). 邦訳, 『エラスムス』高柳俊一・河口英治訳, 教文館, 1994 年

McGrath, Alister E., *Reformation Thought: an Introduction*, 3rd edn (Oxford, UK; Malden, MS: Blackwell Publishers, 1999). 邦訳, 『宗教改革の思想』高柳俊一訳, 教文館, 2000 年

McNeil, David O., *Guillaume Budé and Humanism in the Reign of Francis I* (Genève: Droz, 1975)

Mesnard, Pierre, *L'essor de la philosophie politique au XVIe siècle*, 2e edn (Paris: Vrin, 1951)

Minnich, Nelson H., 'Erasmus and the Fifth Lateran Council (1512-17)', in *Erasmus of Rotterdam: the Man and the Scholar*, eds. by J. Sperna Weiland and W. Th. M. Frijhoff (Leiden: Brill, 1988), pp. 46-60

────── 'Some Underlying Factors in the Erasmus-Pio Debate', in ERSY 13 (1993), 1-43

Minnich, Nelson H. and W. W. Meissner, 'The Character of Erasmus', in *American Historical Review*, Vol. 83, No. 3 (1978), 598-624

Mohamed, Feisal G., 'Renaissance Thought on the Celestial Hierarchy: The Decline of a Tradition?' in *Journal of the History of Ideas*, Vol. 65, No. 4 (2004), 559-82

Monfasani, John, 'Erasmian, the Roman Academy, and Ciceronianism: Battista Casali's Invective', in ERSY 17 (1997), 19-54
───── 'Erasmus and the Philosophers', in ERSY 32 (2012), 47-68
Moran, Dermot, 'Neoplatonism and Christianity in the West', in *The Routledge Handbook of Neoplatonism,* ed. by Paulina Remes and Svelta Slaveva-Griffin (London and New York: Routledge, 2014), pp. 508-24
Moss, Ann, 'Literary Imitation in the Sixteen Century: Writers and Readers, Latin and French', in *The Cambridge History of Literary Criticism*, vol. III, *The Renaissance*, ed. H. B. Nisbet & Claude Rawson (Cambridge; New York: Cambridge University Press, 1989-2013), pp. 107-18
Nauert, Charles G., ' "A Remarkably Supercilious and Touchy Lot": Erasmus on the Scholastic Theologians', in ERSY 22 (2002), 37-56
Nederman, Cary, 'Nature, Sin and the Origins of Society: the Ciceronian Tradition in Medieval Political Thought', in *Journal of the History of Ideas*, Vol. 49, No.1 (1988), 3-26
Nieto, José C., *Juan de Valdés and the Origins of the Spanish and Italian Reformation* (Genève: Droz, 1970)
Nussbaum, M. C., 'Equity and Mercy', in *Philosophy and Public Affairs* 22 (1993), 83-125
Olin, John C., 'Erasmus and Saint Jerome: The Close Bond and Its Significance', in ERSY 7 (1987), 33-53
O'Malley, John W., 'Erasmus and the History of Sacred Rhetoric: The *Ecclesiastes* of 1535', in ERSY 5 (1985), 1-29
Padberg, Rudolf, *Erasmus als Katechet. Der literarische Beitrag des Erasmus von Rotterdam zur katholischen Katechese des 16. Jahrhunderts. Eine untersuchung zum Geschichte der Katechese* (Freiburg-im-Breisgau: Herder, 1956)
Payne, John B., *Erasmus: His Theology of the Sacraments* (Richmond: Brachter, 1970)
Pfeiffer, Rudolf, *Humanitas Erasmiana* (Leipzig: Teubner, 1931)
───── 'Die Einheit im geistigen Werk des Erasmus', in *Deutsche Vierteljahrsschrift für literaturwissenschaft und Geistesgeschichte* 15 (1937), 473-87
Phillips, Margaret Mann, *The "Adages" of Erasmus* (Cambridge: Cambridge University Press, 1964)
───── 'Érasme et Montaigne', in *Colloquia Erasmiana Turonensia,* 2 vols (Paris: Toronto University Press, 1972), vol. 1, pp. 479-90
───── 'Erasmus on the Tongue', in ERSY 1 (1981), 113-25
Pocock, J. G. A., *The Machiavellian Moment: Florentine Political Thought and the Atlantic Republican Tradition* (Princeton, N.J.: Princeton University Press, 1975). 邦訳, 『マキァヴェリアン・モーメント──フィレンツェの政治思想と大西洋圏の共和主義の伝統』田中秀夫・奥田敬・森岡邦泰訳, 名古屋大学出版会, 2008年
Rabbie, Edwin, 'The Polemic between Erasmus and Béda', in ERSY 30 (2010), 7-21
Remer, Gary, 'Dialogue of Toleration: Erasmus and Bodin', in *The Review of Politics*, Vol.

56, No. 2 (1994), 305-36

Renaudet, Augustin, *Érasme et l'Italie*, 2nd edn (Genève: Droz, 1998)

Rossi, Paolo, 'Considerazioni sul declino dell'astrologia agli inizi dell'eta' moderna', in *L'Opera e il pensiero di Giovanni Pico della Mirandola nella storia dell'umanesimo: convegno internazionale* (Firenze: Nella sede dell'Institutо, 1965), pp. 315-31

Rubenstein, Richard E., *Aristotle's Children: How Christians, Muslims, and Jews Rediscovered Ancient Wisdom and Illuminated the Dark Ages* (Orlando, FL: Harcourt, 2003). 邦訳, 『中世の覚醒——アリストテレス再発見から知の革命へ』小沢八重子訳, 紀伊國屋書店, 2008 年

Rüegg, Walter, *Cicero und der Humanismus: Formale Untersuchungen über Petrarca und Erasmus* (Zürich: Rheinverlag, 1946)

Rummel, Erika, *The Humanist-Scholastic Debate in the Renaissance and Reformation* (Cambridge, MA: Harvard University Press, 1995)

―――― *Erasmus* (London; New York: Continuum, 2004)

―――― ed., *Biblical Humanism and Scholasticism in the Age of Erasmus* (Leiden: Brill, 2008)

Schmitt, Charles B. and Brian P. Copenhaver, *Renaissance Philosophy* (Oxford: Oxford University Press, 1992). 邦訳, 『ルネサンス哲学』榎本武文訳, 平凡社, 2003 年

Schneider, Elizabeth, *Das Bild der Frau im Werk des Erasmus von Rotterdam* (Basel; Stuttgart, Helbing &Lichtenhahn, 1955)

Schoeck, Richard, *Erasmus of Europe*, 2 vols (Edinburgh: Edinburgh University Press, 1993)

Schottenloher, Otto, 'Erasmus und Respblica Christiana', in *Historische Zeitschrift* 210 (1970), S. 295-320

―――― 'lex naturae und Lex Christi bei Erasmus', in *Scrinium Erasmianum*, 2 vols, ed. by J. Coppens (Leiden: Brill, 1969), vol. 2, pp. 253-99

Schreiner, Klaus and Gerhard Besier, Toleranz, in *Geschichtliche Grundbegriffe*, ed. Otto Brunner, Werner Conze, and Reinhart Koselleck, 7 vols (Stuttgart: E-Klett, 1972-92)

Screech, M. A., 'Folie Érasmienne et folie rabelaisienne', in *Colloquia Erasmiana Turonensia*, 2 vols (Paris: Toronto University Press, 1972), vol. 1, pp. 441-52

―――― 'Comment Rabelais a expoité les travaux d'Érasme et Montaigne', in *Colloquia Erasmiana Turonensia*, 2 vols (Paris: Toronto University Press, 1972), vol. 1, pp. 453-61

Scribner, R.W., 'Social Thought of Erasmus', in *Journal of Religious History* 6 (1970), 3-26

Skinner, Quentin, *The Foundations of Modern Political Thought vol.1: The Renaissance* (Cambridge; New York: Cambridge University Press, 1978). 邦訳, 『近代政治思想の基礎』門間都喜男訳, 春風社, 2009 年

Smith, Preserved, *Erasmus: A Study of His Life, Ideals and Place in History* (New York: Harper & Brothers, 1923)

Spitz, Lewis W., *The Renaissance and Reformation Moments*, rev. 2 vols (St. Louis, Mo: Concordia Publishing House, 1987)

Surtz, Edward, *The Works and Days of John Fisher* (Cambridge, MA: Harvard University Press, 1967)

Tabri, E. A., *Political Culture in the Early Northern Renaissance: The Court of Charles the Bold, Duke of Burgundy (1467-77)* (Lewiston: E. Mellen Press, 2004)

Tilmans, Karin, 'Republican Citizenship and Civic Humanism in the Burgandian-Hapsburg Netherlands (1477-1566)', in *Republicanism: a Shared European Heritage*, vol. 1, ed. by Martin van Gelderen and Quentin Skinner (Cambridge: Cambridge University Press, 2002)

Tracy, James D., *The Politics of Erasmus: A Pacifist Intellectual and his Political Milieu*, (Toronto: University of Toronto Press, 1978)

―――― 'Humanist Among the Scholastics: Erasmus, More, and Lefèvre d'Étaples on the Humanity of Christ', in ERSY 5 (1985), 30-51

―――― 'From Humanism to the Humanities: A Critique of Grafton and Jardine', in *Modern Language Quartely* 51 (1990), 122-43

―――― *Erasmus of the Low Countries* (Berkeley: University of California Press, 1996)

Trapp, J. B., *Erasmus, Colet, and More: the Early Tudor Humanists and Their Books* (London: British Library, 1991)

Trevor-Roper, Hugh, *Religion, the Reformation and Social Change, and Other Essays*, rev. 3rd edn (London: Secker & Warburg, 1984). 邦訳，『宗教改革と社会変動』小川晃一ほか訳，未来社，1978 年

Turchetti, Mario, 'Une question mal posée: Érasme et la tolérance: L'idée de sygkatabasis', in *Bibliothéque d'Humanisme et Renaissance*, Vol. 53, No. 2 (1991), 379-95

Vanderjagt, Arjo, *Qui sa vertu anoblist: The Concepts of Noblesse and chose publique in Burgundian Political Thought* (Gronigen: Verdingen, 1981)

―――― 'The Princely Culture of the Valois Dukes of Burgundy', in *Princes and Princely Culture, 1450-1650*, ed. by Martin Gosman, Alasdair MacDonald, Arjo Vanderjagt (Leiden: Brill, 2003)

Verger, Jacques, *Les gens de savoir en Europe à la fin du moyen âge*, 2e edn (Paris: Presses Universitaires de France, 1998). 邦訳，『ヨーロッパ中世末期の学識者』野口洋二訳，創文社，2004 年

Vogel, Klaus A., 'Cosmography', in *The Cambridge History of Science vol. 3: Early Modern Science*, trans. by Alisha Rankin (Cambridge: Cambridge University Press, 2003)

Weiler, A. G., 'The Turkish Argument and Christian Piety in Desiderius Erasmus' *Consultatio de Bello Turcis Inferendo* (1530)', in *Erasmus of Rotterdam: the Man and the Scholar*, eds. by J. Sperna Weiland and W. Th. M. Frijhoff (Leiden: Brill, 1988), pp. 30-39

Wolin, Sheldon S., *Politics and Vision*, expanded ed (Princeton, N.J.: Princeton University

Press, 2004). 邦訳, シェルドン・S・ウォリン『政治とヴィジョン』尾形典男・福田歓一ほか訳, 福村出版, 2007 年

Zweig, Stefan, *Triumph und Tragik des Erasmus von Rotterdam* (Wien: S. Fischer Verlag, 1958). 邦訳,『エラスムスの勝利と悲劇』内垣啓一他訳,〈ツヴァイク伝記文学コレクション〉6, みすず書房, 1998 年所収, 5-210 頁

〈邦語文献〉

会田雄次・渡辺一夫・松田智男『ルネサンス』中央公論新社, 2008 年
石坂尚武『ルネサンス・ヒューマニズムの研究──「市民的人文主義」の歴史理論への疑問と考察』晃洋書房, 1994 年
石本岩根「解説」『ルター著作集 第一集第九巻』聖文舎, 1973 年所収
磯部隆「近代政治思想史の形成と宗教意識 (一) - (六) ──神義論と「自由意志」論争をめぐって」『名古屋大學法政論集』第 106-15 号, 1985-87 年
伊藤博明『ルネサンスの神秘思想』講談社学術文庫, 2012 年
岩井俊一「ギヨーム・ビュデの君主論の意図」『Les Lettres Françaises』第 14 号, 1994 年, 1-6 頁
植村雅彦『テューダー・ヒューマニズム研究序説』創文社, 1967 年
─── 「近世初頭のヨーロッパ国際政治における一考察」『大阪大学教養部研究集録』第 18 号, 1970 年, 41-55 頁
宇羽野明子「一六世紀フランスの政治的寛容における「良心の自由」への視座」『大阪市立大学法学雑誌』第 58 巻第 3・4 号, 2012 年, 475-503 頁
榎本武文「ルネサンスにおけるキケロ主義論争」『一橋大学研究年報 人文科学研究』第 36 号, 1999 年, 269-333 頁
大澤麦「寛容」,〈政治概念の歴史的展開〉1, 晃洋書房, 2004 年所収, 85-103 頁
大谷啓治「コンシュのギヨームにおける学問の用語」上智大学中世思想研究所編『中世の学問観』創文社, 1995 年所収, 95-111 頁
小川正廣「『寛恕について』解説」,〈セネカ哲学全集〉2, 岩波書店, 2006 年所収, 499-509 頁
荻野弘之「キリスト教の正戦論──アウグスティヌスの聖書解釈と自然法」山内進『「正しい戦争」という思想』勁草書房, 2006 年所収, 111-44 頁
勝田有恒・山内進編著『近世・近代ヨーロッパの法学者たち──グラーティアヌスからカール・シュミットまで』ミネルヴァ書房, 2008 年
加藤守通「レオナルド・ブルーニとキケロ──教養論を巡って」『イタリア学会誌』42 号, 1992 年, 56-79 頁
─── 「ジョルダーノ・ブルーノ」,〈哲学の歴史〉4, 中央公論新社, 2007 年所収, 519-54 頁
─── 「哲学と教育」今井康雄編『教育思想史』有斐閣アルマ, 2009 年所収, 31-48 頁
─── 「ルネサンスとヒューマニズム」今井康雄編『教育思想史』有斐閣アルマ,

2009 年所収, 69-84 頁
─── 「ルネサンス」水地宗明・山口義久・堀江聡編『新プラトン主義を学ぶ人のために』世界思想社, 2014 年所収, 337-53 頁
金子晴勇『近代自由思想の源流──16 世紀自由意志学説の研究』創文社, 1987 年
─── 『宗教改革の精神──ルターとエラスムスの思想対決』講談社学術文庫, 2001 年
─── 『エラスムスとルター──一六世紀宗教改革の二つの道』聖学院大学出版会, 2002 年
─── 『エラスムスの人間学──キリスト教人文主義の巨匠』知泉書館, 2011 年
河合祥一郎『シェイクスピア──人生劇場の達人』中公新書, 2016 年
川口博『身分制国家とネーデルランドの反乱』彩流社, 1995 年
川添信介「スコラ哲学とアリストテレス」,〈哲学の歴史〉3, 中央公論新社, 2008 年所収, 405-27 頁
川出良枝・山岡龍一『西洋政治思想史──視座と論点』岩波テキストブック, 2012 年
河原温「シャルル・ル・テメレールと 15 世紀後半ブルゴーニュ宮廷の政治文化──宮廷イデオロギーの形成をめぐって」『人文学報』第 475 号, 2013 年, 1-14 頁
菊池理夫『ユートピアの政治学──レトリック・トピカ・魔術』新曜社, 1987 年
木ノ脇悦郎「宗教改革前史における新プラトン主義とエラスムス──特にその人間観について」『桃山学院大学キリスト教論集』第 9 号, 1973 年, 1-22 頁
─── 『エラスムス研究──新約聖書パラフレーズの形成と展開』日本基督教団出版局, 1992 年
─── 『エラスムスの思想的境地』関西学院大学出版会, 2004 年
─── 「人文学者たちの聖書解釈──エラスムスの校訂版新約聖書を中心に」宮谷宣史・出村彰編『聖書解釈の歴史──新約聖書から宗教改革まで』日本キリスト教団出版局, 2005 年, 279-95 頁
沓掛良彦『エラスムス──人文主義の王者』岩波現代全書, 2014 年
近藤恒一『新版ペトラルカ研究』知泉書館, 2010 年
近藤智彦「ストア派の三つの顔」『倫理学年報』59, 2010 年, 48-51 頁
佐々木毅『近代政治思想の誕生──16 世紀における「政治」』岩波新書, 1981 年
─── 『宗教と権力の政治──「哲学と政治」講義 II』講談社学術文庫, 2012 年
─── 『主権・抵抗権・寛容──ジャン・ボダンの国家哲学』岩波書店, オンデマンド版, 2014 年
佐藤彰一『中世世界とは何か』,〈ヨーロッパの中世〉1, 岩波書店, 2008 年
柴田平三郎『アウグスティヌスの政治思想』未来社, 1985 年
─── 「君主の鑑」(1)-(8)」,『獨協法学』第 25 -37 号, 1987-93 年
─── 『中世の春──ソールズベリのジョンの思想世界』慶應義塾大学出版会, 2003 年
─── 「〈訳者解説〉トマス・アクィナスと西欧における〈君主の鑑〉の伝統」トマス・アクィナス『君主の統治について──謹んでキプロス王に捧げる』柴田

平三郎訳，岩波文庫，2009 年所収，139-231 頁
──────『トマス・アクィナスの政治思想』岩波書店，2014 年
清水哲郎「ルター」，〈哲学の歴史〉4，中央公論新社，2007 年所収，393-428 頁
将基面貴巳『政治診断学への招待』講談社選書メチエ，2006 年
──────『ヨーロッパ政治思想の誕生』名古屋大学出版会，2013 年
上智大学中世思想研究所編『教育思想史』東洋館出版社，1984-86 年
──────『中世の社会思想』創文社，1996 年
甚野尚志『中世ヨーロッパの社会観』講談社学術文庫，2007 年
──────『十二世紀ルネサンスの精神──ソールズベリのジョンの思想構造』知泉書館，2009 年
甚野尚志・中澤務・E. ペレス「ソールズベリのヨハネス『メタロギコン』解説」，〈中世思想原典集成〉8，平凡社，2002 年所収，581-97 頁
鈴木宣則『トマス・モアの思想と行動』風行社，2010 年
──────『近代初期ヨーロッパの代表的政治思想の再解釈』北樹出版，2011 年
染田秀藤「解説」セプールベダ『第二のデモクラテス──戦争の正当原因についての対話』染田秀藤訳，岩波文庫，2015 年所収，283-309 頁
高田康成『キケロ──ヨーロッパの知的伝統』岩波新書，1999 年
高橋康也『道化の文学──ルネサンスの栄光』中公新書，1977 年
高柳俊一編『中世の説教』教文館，2012 年
田上雅徳『初期カルヴァンの政治思想』新教出版社，1999 年
塚田富治『トマス・モアの政治思想』木鐸社，1978 年
月村辰雄「エラスムス」，〈哲学の歴史〉4，中央公論新社，2007 年所収，309-37 頁
中川純男「総論──信仰と知の調和」，〈哲学の歴史〉3，中央公論新社，2008 年所収，19-33 頁
二宮敬『エラスムス』，〈人類の知的遺産〉23，講談社，1984 年
──────『フランス・ルネサンスの世界』筑摩書房，2000 年
日本トマス・モア協会編『ユートピアと権力と死──トマス・モア没後四五〇年記念』荒竹出版，1987 年
日本ルター学会編訳『宗教改革者の群像』知泉書館，2011 年
根占献一「エラスムス覚え書──文献紹介と課題」『学習院女子大学紀要』第 15 号，2013 年，113-28 頁
畑宏枝「エラスムスにおける『反野蛮人論』とヒューマニズム」『基督教学研究』17，1997 年，53-76 頁
半澤孝麿『ヨーロッパ思想史における〈政治〉の位相』岩波書店，2004 年
菱刈晃夫『習慣の教育学──思想・歴史・実践』知泉書館，2013 年
廣川洋一『イソクラテスの修辞学校』講談社学術文庫，2005 年
福田歓一『政治学史』東京大学出版会，1985 年
藤井美男編／ブルゴーニュ公国史研究会『ブルゴーニュ国家の形成と変容──権力・制度・文化』九州大学出版会，2016 年
藤本温・松根伸治「用語集」中川純男・加藤雅人編『中世哲学を学ぶ人のために』

世界思想社, 2005 年
ボーネ, マルク「高度に都市化された環境のなかの君主国家——南ネーデルラントのブルゴーニュ公たち」畑奈保美訳, マルク・ボーネ『中世ヨーロッパの都市と国家——ブルゴーニュ公国時代のネーデルラント』河原温編,〈山川レクチャーズ〉8, 山川出版社, 2016 年, 104-39 頁
松森奈津子『野蛮から秩序へ——インディアス問題とサラマンカ学派』名古屋大学出版会, 2009 年
三上茂「カロリング時代における「君主の鑑」——サン=ミイェルのスマラグドゥスとオルレアンのヨナス」上智大学中世思想研究所編『中世の社会思想』創文社, 1996 年, 41-64 頁
水地宗明・山口義久・堀江聡編『新プラトン主義を学ぶ人のために』世界思想社, 2014 年
毛織大順「セイセルの「フランス大君主国」について」『法政研究』第 23 巻, 第 2 号, 1956 年, 89-102 頁
——「第十六世紀の前半期におけるフランス国王の官吏の政治思想」『政治研究』第 6 号, 1958 年, 14-25 頁
森本あんり「中世的寛容論から見たニューイングランド社会の政治と宗教」『国際基督教大学学報 IV-B 人文科学研究 キリスト教と文化』第 42 号, 2011 年, 165-86 頁
藪本将典「〈改革王令〉に見るフランス・ルネサンス期の立法者像」『法學政治學論究』第 68 号, 2006 年, 97-129 頁
山内志朗『普遍論争——近代の源流としての』平凡社ライブラリー, 2008 年
——「中世哲学と情念論の系譜」『西洋中世研究』第 1 号, 2009 年所収, 75-86 頁
——「中世における占星術批判の系譜」金森修編著『科学思想史』勁草書房, 2010 年, 371-431 頁
山内進『十字軍の思想』ちくま新書, 2003 年
——「序論 聖戦・正戦・合法戦争——「正しい戦争とは何か」」山内進『「正しい戦争」という思想』勁草書房, 2006 年所収, 1-41 頁
山岡龍一『西洋政治理論の伝統』放送大学教育振興会, 2009 年
——「寛容と迫害」川出良枝・山岡龍一『西洋政治思想史——視座と論点』岩波テキストブック, 2012 年所収, 91-104 頁
山田望『キリストの模範——ペラギウス神学における神の義とパイデイア』教文館, 1997 年
ヨンパルト『自然法と国際法——ホセ・ヨンパルト教授著作集』成文堂, 2011 年
リーゼンフーバー, クラウス「ラテン中世における教父神学の遺産」村井則夫訳, 上智大学中世思想研究所『中世における古代の伝統』創文社, 1995 年所収
——『中世思想史』村井則夫訳, 平凡社ライブラリー, 2003 年
渡辺一夫『フランス・ルネサンスの人々』岩波文庫, 1992 年
——『フランス・ユマニスムの成立』岩波全書セレクション, 2005 年

固　有　名　索　引
（n は脚注，エラスムスの人名は省く）

ア　行

アウエル（Alfons Auer）　9, 97, 99n
アヴィセンナ（Avicenna; Ibn Sīnā）　98
アヴェロエス（Averroes; Ibn Rushd）　56
アウグスタイン（Cornelis Augustijn）　12, 60n, 62
アウグスティヌス（Aurelius Augustinus）　19, 22, 48n, 50n, 60, 62, 69, 76, 97-98n, 104-07, 109, 112-13, 115n, 118-19, 122n, 131n-33, 137n, 142
　『神の国』　19, 105-06n, 112
　『キリスト教の教え』　69n
　『譴責と恩寵』　104
アーサー王（King Arthur）　27n
アグリコラ（Rodolphus Agricola）　63n
アダム（Adam）　104-105, 119
アダムズ（Robert T. Adams）　11
アドルフ・ド・ブルゴーニュ（Adolph de Bourgogne）　16
アベラルドゥス（Petrus Abaelardus）　77n
アリストテレス（Aristoteles）　20-22, 34, 45, 56, 68, 76, 83n, 89n-90n, 96n, 152-53
　『詩学』　83n
　『政治学』　22, 34
　『ニコマコス倫理学』　22, 34n, 89n, 152
　『弁論術』　83n
アリストパネス（Aristopanes）　82n
アルカン（Léon-E. Halkin）　12
アルキビアデス（Alkibiades）　84
アルミニウス（Jacobus Arminius）　179
アルチャート（Andrea Alciato）　41
アルトゥジウス（Johannes Althusius）　42n
アルノビウス（Arnobius of Sica）　60n-61n
アルベルトゥス・マグヌス（Albertus Magnus）　22
アレクサンデル（ヘールズの）（Alexander Halensis）　62n
アレクサンデル六世（Alexander VI）　36n
アレクサンドロス大王（Aleksandros ho Megas）　15, 27, 30, 35-36, 45, 110
アンセルムス（Anselmus Cantuariensis）　50
アントニウス（Marcus Antonius）　86
アンナ（フェーレの）（Anna van Veere）　16
アン・ブーリン（Anne Boleyn）　179n
アンブロシウス（Ambrosius）　60n, 69, 137
アンリ二世（Henri II）　30
アンリ・ド・ブルゴーニュ（Henri de Bourgogne）　16
イエーガー（Werner Jaeger）　113
イシドールス（Isidorus）　50
イソクラテス（Isokrates）　18, 32-33, 40n, 45, 68, 76
　『ニコクレスに与う』　18, 33, 40n
ヴァッラ（Lorenzo Valla）　56n, 63n-65n, 111n
　『新約聖書校合』　63n

固有名索引

ヴァッレーゼ（Guilio Vallese）　91n
ウァロ（Marcus, Terentius Varro Reatinus）　115n
　『農業論』　115n
ウィクリフ（John Wyclif）　108
ウィットフォード（Richard Whitford）　160
ウェルギリウス（Publius Vergilius Maro）　20, 77n, 111
　『アエネイス』　111
ヴェルンレ（Paul Wernle）　9
ヴォルテール（Voltaire）　180
エイレナエオス（Irenaeus）　60n
エヴァ（Eva）　105
エウポリス（Eupolis）　82
エグモンダヌス（Nicolaas Baechem of Egmond）　56n
エギディウス（Aegidius Romanus, or Egidio da Viterbo）　62n
エコランパディウス（Johannes Oecolampadius）　181
エピクテトス（Epiktetos）　39
エピクロス（Epikuros）　110n
エラスムス (Desiderius Erasmus)
　『医術礼讃』　150-151, 154, 156, 164, 174-76
　『エクレシアステス』　12, 48n, 52n, 61n, 66n, 69n, 86n, 102n, 105n, 111n, 116n, 146, 169n, 171n, 175, 182n
　『エンキリディオン』　12, 55n, 90, 97, 99, 117, 164, 170n
　『格言集』　32, 115n, 174n
　　「アルキビアデスのシレノス」　36n, 38, 42n, 170n
　　「戦争は体験しない者にこそ快し」　79, 131, 133, 163, 174n
　『キケロ主義者』　35n, 51, 63, 65-67, 92, 102, 138n, 177
　『教会和合修繕論』　12, 101, 110, 123, 145, 151, 166, 170, 175
　『キリスト教君主の教育』　8, 16, 24, 28, 31, 33, 36, 40n, 44, 87, 126-27, 156, 164, 167, 174n, 177
　『キリスト教結婚教育』　81n, 179
　『結婚礼讃』　154
　『現世の蔑視』　36n, 40n, 52n, 88n, 172
　『校訂版新約聖書』　69n, 117n, 177
　『子供の教育について』　34n, 44n, 48n, 90n, 101n
　『子供の礼儀作法についての覚書』　16
　『コピア』　90, 92n
　『最善の教え』　154n
　『死への準備について』　148n, 179n
　『書簡の作成について』　48n
　『自由意志論』　7, 50, 59-60n, 81, 94n, 115, 179n
　『自由学芸』　154n
　『スペインの修道士に対する弁明』　141
　『セネカ全集』　112n
　『葬送演説』　121n
　『対話集』　25n, 81n, 180
　　「異端審問」　148n
　　「カロン」　25n
　　「魚食い」　37n
　　「裕福な乞食」　67n
　『痴愚神礼讃』　3, 6-7, 43-44n, 52, 54-55, 66, 81n, 84, 101n-02n, 114n-15n, 127n, 150, 167n, 170-71, 176, 180
　『注釈』　63n
　『適切な医者』　154n
　『徳の追求についての弁論』　16-17, 33, 35, 44-45
　『トルコ戦争論』　25, 130, 135, 139, 165
　「ドルプ宛書簡」　55n, 170n
　『ノエル・ベダの誹謗書反駁』　141
　『パネギュリクス』　12, 16-17, 23, 33, 36, 44, 111
　『パリ大学神学部検閲に対する言明』

固有名索引

141
『反野蛮人論』 43n, 51–53n, 66, 71
『ヒュペラスピステス』 12, 51, 59–60n, 80n, 83, 97–98, 105, 121
「フォルツ宛書簡」 117
『フッテンの泥水を払う海綿』 58
『平和の訴え』 8, 16–17, 24, 41n, 79–80n, 86n, 131, 154, 157, 164–65, 167–68n, 180
『マタイによる福音書釈義』 81, 143
『名言集』 96n
『リングア』 5, 41n, 73–75, 79, 81, 83, 86, 89n, 92–93, 95, 100n, 151, 157, 164–66, 174, 177
『ルキアノス小品集』 32, 55n, 88n
「暴君殺害」 86, 151, 157, 160, 163, 165
エリオット（Sir Thomas Elyot） 38n
エリザベス一世（Elizabeth I） 179
オトマン（François Hotman） 30
オウィディウス（Publius Ovidius Naso） 99n
オマリー（John W. O'Malley） 10, 69n
オリゲネス（Origenes） 61n, 99

カ 行

カール五世（Charles V） 15–17, 24, 32, 37, 163, 179n
カールシュタット（Andreas Bodenstein von Karlstadt） 108
カエサル（Gaius Julius Caesar） 15, 35–36, 159
ガガン（Robertus Gaguinus, ） 63n
カステリヨン（Sébastien Châstillon） 180
『異端者を処罰すべからざることについて』 180
カストロ（Alfonso de Castro） 181–82

カッシーラー（Ernst Cassirer） 96, 110
カッシウス（Gaius Cassius Longinus） 35n
カッシオドルス（Flavius Magnus Aurelius Cassiodorus） 78n
カピト（Wolfgang Capito） 3n
カプレオルス（Johnnes Capreolus） 61n
カルヴァン（Jean Calvin） 3, 106, 127n, 180
『寛恕について注解』 127n
カリントン（Laurel Carrington） 81n
ガレノス（Klaudios Galenos） 150, 153n
『治療法について』 153n
カント（Immanuel Kant） 181
カントーロヴィチ（Ernst H. Kantorowicz） 21
カンペッジョ（Lorenzo Campeggio） 140
偽アンブロシウス（Pseudo-Ambrosius） 116
『異教徒の招きについて』 116
キケロ（Marcus Tullius Cicero） 18, 20, 26, 34, 63, 65–66, 68, 75–80, 82, 86, 92, 94n, 106n, 112, 131n, 152, 159
『運命について』 106n
『神々の本性について』 94n
『義務について』 18, 34, 75, 80n, 152
『国家について』 18
『発想論』 75
『法律について』 18, 34
偽ディオニュシオス・アレオパギテス（Pseudo-Dionysios Areopagites） 110–11
『天上位階論』 110
キャサリン（Catherine of Aragon） 179n
キャサリン・パー（Catherine Parr）

179
キュプリアヌス（Cyprianus）
　60n-61n, 69
キュリロス（Kyrillos）　61n
キュロス（Kyros ho megas）　27
ギヨーム（オーヴェルニュの）（Guillaume d'Auvergne）　98
ギヨーム（コンシュの）（Guillaume de Conches）　77n
キリスト（Jesus Christ）　58n, 95n, 116, 168, 170
ギルモア（Myron P. Gilmore）　122
バッティスタ・グァリーノ（Battista Guarino）　32n, 63n
『教授と学習の順序』　32n
グイレルムス（ムールベケの）（Guillelmus de Moerbeka）　22
クインティリアヌス（Marcus Fabius Quintilianus）　40n, 64-65n, 68
ニコラウス・クザーヌス（Nicolaus Cusanus）　74, 96, 110
クセノポン（Xenophon）　18, 27-28, 42, 45, 90n
『アナバシス』　28
『キュロスの教育』　18, 27, 42, 90n
クセルクセス（Xerxes）　36
クラーク（Samuel Clarke）　180
クラウディウス（トリノの）（Claudius Taurinensis）　50
クリステラー（Paul Oskar Kristeller）　70, 96
クリネン（J. Krynen）　41n
クレイ（Jill Kraye）　99n
グローシン（William Grocyn）　32n
グロティウス（Hugo Grotius）　42n, 179
クロムウェル（Thomas Cromwell）　179
ゲーテ（Johann Wolfgang Goethe）　181
ケーニヒスベルガー（H. G. Koenigsberger）　165
ゲッリウス（Aulus Gellius）　82n
『アッティカの夜』　82n
ゲリッシュ（B. A. Gerrish）　60n
ゲルドナー（Ferdinand Geldner）　11
ケルバー（Eberhard von Koerber）　11
コイレ（Alexandre Koyré）　96
ゴードン（Walter M. Gordon）　10
コールズ（Ernst-Wilhelm Kohls）　10, 12, 73, 96-97, 99n
コペルニクス（Nicolaus Copernicus）　110
『天体の回転について』　111
コルテージ（Paolo Cortesi）　64
コレット（John Colet）　32n, 63n, 111

　　　　　サ　行

ザクセン公ゲオルク（Georg der Reiche, Herzog von Sachsen）　20n, 59
ザクセン選帝侯フリードリヒ（Friedrich Ⅲ, der Weise）　20n
サッルスティウス（Gaius Sallustius Crispus）　82
サルターティ（Coluccio Saltati）　160
シェック（Richard Schoeck）　179
ジェルソン（Jean Gerson）　52n
シャルル突進公（Charles le Téméraire）　17, 23-27, 35
シャントレーヌ（Georges Chantraine）　60n, 122n
シューラー（Matthias Schürer）　27n
シュパラティン（Georg Spalatin）　58n
シュミット（Carl Schmitt）　148
ショッテンローアー（Otto Schottenloher）　11, 147n, 168n
ショマラ（Jacques Chomarat）　10n-11, 67, 73
シライシ（Nancy G. Siraisi）　150
ジルソン（Étienne Gilson）　49-50n
スエトニウス（Gaius Suetonius Tranquillus）　20

固有名索引

『皇帝伝』　20
スカリゲル（Julius Caesar Scaliger）
　65, 93n
スキナー（Quentin Skinner）　38n, 67n
スクリーチ（M. A. Screech）　180
スコトゥス（Johannes Duns Scotus）
　56, 61n
スッラ（Sulla）　36n
スニガ（Diego López Zúñiga）　56
プリザーブド・スミス（Preserved Smith）　9
クロード・ド・セセル（Claude de Seussel）　28-30, 32, 41, 45
『フランス王国論』　28
セネカ（Seneca）　18, 26, 34, 36n, 112-13n, 123, 127
『寛恕について』　18, 123, 127
『道徳書簡集』　34n
セプルベダ（Juan Ginés de Sepúlveda）
　56n, 135n
『第一のデモクラテス』　134n
『対トルコ戦の勧め』　135n
ソールズベリーのヨハネス（Johannes Saresberiensis）　17-21, 32n, 44, 74-75, 77-79, 84, 92, 151-53, 157-60, 169n
『エンテティクス』　77n
『ポリクラティクス』　19, 21, 44, 79, 152, 158-59
『メタロギコン』　21, 75, 77, 79
ソクラテス　146n
ケリー・ソワーズ（J. Kelley Sowards）
　91n

タ・ナ 行

ティエリ（シャルトルの）（Thierry de Chartres）　77n
ダヴィデ（David）　58n, 169
ダヴィッド・ド・ブルゴーニュ（David de Bourgogne）　16

ダンテ（Dante Alighieri）　35n, 57n
『神曲』　35n
チリングワース（William Chillingworth）
　180
ツァジウス（Udalricus Zasius）　7n
ツヴァイク（Stefan Zweig）　7
ツヴィングリ（Huldrych Zwingli）
　181
ディルタイ（Wilhelm Dilthey）　9
ティロトソン（John Tilotson）　180
テオドシウス（Theodosius I）　137
テオフィラクトス（Theophyract of Ochrida）　61n
テオプラストス（Theophrastos）　96n
デモクリトス（Demokritos）　110-11
デモレン（Richard DeMolen）　12
デューラー（Albrecht Dürer）　58n
テルトゥリアヌス（Tertullianus）　61n
トゥキュディデス（Thukydides）　28
ドゥランドゥス（Durand de Saint Pourçain）　61n
トゥルケッティ（Mario Turchetti）
　124
ドナトゥス（Aelius Donatus）　77
『ウェルギリウス伝』　77
トマス・アクィナス（Thomas Aquinas）
　17-18, 21-22, 32n, 42, 52n, 61n, 98, 106-07, 115n, 117n, 131n, 133n, 142, 151, 153, 157-60
『君主の統治について』　159
『神学大全』　117n, 153, 159
『ペトルス・ロンバルドゥス命題集注解』　159
トマス・ブーリン（Thomas Boleyn）
　179n
ドルステン（Jan van Dorsten）　179
ドルプ（Maarten van Dorp）　6n, 54-55
ドルフェン（Christian Dolfen）　47n
ドレ（Etienne Dolet）　64-65
ドレスデン（Sem Dresden）　9n, 112n
トレイシー（James D. Tracy）　11-12,

16, 80, 121n
トレルチ（Ernst Troeltsch）　9
ニート（José C. Nieto）　181
ニートハンマー（Friedrich Immanuel Niethammer）　48n
ヌスバウム（M. C. Nussbaum）　113n
ネーダーマン（Cary Nederman）　74, 76, 79, 81, 92, 158

ハ　行

ハイマ（Albert Hyma）　47n
バシレイオス（Basileios）　61n
ハドリアヌス六世（Hadrianus VI）　59
パウルス三世（Paulus III）　15
パウルス四世（Paulus IV）　181
パウロ（Paulos）　34n, 54, 69, 95, 133, 135, 164, 167
バテイヨン（Marcel Bataillon）　181
パドベルク（Rudolf Padberg）　9
パラケルスス（Paracelsus）　154
フアン・デ・バルデス（Juan de Valdés）　181
バルドゥス・デ・ウバルディス（Baldus de Ubaldis）　26
バルトルス・デ・サクソフェラート（Bartolus de Saxoferrato）　26, 160
パンドラ（Pandora）　87
ビーテンホルツ（Peter Bietenholz）　67
ビール（Gabriel Biel）　61
ピウス二世（Pius II）　135n
ヒエロニュムス（Hieronymus）　60n-61, 69
ピオ（Alberto Pio）　62-63
ピーコ・デッラ・ミランドラ，ジャンフランチェスコ（Gianfrancesco Pico della Mirandola）　64
ピーコ・デッラ・ミランドラ，ジョヴァンニ（Giovanni Pico della Mirandola）　63n, 96-97, 102-04, 106-07, 111-12n, 119
『人間の尊厳についての演説』　103, 111
『ベニヴィエニ注解』　103
『ヘプタプルス』　103
ビトリア（Francisco de Vitoria）　42n, 132n
ピノー（J.-B. Pineau）　9
ビベス（Juan Luis Vives）　38n, 64
『学問論』　64n
『貧民救済について』　64n
ヒポクラテス（Hippocrates）　153n
ヒラリウス（Hilarius）　60n-61n
ピルクハイマー（Willibald Pirckheimer）　58n
ビュデ（Guillaume Budé）　3, 7, 28, 30-31, 35, 41, 45, 65
『学説彙纂24巻註記』　28
『君主教育論』　28n, 30
『古代貨幣考』　28
『ギリシア語註解』　28
ファーガソン（Wallace K. Ferguson）　50n
フアナ（Juana la Loca）　24, 179n
ファンデルヤークト（Arjo Vanderjagt）　25
ブイエ（Louis Bouyer）　9
フィチーノ（Marsilio Ficino）　63n, 96, 102-03, 106, 111n
『プラトン神学』　103
フィッシャー（John Fisher）　58-59n, 175, 178
フィリップ豪胆公（Philippe le Hardi）　23
フィリップ善良公（Philippe le Bon）　16, 23, 26
フィリップ端麗公（Philippe le Beau）　16, 24, 37, 63n, 163n, 179n
フィリップ・ド・ブルゴーニュ（Philippe de Bourgogne）　16
フィリップス（Margaret Mann Phillips）　180

固有名索引

フィリッポス二世（Phillipos II） 30
フェルナンデス（J. A. Fernandez） 132n
フェルナンド二世（Fernando II） 24
フォイクト（Georg Voigt） 48n
フッテン（Ulrich von Hutten） 58
　『エラスムス問責』 58
プトレマイオス（Klaudios Ptolemaios） 110
　『地理学概要』 110n
プファイファー（Rudolf Pfeiffer） 67n, 100n
ポッジョ・ブラッチョリーニ（Poggio Bracciolini） 27
ブラッドショー（Brendan Bradshaw） 74n, 100n, 146n
プラトン（Platon） 20, 34, 43, 95n, 99, 114n, 117, 129, 146n, 156
　『ポリテイア』（国家） 114n
　『ピレボス』 44n
　『法律』 44n
フランソワ一世（François I） 24–25n, 28, 30, 35, 57n, 63n
ブリー（Germain de Brie） 55n
フリードリヒ三世（Friedrich III） 23
ブルートゥス（Marcus Junius Brutus） 35n, 82
ブルーニ（Leonardo Bruni） 36n
ブルーノ（Giordano Bruno） 96, 110, 112n, 181
プルタルコス（Plutarkhos） 28, 30, 33–34, 40n, 45, 83, 88n–89n
　『英雄伝』 30
　『モラリア』 33–34, 40n
　　「お喋りについて」 83, 89n
　　「子供の教育について」 89n
　『名言集』 34
プロティノス（Plotinos） 96n, 98n, 104, 109, 118
ベイツィ（István Bejczy） 49–50, 67, 71, 122, 124, 142n
ペイン（John B. Payne） 10, 73

ベイントン（Roland H. Bainton） 95n, 148n
ベーズ（Théodore de Bèze） 180
ベーダ（Beda Venerabilis） 50
ヘギウス（Alexander Hegius） 63n
ヘシュキウス（Hesychius） 50
ベダ（Noël Béda） 56–57, 141, 180
　『ルフェーブル・デタープルとロッテルダムのエラスムスへのパリの神学博士ノエル・ベダの注釈』 141
ペトラルカ（Francesco Petrarca） 57n, 66, 68n, 78n, 110n
　『無知について』 78n, 110n
ペトロ（Petros） 133, 159
ペトルス・ロンバルドゥス（Petrus Lombardus） 102
ペラギウス（Pelagius） 60, 122n
ヘルダー（Johann Gottfried Herder） 181
ベルナルドゥス（クレルヴォーの）（Bernardus Claravallensis） 133, 135n
ベンボ（Pietro Bembo） 64
ヘンリー二世（Henry II） 20
ヘンリー七世（Henry VII） 160n
ヘンリー八世（Henry VIII） 24–25n, 59, 150, 179
　『七秘蹟弁護論』 59n
ホイジンガ（Johan Huizinga） 7–10, 16n, 79n, 164n, 176n
　『エラスムス』 7
ボイル（Marjorie O'Rourke Boyle） 60n, 150
ボエティウス（Anicius Manlius Torquatus Severinus Boethius） 106n, 112n
　『哲学の慰め』 106n
ボーン（Lester K. Born） 31–32
ポセイドニオス（Poseidonius） 76
ボダン（Jean Bodin） 147
　『魔女論』 147n
ホフマン（Manfred Hoffmann） 4n,

10, 12, 60n, 96–97, 103n–04, 114n, 122
ポリツィアーノ（Angelo Poliziano）64
ボルケナウ（Franz Borkenau）96
ポルピュリオス（Porphrios）105, 119

マ 行

マキアヴェッリ（Niccolo Machiavelli）3, 29, 31, 35n, 106n, 126n, 128n, 150, 172n, 175
　『君主論』106n, 172n
マクグラス（Alister E. McGrath）70
マクシミリアン（Maximilian I）23–24, 163n
マッコニカ（J. K. McConica）11, 60, 147n
マネゴルト（ラウテンバハの）（Manegold von Lautenbach）158
マリ・ド・ブルゴーニュ（Marie de Bourgogne）24
マルグリート（Margueriete d'Autriche）24
マルゴラン（Jean-Claude Margolin）9n, 90n, 123n
マルシリウス（パドヴァの）（Marsilius de Padua）74, 138n, 153
　『平和の擁護者』138n
マンスフィールド（Bruce Mansfield）9–12, 36n, 38n, 48, 50, 65n, 103n, 123n, 125, 147, 161n
ミンニヒ（Nelson H. Minnich）139n
メアリー一世（Mary I）64n
メスナール（Pierre Mesnard）11
メランヒトン（Philipp Melanchthon）7n, 57n, 181
モア，トマス（Thomas More）3, 7n, 32, 36n, 55n, 59n, 64n, 88n, 93n, 107n, 132n, 154n, 160, 164n, 167n, 175, 177–79

　『ユートピア』64n, 107n, 132n, 154n, 164n, 177
　『ルキアノス小品集』32, 55n, 88n
　「暴君殺害」160
　『ルターへの応答』59n
モンテーニュ（Michel de Montaigne）112n, 180
モンファサニ（John Monfasani）96, 102, 104

ヤ 行

ヤコブ（Iakobos）118
ユゴネ（Guillaume Hugonet）26–28
ユリウス二世（Julius II）36n
ヨアンネス・クリュソストモス（Ioannes Chrysostomos）18, 61n, 124n
　『王の支配』18
ヨアンネス（ダマスコスの）（Ioannes; Johannes Damascenus）61n
ヨハネ（バプテスマの）（Iohannes Baptista）168n

ラ 行

ラヴジョイ（Arthur O. Lovejoy）96, 110
ラティマー（William Latimer）32n
ラブレー（François Rablelais）180
ランク（Johann Lang）57n
ランスロット（Sir Lancelot）27n
リー（Edward Lee）55n
リーゼンフーバー（Klaus Riesenhuber）113
リナカー（Thomas Linacre）32n
グレゴリウス（Gregorius de Rimini）61n
リュバック（Henri de Lubac）53n, 70n
ルイ一二世（Louis XII）28, 63n
ルカヌス（Marcus Annaeus Lucanus）36n

『内乱』　36n
ルキアノス（Lucianos）　55n, 88n, 160
『暴君殺害』　160
ルクレール（Jean LeClerc）　179
ルクレール（Joseph Lecler）　122
ルセナ（Vasco du Lucena）　27-28, 35
ルター（Martin Luther）　3, 39n, 56-62, 70, 79n, 81, 83n, 99n, 101, 106, 108, 111-12, 116-17n, 121-22n, 134, 148, 177
『95 カ条の提題』　117n, 134
『教会のバビロン捕囚』　59n
「対トルコ軍隊説教」　134n
『トルコ人に対する戦争について』　134n
『奴隷意志論』　61, 79n, 81, 111
ルビオ（Antonius Ruvio）　182
ルフェーブル・デタープル（Jacques Lefèvre d'Etaples）　55n-56, 111
ルフス（Cuintus Curtius Rufus）　27
『アレクサンドロス大王の事績』　27
レオ十世（Leo X）　55n
レミギウス（Remigius）　50
ロイヒリン（Johannes Reuchilin）　56
ロック（John Locke）　123n
ロングイユ（Christoph de Longueil）　63

事項索引
（n は脚注）

ア 行

愛　　12, 48n, 79–80, 88, 102n, 118
　隣人──　127, 169
悪（悪行／悪事／害悪／邪悪さ）
　　4–5, 60, 83–87, 89, 93–95, 97, 102,
　　104, 108–09, 115–17, 119, 121,
　　123n, 127, 129, 132n–33, 140, 147,
　　153, 157, 161, 165, 167, 172n, 177–
　　78
　──人／悪しき者／悪しき君主
　　42, 112, 117, 135, 141, 164n, 167n
悪徳　　100, 102, 114, 160, 171
悪魔／悪霊　　99n, 109
新しき敬虔　　48, 51
圧政／専制（政治）　　24n, 29, 37n, 38,
　　86–87, 109, 129, 151, 157, 160–62,
　　165, 178
異教／異教徒　　20, 22, 27, 31, 35–36,
　　53–54, 56–57n, 62–63n, 85, 99n,
　　131, 137–38, 145
意志　　39n, 58, 94, 97, 101–02, 106–
　　08, 111–12, 115–16, 156
　──の自由　　7, 103, 107
医術　　6, 149–51, 154n–55, 171n,
　　174–75
異端　　55, 123–24, 140–143, 153, 172,
　　175, 181
運命　　5, 32, 84, 93–95, 97, 102n, 106–
　　09, 111–13, 117, 119, 144, 157, 178
オッカム派　　52
恩寵　　39n, 55n, 59n–60, 97, 102,
　　111–12, 115–16, 119, 144–45

カ 行

懐疑主義　　77, 79, 80n
改善（可能性）　　4–6, 44, 47, 86, 88n,
　　90n, 95, 97, 101, 114, 117, 119, 121–
　　22, 127, 130, 140, 143, 147, 149, 156,
　　165, 170, 172, 174, 176, 178, 183
カトリック　　7, 10, 50–51, 59n, 61–
　　62, 73, 132n, 140, 171, 176n, 178–79
　──宗教改革　　182
可謬（性）　　4–6, 43, 47, 69n, 78, 92,
　　95, 97, 111, 121–22, 127, 139, 148–
　　49, 170–71, 174, 176, 180
神の義　　116, 119
神の似姿　　20n, 100
還帰　　97–98n, 100, 102, 105, 118–19
寛恕　　5–6, 85n, 90n, 116–19, 122–28,
　　130, 132–33, 136, 140, 143–49, 169,
　　180
寛容　　8, 122–25, 142, 147, 182
議会　　25, 41, 44n, 86–87, 138
　全国──　　26–27
　身分制──160n, 165
キケロ主義（者）　　62, 64–65, 67, 70,
　　77, 92
　中世──　　70, 74–79, 81, 92
貴族　　15, 39n, 44, 131
　──政　　26, 29, 87n
希望　　42, 88–90n, 107–08n, 148, 166,
　　169–70, 173, 175, 178, 182
逆境　　84n, 111
救済　　4, 39n–40, 60, 116, 119, 122–
　　23, 125, 140, 143–45, 147, 174
　万人──　　99n
教育　　4–5, 8, 10, 18–19, 28, 31, 33,

事項索引

35, 39–40, 42–45, 48n, 50n, 68n, 82, 89–90n, 93, 101, 106, 113–14, 119, 121–26, 146–48, 152, 160n, 168n, 177–78, 180–82
教会　25–27, 41, 49n, 54, 59, 60n, 66n, 80n, 97, 104, 113, 124, 137–38, 141–42, 151, 153, 168n, 173, 176n, 178, 180
　——博士　61
教皇　15, 36n, 44n, 59, 87, 135n, 138–39, 171, 181
　——主義者　139n
　——庁　153
共同体　30, 41, 81, 121n, 152, 157–58, 161–63, 165
政治——　76, 81
教父　20, 49–51, 53–55, 59n–62, 68–71, 78n, 97, 104, 113–14, 122n, 142
共和政　29, 36n, 42, 45
共和主義　36n, 41
ギリシア　18, 42n, 68, 76, 108, 113
　——教父　59n, 113, 122n, 124n
　——語　20, 28, 32, 52n, 57, 77, 110n
　——古典　26, 28, 33, 45
　　——哲学者　82
キリスト教　12, 15, 19, 22, 27, 34n–36, 53, 55–56, 61, 65, 68–69n, 71, 92, 98, 99n, 105–07, 110, 115n, 119, 122n, 124, 132, 137, 167
　——教義　125, 127, 135n, 146–47
　——共同体　62
　——君主　132, 136, 141, 156
　——社会　49, 166–68, 176
　——哲学　49
　——徒　65, 127, 132n, 164, 167
規律　5, 15, 74–75, 87, 89–91, 93–95, 100n, 118, 177
近代　8, 96, 175, 182
　——思想　48
　——政治学　5
　初期——　146, 149, 151

悔い改め／改悛　95, 97, 117–19, 122, 125, 128, 143–45, 147, 168, 178
偶然　97, 106, 111–12
君主　5, 15, 17–21, 23–28, 30–38, 40–45, 47, 84–85, 87n, 89n–90n, 110, 125, 129, 131, 135–36, 138–39, 145, 147, 155–58, 165–67, 178
　——教育（論）　31, 33, 37, 43n
　——権（力）　21, 25–27, 40–41, 45, 165
　——政／統治　26, 45, 87, 123, 127, 151, 164
　——の鑑　5, 15, 17–19, 21, 23, 27–29, 31, 33, 35, 44–45, 47, 49, 158n
経験　33, 34n, 53, 71, 105n
敬虔　10, 15, 23, 35, 55n, 67–68n, 71, 73, 85, 112, 128n, 137–38, 153, 173, 182
　——主義者　181
経済　7n, 24n, 131
決定（論／的必然性）　106, 112
権威　54, 61, 110n, 139, 142, 175
　議会／元老院の——　20n, 138, 165n, 178
　公的——　159, 178
　古人の——　113
　都市の——　25, 87
　法の——　151, 162–63n, 165
言語　3–5, 9, 11, 52n, 62n–63n, 66–67n, 73–76, 78–81, 83, 85, 87, 91–92, 95, 101, 110n, 150, 179
原罪　22, 60, 97, 104–05, 119
権利　7n, 42, 161, 163, 165
　戦争の——　134–36, 139
　裁判官の法的——／刑罰権　135, 139
　抵抗の——　159
賢慮　139
権力　25, 29–30, 38, 40–42n, 87, 90n, 123, 125, 128n, 139, 153, 159, 161n, 164
　——作用　4–5, 90n, 146–49, 177–

　　　　78
　　──の源泉　　20n, 41
　　世俗──　　58n, 85–86n, 122, 124,
　　　141
　　絶対──　　87
公会議　　59n, 87
　　──主義者　　139n
　　　第二バチカン──　　9
　　　トレント──　　81n
公共　　156
　　──の利益　　128, 162
功績　　61n, 117, 144–45, 171
　　適宜的──　　59n
皇帝　　15, 19, 23, 137–38, 163n
　　──権　　86n
幸福　　19, 54, 65, 114, 155
公平／公正　　112n, 121n, 123n, 156
衡平　　21, 31, 38, 41, 109n
効用　　67, 84n, 87, 93
個人　　19, 21, 26–27, 39n–40, 42n,
　　48n, 107, 111, 121, 123n, 130, 161,
　　177, 180
　　──主義　　121
国家　　5, 7n–8, 20
　　世俗──　　153
　　絶対主義──　　138
　　都市──　　35
国教会　　59n
古典　　10, 20, 33–35, 50, 58, 60, 62–
　　63, 68–69n, 85, 100n
　　──古代　　18, 30–31, 36, 45, 68, 83,
　　　152, 157
　　──的雄弁　　51n
　　──文芸　　57
　　──復興　　78

　　　　　　　サ　行

最後の審判　　4–5, 140
作為　　6, 149, 151, 174–75
死　　84n, 143, 145, 167
時間（性）　　4, 11, 62, 98, 124–25, 127,
　　130, 133, 140, 143, 147
　　──的猶予　　5, 117–18, 122, 128,
　　　130, 140, 143, 145–48, 180
死刑　　4–5, 86n, 125–26, 129–30, 136,
　　139, 141–42, 146–47n, 165n
自己　　5, 48n, 63, 68, 82, 90, 100, 113–
　　14n, 157, 165, 171, 176
　　──規律／反省／抑制　　5, 19, 47,
　　　91
　　──形成　　5, 97, 103
地獄　　35n, 112, 119, 125, 143–44, 147
自然　　15, 22, 39, 59n, 67, 75–76, 80–
　　81, 83, 85, 89n, 97–98, 100, 102n,
　　109–11, 114–17n, 119, 153n, 164
　　──学／科学　　52n, 113, 150
　　──の法／掟　　102n, 132n
　　──本性　　89n–90, 114
実存　　75, 93
支配　　16n, 88n–89n, 91, 106n, 163
　　──権（力）　　27, 41, 108n, 153
　　──者（層）／階級　　18–21, 38n,
　　　44–45, 125, 158
　　──欲　　136
　　恣意的──　　87n, 160n
　　同意に基づく──　　165
司法　　7n, 31
市民　　42–43, 47–48n, 90–91, 155–
　　56, 162, 175, 178
　　──教育　　5, 44–45, 90
　　──生活　　138
　　──的自由　　25
　　──道徳　　44, 67
　　──の同意／合意　　41, 86, 131,
　　　136, 164n–65
社会　　19, 39n, 45, 59n, 66, 68n, 75–
　　77, 81, 86, 121n, 130, 132n, 134,
　　150–152, 157, 169–70, 174, 176, 184
　　身分制──　　42n
自由　　39, 65n, 79, 100, 107, 123n–24,
　　138, 163, 178
　　──意志／選択　　3, 5, 7n, 39, 59n–
　　　61, 71, 79n, 88n, 95, 97–98, 100n,

事項索引　　　　　　　　　　　　　　　219

102-06, 108, 111-16, 119, 121-22n, 144, 178
──学芸／学科／教育　　52n, 68, 77, 80-82
──主義　　8, 122
異端の──　　142
共同体の──　　163
共和主義的──　　29, 41
言論の──　　20n
自然的──　　164
生殺与奪の──　　37
選択の──　　144, 147
民衆の──　　20n, 25, 151, 165
良心の──　　124
習慣　　52n, 89, 91n, 101, 124, 156
宗教　　11, 29, 50, 66, 68-69, 87, 122-24, 128n, 153, 161n, 176, 183
──感情／思想／心　　59, 138, 176n
──戦争　　30, 122, 175
──的教義　　172
──的敬虔　　35
──的混乱　　171
──的実践　　59
──的多元化　　124
宗教改革（運動／期）　　3, 7, 11, 16, 25, 45, 47-49, 51-52, 55, 57-59, 62, 69-70, 106, 117n, 134, 140, 151, 154, 164, 166-67, 171, 174, 177-78, 181n
──者　　16, 57
修辞学／修辞学者　　10, 34n, 48n, 51, 53n, 62-63n, 67-69, 71, 73, 74n, 82, 92n, 97, 154, 160, 174n
──的雄弁　　70n, 78, 83, 177
主体（性）　　44n, 90, 95, 106
順境　　84n, 111
情念　　88, 95, 101-02, 107, 130, 148, 157, 170, 178
──の規律／制御／抑制　　5, 89-91, 93, 95, 101, 177
神学　　3-5, 9-12, 22, 26, 48n, 52, 54-55, 59n-60, 62-63n, 69n, 90n, 104,

114, 122-23, 125, 143, 147-48, 158, 167, 178
──者　　9n-10, 28, 33n, 51-57, 61-62, 81, 115n, 140-41, 155
──的救済論　　4, 99n, 122-23, 143
教父──　　97
理性的──　　180
人格　　19-21
身体　　99-100, 129, 155, 162, 168, 175
人文主義　　11, 48n, 56, 62n, 65n, 146, 148, 181
──者　　3, 16, 26, 32, 34n, 36n, 47n-48, 51, 53, 58, 62-63n, 70, 74, 100n, 109, 114, 146, 149
北方──　　3, 74, 146n
新プラトン主義　　63n, 95-98, 103-06, 110-11n, 119
進歩　　57, 67, 127
真理　　58n, 67, 69, 78, 110n
宗教的──　　49, 71
スコトゥス派／主義者　　52, 115n
スコラ（学／哲学／神学／主義）　　47-51n, 53, 55, 59n, 61, 63, 66, 68n, 70, 110n, 113, 122n
──（哲学／神学／主義）者　　52-57, 59n, 61-62, 70, 111n, 112n
ストア派／哲学　　91n, 99n, 112-13, 119, 160
正義　　26, 29, 117, 132, 145
政治（学／思想／理論）　　3-8, 10-12, 15, 17, 19-20n, 22-24n, 28-30, 32, 45, 49, 59, 66, 71, 74, 76, 79, 81, 88-89, 119, 121-27, 129n-30, 138, 146-48, 150-53, 164n, 167, 169, 175, 178
──的自然主義　　22, 74n
聖書　　20, 52n, 55-58n, 61, 63n, 69-70n, 85, 100n, 105, 140
旧約──　　19-20, 59, 82n
新約──　　82n
精神　　7n, 17, 21, 33-34, 39-40, 65-67n, 69, 79, 89-91, 95, 99n-100,

103n, 126–27, 137, 146, 156, 162, 167, 169, 171, 178–79, 181, 183
　——史　96, 110
　——の規律／制御　5, 74–75, 87–89, 91, 93–94, 100n, 118, 177
　——の病（気）　81, 90–91, 93, 166, 170, 177
制度　11, 30n, 147, 164–65, 168n, 172n
聖霊　60n, 102
責任　15, 39, 93, 105, 113, 178
　道徳的／倫理的——　100, 106
善（性）　4–5, 28, 43, 93–95, 97, 101, 104, 115, 119, 123n, 147, 157, 167, 174n, 178, 182
　——意　80, 89n
　——人　135, 143, 153
　——のイデア　114n
　——の欠如　104–05, 119
　——の種子　113, 119
　共通／公共——　22, 26, 158
　最高——　99n
善悪二元論　109
摂理　79n, 106–07, 112, 116, 134, 148n
占星術　88, 97, 104–08, 112, 119
戦争　4–5, 20n, 23–24, 36, 74–75, 79, 85n–86n, 125, 128, 130–31, 133–41, 146, 151, 163–65
　宗教——　30, 122, 124, 175
　植民——　132n
　正しい——／正戦　131n, 132
　防衛——　131–32
創造　98–100, 105
ソッツィーニ主義／派　179, 181

　　　　タ・ナ　行

大衆　34, 128
魂　78n, 92, 100–01, 103, 118, 139, 167
　——の向け換え　5, 11, 95, 97, 114,
118–119, 121, 146, 177
中世　5, 19, 21, 23, 26–27, 31, 44–45, 47–51, 60–62, 66–71, 73–74, 76–77n, 96, 106, 110, 122, 124, 130n, 142, 149–53, 157–60, 166–67, 175, 182
追従（者）　20, 37n–38, 40, 47, 84, 128
罪　22, 48, 76, 89, 99n–100, 102, 105–06, 121n, 129, 133, 135, 142, 153
　——人　4, 144–45, 153
　宗教的——　82n
抵抗　20n, 42, 151, 157–58, 160, 163–65
　——権　30, 160
哲学　6, 22, 33–34n, 44n, 53n, 74n, 77, 90, 96n, 98n–99n, 103n, 154n, 156
　——者　28, 55, 108
　——的叡智　69, 78, 179
　道徳——　34n, 48n
天文学　52n, 107n
ドイツ農民戦争　86, 134, 140, 166, 178
同意　30, 38, 41–42n, 59, 86–87, 109, 129, 136, 163–65, 173
道徳／倫理　7n, 9, 11, 19, 31, 34n–35n, 39n, 44, 67, 77, 82, 91n, 100, 106, 110, 113, 117, 119, 121, 143–45, 147, 175
　——神学者　147
　市民——　44, 67
トルコ　49n, 134, 138–39, 178
　——戦争　134n, 138
徳（性）　20–21, 26, 35n, 36, 40, 78, 82, 88n–89n, 100, 125–26, 144, 146, 156, 171, 177
肉（体）　99–100, 102n, 118, 146, 167
二重真理説　22
人間形成　11, 114–15, 119, 121, 125–26, 130, 146–48

人（間）性　55n, 58n, 67, 128n, 182
人間本性　5, 95, 99, 101, 121, 126, 131, 171, 182n

ハ行

発出　95, 97-99, 102, 105, 119
罰／刑罰／処罰／懲罰　22, 43, 88n, 112n, 117n, 121n, 125, 128-31n, 133-36, 138-39, 141, 143, 152-53, 156
　神——　86, 165
　体——　48
パリ大学　22, 63n
　——神学部　56, 140
必然（性）　7n, 97-98, 108-09, 111-13, 119, 141, 144
ピュタゴラス派　169n
プラトン主義　5, 43n, 95-97, 99, 104, 114, 118-19, 121, 146, 179
　ルネサンス・——　5, 104, 114, 119
ブルゴーニュ（公国）　5, 15-17, 23-25, 27-28, 31-33, 35-36, 41, 44-45, 47, 64n, 86n, 163
プロテスタント／プロテスタンティズム　7, 61n, 176n
文化　30, 35, 48-49, 63n, 69, 113, 121n
　古典——　53, 62
文学　3, 9-11, 18, 22, 33, 35-37n, 182
文法　10, 48n, 52n, 63n
平和　8, 23, 36, 74-75, 79, 92, 109n, 130-31, 133, 137n, 139, 141, 151, 161n, 163-65, 173, 182
　——主義者　86n, 132
　宗教的——　124
法／法律／法令　7n, 11, 21, 25, 29, 31, 37-38, 41-43, 45, 66, 80n, 84, 100, 128-129, 131, 133-35, 137-38, 141, 147, 151, 155-56, 161n-63, 165, 172, 175-76, 183
　——学者　26, 160

永遠の——　100
王——　21, 158
神の——　21
刑——　122n
自然の——　102n
ローマ——　21, 158
ペラギウス主義／半ペラギウス主義　60n, 115n
弁証法　34, 48, 57
暴君　27n, 36-38, 77, 86, 88, 108n, 151, 157-64, 178
　——放伐／殺害　151-52, 157-63, 165
暴力　40, 47, 80

マ・ヤ行

マクロコスモス（大宇宙）／ミクロコスモス（小宇宙）　109, 111
民衆　20n, 25, 40, 84, 86-87, 126, 128, 139, 151, 163-66, 168, 175
民主政／民主主義　8, 26, 42, 45, 87
友愛／友情　77, 80, 83, 102n, 130, 182n
欲／欲望／欲求　37, 88, 100, 102n, 114n, 126, 136, 174n
予言　89n, 94n, 107n, 108n
予知　108n, 116-17, 144

ラ行

ラテン　21, 26, 47, 68, 77n
　——・アヴェロエス主義　22
　——教父　59n
　——語　20, 27-28, 33, 36n, 52n-53, 57, 60n, 62-64, 66, 177
利益　40, 137n, 141, 154, 160
　公共の——　128, 162
利己／私益　39, 162, 170
理性　5, 22, 33, 41-43, 75-81, 88-89, 91-93, 95, 98n, 100-02, 130, 139, 147, 157, 177, 180

理想（主義／像）　8, 12, 18–19, 30, 36, 43n, 60, 76, 82, 91n, 100n, 147, 158
立法　41n
良心　123, 125, 128, 160n, 171n
ルター主義（者）　60, 70
ルネサンス　3, 49, 51, 104, 142, 150, 166
　——人文主義（者）　63n, 70, 74, 114, 146
　——・プラトン主義　5, 104, 114, 119

——一二世紀——　78
北方——　3, 74, 160, 179
霊　98n, 100, 118
　——の剣　170
歴史　5–8, 12, 16–17, 26–27, 42, 45, 52n, 60, 64, 67, 69, 71, 107, 110n–11n, 124, 138n, 151–52, 158, 175–76, 182
　——意識／思想　49, 64n, 67, 71
　——学　6, 32n, 48n–49n
　——書　20, 27, 37

The Thought Structure of Erasmus:
Fallibility, Discipline and Possibility of Improvement

by

Yuichi Kawano

Chisenshokan 2017

Abstract

The purpose of this book is to explore the thought structure of Desiderius Erasmus (c.1466-1536) by focusing in particular on his political thought related to his linguistic, anthropological and theological view. Previous studies of Erasmus were inclined to deal with his thought within just one discipline from literature, pedagogy or theology. In contrast to these studies, this book explores his thought from the viewpoint of his anthropology, which gives substantial weight to character formation between human fallibility and perfection, and attempts to argue that such an anthropology encapsulates his thought structure and encompasses his linguistic, political, pedagogical and soteriological views.

Chapter 1 argues that Erasmus intends to educate not only princes but also citizens through verbal persuasion in his "prince of mirror" works. Chapter 2, tracing his controversies in the 1520s, identifies that his educational and political task was to persuade people to do honorable deeds, and that in some aspects he can be identified as a successor of medieval Christian thought. Chapter 3, focusing on *Lingua* (1525), clarifies the inherent linkage between Erasmus's linguistic and political views, in terms of the significance of using human reason to exercise mental control over affections.

Chapter 4 shows that Erasmus considers repentance a way to transform the soul in the Platonistic "Exitus-reditus" structure, investigating the influence of Platonism on Erasmus through the problems of good and evil, fate and free will. Chapter 5, from the viewpoint of "clemency," identifies Erasmus's idea of "politics" as an exercise of power under circumstances such as capital punishment, war and the Last Judgment, and clarifies his consistency between pedagogy, politics and theology in his thought structure. Chapter 6, focusing on medical art language in Erasmus's writings, sheds light on the relationship between medical art and governance, and points out that it is significant for him to care about preventive medicine as well as recovery by surgery.

Table of Contents

Abbreviations	v
Introduction	3
1 Problems of Erasmus studies	3
（1）Significance of the study	3
（2）Framework of the study	4
2 Previous studies	6
（1）Classical interpretation	6
（2）Recent research trends	9
Chapter I Duchy of Burgundy and discussions of princes by Erasmus	15
1 Prologue	15
2 "Mirror of princes" in the Middle Ages	18
（1）"Mirror of princes"	18
（2）*Policraticus* by John of Salisbury	19
（3）*De regimine principum by* Thomas Aquinas	21
3 Discussions on princes in the Duchy of Burgundy and Kingdom of France in the fifteenth and sixteenth centuries	23
（1）Duchy of Burgundy in the writings of Erasmus	23
（2）Courtiers of Charles le Téméraire	25
（3）Discussions of princes in the early sixteenth century	28
4 Discussion of princes by Erasmus	31
（1）Literature and governance	33
（2）Criticism against tyranny	35
（3）Princes, nobles, and citizens	38
5 Epilogue	44
Chapter II Erasmus as a successor to the Middle Ages: A focus on the debates in the1520s	47
1 Prologue	47
2 Criticism by Erasmus of the scholastic theologians	52
3 Debate between Erasmus and Lutherans or between Erasmus and Luther	57
4 Confrontation between Erasmus and the Ciceronians	62
5 Epilogue	69

Chapter III Linguistic and political views of Erasmus in *Lingua*: Double edge
    and discipline   73
  1 Prologue   73
  2 "The doctrine of the medieval Ciceronians"   75
  (1) Cicero and "the doctrine of the medieval Ciceronians"   75
  (2) *Metalogicon* by John of Salisbury   77
  3 The doctrine of the medieval Ciceronians and negative effects of the
     tongue   79
  (1) The doctrine of the medieval Ciceronians in works of war and peace by
     Erasmus   79
  (2) Negative effects of the tongue in *Lingua*   81
  4 Double edge in the governance in *Lingua*   84
  (1) Merits and demerits in governance   84
  (2) Mental discipline in the tongue and the governance   87
  5 Epilogue   92

Chapter IV Good and Evil, fate and free will in Erasmus   95
  1 Prologue   95
  2 The views of Erasmus toward good and evil and human beings   98
  (1) Reason, affections and human nature   98
  (2) Original sin   104
  3 Judgmental attitude of Erasmus toward astrology and his discussion on
     fate   106
  4 Views of Erasmus on divine grace and free will   113
  5 Epilogue   119

Chapter V The scope and limits of "clemency" according to Erasmus   121
  1 Prologue   121
  2 Clemency and its limitation in the domestic governance of Erasmus's
     politics   126
  (1) Clemency and its ambivalence in education and governance   126
  (2) Death penalty in *Institutio Principis Christiani*   127
  3 Clemency in the discussion on war by Erasmus   130
  (1) On war and peace in the works of Erasmus in the mid-1510s   130
  (2) *De bello Turcico*   134
  4 Clemency and the Last Judgment in the theology of Erasmus   140
  (1) Toleration of Erasmus for religious heresies   140
  (2) Repentance in *Hyperaspistes*   143
  5 Epilogue   146

Chapter VI The use of medical art language in Erasmus's political thought 149
  1 Prologue 149
  2 Governance as medical art 151
  （1）Medical metaphors in the antiquity and the Middle Ages 152
  （2）*Encomium medicinae* 154
  3 Tyrannicide and civil disobedience 157
  （1）Tyrannicide in the Middle Ages 157
  （2）*Tyrannicida* 159
  （3）Civil disobedience and monarchy in Erasmus 163
  4 Christian spirit as a remedy 166
  （1）Division of Christendom in *Lingua* 166
  （2）Hope in *De Concordia* 170
  5 Epilogue 175

Conclusion 177

Acknowledgement 184
Bibliography 189
Index 207

河野 雄一（かわの・ゆういち）
1980年生まれ。慶應義塾大学文学部英米文学専攻卒業。慶應義塾大学大学院法学研究科後期博士課程修了。博士（法学）。現在，慶應義塾大学助教（有期・研究奨励），非常勤講師。
〔主要業績〕『ブルゴーニュ国家の形成と変容――権力・制度・文化』（共著，九州大学出版会，2016年）『ユートピアの再生――『ユートピア』出版500年』（共著，晃洋書房，近刊）

〔エラスムスの思想世界〕　　　　　　　　ISBN978-4-86285-248-9

2017年 1月15日　第1刷印刷
2017年 1月20日　第1刷発行

著　者　河　野　雄　一
発行者　小　山　光　夫
製　版　ジ　ャ　ッ　ト

発行所　〒113-0033 東京都文京区本郷1-13-2　株式会社 知泉書館
　　　　電話03(3814)6161 振替00120-6-117170
　　　　http://www.chisen.co.jp

Printed in Japan　　　　　　　　　　印刷・製本／藤原印刷